JN493441

법문서 작성 입문

| 로스쿨강의 시리즈 |

법문서 작성 입문 개정판

좋은 법조인이 되기 위해서는 법률가답게 생각하고 그 추론 과정과 결과를 글로써 표현할 줄 알아야 한다. 법조인의 작업 대부분이 글쓰기와 연결되어 있고, 그가 작성한 법문서의 품질은 법리에 대한 이해도, 전문성 및 성실성 등에 대한 평가로 이어진다. 따라서 로스쿨 학생들은 법리적 지식뿐만 아니라 글쓰기 능력을 키우기 위해 노력해야 한다. 아무리 법리적 지식이 뛰어난 법조인이라 해도 자신의 법률적 의견과 추론 과정을 논리적이고 간결한 글로 표현하지 못한다면 다른 법조인이나 의뢰인으로부터 좋은 평판을 얻을 수 없다.

도재형 지음

이화여자대학교출판문화원

개정판을 펴내며

이 책의 초판을 출판한지 6년 만에 개정판을 펴내게 되었다. 민사소송규칙과 변호사윤리장전 등의 개정으로 수정할 사항이 생겼고, 5장 '답안지의 작성' 부분의 서술 체계를 바꿔야겠다는 생각이 들었기 때문이다. 초판의 출판 이후 독자들이 보내준 격려 역시 책의 개정을 결심한 이유 중 하나이다.

이 책의 목적은 법학전문대학원 학생들에게 법문서 작성 방법의 기초를 알리는 것이다. 개정 작업에서도 이를 유념하고, 서식書式의 소개보다는 법문서 작성 시 지켜야 할 원칙과 태도 등을 좀 더 뚜렷하게 설명하기 위해 노력했다. 그로 인해 법문서 작성례를 더 많이 소개해달라는 요청에 응하지 못한 점에 대해서는 독자들의 양해를 구한다.

2018년 3월

도재형

책을 펴내며

좋은 법조인이 되기 위해 필요한 자질들은 다양하다. 하지만 대부분의 법조인이 강조하는 자질은 법리에 대한 기본 이해와 의사소통 능력이다. 실무 법조인은 학생들에게 로스쿨 재학 중 이 두 가지 능력을 키우라고 조언한다. 실제로 법률사무소나 법원, 검찰 등 법률 사무를 다루는 모든 기관은 이 능력이 뛰어난 로스쿨 학생들을 구성원으로 영입하기 위해 노력한다.

법리에 대한 기본 이해는 3년간의 로스쿨 재학 기간에 체계적으로 쌓아야 하는 것이다. 학생들이 일반적으로 예상하는 것과 달리, 법조인들은 로스쿨 학생들에게 특정 법 분야와 관련된 최신의 법률 지식을 갖출 것을 기대하지는 않는다. 그 재학 기간에 법조인으로서 배워야 할 기본 과목을 충실히 이수하고, 그 지식을 이해하고 사안에 적용할 수 있는 능력을 갖추기를 희망할 따름이다. 실무 법조인들은 스스로의 경험을 통해 3년이라는 기간이 법리에 대한 기본적 이해를 갖추기에도 부족하다는 것을 이미 알고 있다. 또한 법리 이해의 토대가 잘 마련되면, 로스쿨 졸업 후 실무 경험을 통해 충분히 전문 변호사로 성장할 수 있다고 생각한다.

의사소통 능력의 의미에 대해서는 다양한 해석이 가능하다. 가장 상식적인 것으로는 대화 능력을 생각할 수 있다. 그러나 법조인의 관점에서 중요한 의사소통 능력은 글쓰기에 관한 것이다. 법조인의 작업 중 대부분은 글쓰기와 연결되어 있다. 또한 법조인이 작성하는 법문서의 품질은 법리에 대한 이해도, 전문성 및 성실성과 직접 연결된다.

따라서 로스쿨 학생들은 3년의 재학 기간에 법리적 지식뿐만 아니라 법조인으로서 글쓰기 능력을 키우기 위해 노력해야 한다. 글쓰기 능력은 의뢰인이 맡긴 수임 사무의 승패와 직접 연결될 뿐만 아니라 자신의 직업적 평판에도 영향을 미친다. 아무리 법리적 지식이 뛰어난 법조인이라 하더라도, 자신의 법률적 의견과 추론 과정을 논리적이고 간결한 글로 표현하지 못한다면, 다른 법조인이나 의뢰인으로부터 좋은 평판을 얻을 수 없다.

로스쿨의 "법문서의 작성" 수업의 1차 목표는 학생들이 다른 법조인이 이해할 수 있는 법문서를 쓰는 능력을 갖추도록 하는 것이다. 이를 위해 학생들은 법문서를 작성할 때 어떻게 생각하고 무엇을 해야 하는지, 그 법문서가 실제 상황에서 어떻게 작용하는지를 이해할 필요가 있다. 그리고 법조인답게 생각하고 그 결과를 글로써 표현하는 법을 익혀 자신의 법률적 지식과 논리를 타인에게 설명할 수 있어야 한다.

법문서 작성 과목에서 로스쿨 학생들은 아름답고 훌륭한 법률 문장을 작성하는 기술을 배우는 것이 아니다. 한두 학기 정도의 수업을 통해 그런 기술을 배우는 것은 불가능하다. 그런 기술은 실무에서 법조인 자신의 경험과 반성, 동료 변호사의 조언 등을 통해 스스로 익히고 발전시켜야 한다.

이 책에서는 맞춤법과 문법의 구체적 내용을 설명하지는 않는다. 이는 맞춤법과 문법보다 법문서 작성 작업의 틀을 익히는 게 로스쿨 학생들에게 시급하다고 여기기 때문이다. 그리고 로스쿨에 들어온 학생들이 맞춤법과 문법에 관한 기본 지식을 갖추고 있고, 기초적인 글쓰기 훈련이 되어 있다고 전제하기 때문이다.[1]

1 이는 학생들이 법 자체에 대해 더 많은 시간을 들여 배워야 하기 때문이기도 하다. 생각의

이 책은 서식 중심 접근 방식document-based approach이 아닌 과정 중심 접근 방식process-based approach을 채택하고 있다. 따라서 이 책에서는 의견서나 소송서류의 유형별 서식이나 기재례를 소개하지는 않는다.

서식 또는 서류 중심 접근 방식은 법문서 작업의 결과물이나 기재례 등을 학생들에게 제공하는 법문서 학습법이다. 반면에, 과정 중심 접근 방식이란 완성된 서류를 보여주는 것이 아니라, 해당 서류가 완성되는 과정을 학생들에게 알려주는 법문서 학습 방법이다.

문서 작성법 학습에서 서식 중심 접근 방식은 많은 장점을 가지고 있다. 어떤 것을 완성해야 하는지를 알아야만 그에 필요한 일을 할 수 있기 때문이다. 서식 중심 접근 방식은 법리에 관한 기본 지식과 이해를 갖춘 사람이 법문서 작성법을 익힐 때 효율적이다. 현재 사법연수원이나 실무 법조인이 사용하는 법문서 관련 서적들이 이 방식을 택하고 있다.

그러나 이제 막 법리에 관한 기본 지식을 배우기 시작한 로스쿨 학생들이 서식 중심 접근 방식으로만 법문서 작성법을 배우는 것은 적절하지 않은 면이 있다. 로스쿨 학생들에게는 법문서가 완성되는 과정을 소개하고, 이를 통해 법조인으로서 생각하는 방식을 익히도록 하는 것이 우선되어야 한다. 그 학습 과정에서 학생들은 틀 속에 무엇을 채워야 하는지를 알 수 있고 법조인처럼 생각하는 방법을 익힐 수 있다. 이렇게 학생들이 법조인답게 생각하는 틀을 갖추는 것은 로스쿨 전체 과정을 통해 익혀야 하는 것이고, 그 시작은 빠르면 빠를수록 좋다.[2]

틀을 만드는 방법을 배우더라도, 그 틀 속을 채울 내용이 없거나 그 틀을 스스로 만들 수 있는 능력을 갖추고 있지 못하다면, 그 공부는 아무런 소용이 없다. 뒤에서 설명하지만, 법문서에서는 글에 실린 내용이 매우 중요하다.

2 윤지현, "법학전문대학원에서의 '법률문장론' 수업에 관하여", 『저스티스』 제116호, 한국법학원, 2010, 311면; Linda H. Edwards, *Legal Writing*, Fifth Edition, Aspen Publishers, 2010, XXI.

이 책은 로스쿨 교과과정 중 "법문서의 작성" 수업을 수강하는 학생들의 교재로 마련되었다. 그리고 부수적으로는 방학 중 실무수습에 참여하는 학생들이 수습기관에서 법문서를 작성할 때 참고 자료가 되기를 희망하고 있다. 그 내용과 관련해서는, 여러 전문 분야의 법문서의 작성 방법은 2학년 이후 개설되는 수업에서 배우는 것을 전제하고, 기본적인 법문서 작성법 중심으로 서술했다. 이 책의 본문은 다음과 같은 순서로 구성되었다.

1장에서는 로스쿨 학생들에게 법조인으로서 글쓰기를 한다는 것이 무엇을 의미하는지를 설명한다. 로스쿨 학생들은 법조인으로서 자신이 해야 할 일의 대부분이 글쓰기와 관련된 것이라는 점을 알아야 한다. 그리고 법문서는 그 작성 목적과 독자를 의식해야 하는 글이라는 점을 이해할 필요가 있다.

2장에서는 법문서의 일반적 작성 방법에 관해 설명한다. 여기에서는 문법이나 맞춤법의 구체적 내용보다는, 법문서의 내용을 쓸 때 주의할 점을 간단하게 학습한다.

3장에서는 로스쿨 학생들이 익혀야 할 법적 근거의 종류를 살펴보고, 학습 태도에 관해 설명한다. 이는 법문서가 법률적 지식(내용)에 기반한 글이기 때문이다. 법이 없는 법문서는 무의미하다. 좋은 법문서를 쓰기 위해서는 그 지식을 습득하는 것이 중요하다. 그리고 로스쿨에서 법학을 학습할 때의 마음가짐과 태도 등에 대해서도 알아본다.

4장에서는 법조인들이 법률문제를 해결할 때 흔히 사용하는 논증 방식에 대해 설명한다. 흔히 삼단논법 혹은 IRAC이라고 부르는 이것은 법률문제를 해결하거나 시험 문제에 답할 때 일반적으로 사용하는 것이다. 따라서 그 내용을 이해하는 것은 의견서나 소송서류와 같은 법문서를 작성하고 로스쿨에서의 답안지 작성 틀을 익히기 위해 필요하다.

5장에서는 법학 답안지의 작성 방법을 설명한다. 답안지 작성 방법을 제대로 익히고 로스쿨 재학 기간에 연습하는 것은 법조인답게 생각하는 틀에 익숙해질 좋은 기회이다. 이 점에서 답안지 작성법은 단지 성적을 좋게 받기 위해서가 아니라 법조인으로서 생각하는 방법을 익히기 위해 학습할 필요가 있다. 이 책에서는 이러한 생각에 터 잡아 사례형 논술 문제 중심으로 답안지 작성법을 설명한다.

6장에서는 법률사무소에서 많이 쓰는, 의견서 작성 방법에 관해 설명한다. 의견서는 로스쿨 학생들이 실무수습을 할 때 가장 많이 작성하게 된다. 그리고 수습기관은 학생들에게 실무 기술을 가르치는 수단으로서 의견서를 이용한다. 의견서는 객관적 글쓰기를 통해 작성한다. 좋은 의견서를 작성하기 위해서는 법률 정보 조사 능력 및 법리에 대한 이해, 분석력, 판단력 등이 필요하다.

7장에서는 소송서류의 작성 방법에 관해 설명한다. 소송서류는 설득적 글쓰기를 통해 작성한다는 점에서 의견서와 구별된다. 그리고 그 기재사항이나 제출 기한 등이 법령에 의해 제한된다는 특성도 갖고 있다. 이 점에서 로스쿨 학생들은 소송서류의 작성 방법과 그 주의 사항을 미리 익혀 연습해야 한다. 다만, 그 내용은 소송서류가 작성되는 법 분야 및 소송절차의 종류에 따라 많은 차이가 있고 이 책에서 관련 내용을 모두 다루는 것은 불가능하다. 따라서 이 책에서는 소송서류 작성 시 일반적으로 주의할 사항과 글쓰기 방식의 특징을, 민사소송과 형사소송의 대표적 서면 중심으로 조금씩 살펴본다.

8장에서는 민사 소송서류의 작업에 관해 설명한다. 민사소송의 당사자는 처분권주의 및 변론주의하에서 많은 권한을 가질 뿐만 아니라 그에 버금가는 책임을 부담한다. 이 점에서 소송대리인인 변호사는 실체법과 절차법적 지식 등에 기반해 소송서류를 작성해야 한다. 민사소송은 변호사들이 가장 많이 관여하는 소송 유형이고, 그 절차에서 사용하는 논증 방식은 행정소송과 형사소송 등 각종 재판 절차에서도 동일하게 적용된다. 따라서 민사 소송서류 작성법을 익히는 것은 로스쿨 학생들이 기본적 변론 기술을 배울 기회이기도 하다.

9장에서는 형사 소송서류의 작업에 관해 설명한다. 형사소송에서는 구속 피고인 등의 석방 문제 등이 변론 활동의 과제로 등장한다. 또한 증거 법칙이나 법리에 관한 주장 외에도 정상 관련 변론이 소송서류의 주요한 내용으로 다루어진다. 이 점에서 형사 소송서류는 민사 소송서류와 다르다. 형사 소송서류 작업에서는 법리적 논증뿐만 아니라 사건의 배경, 범죄의 동기 등을 설득적으로 기재함으로써 법관의 공감을 이끌어내는 것도 중요하다. 로스쿨 학생들은 형사 소송서류의 특성에 주목하고 그 논증 방식으로서 사실관계의 서술 기법에 관심을 기울여야 한다.

그리고 이 책의 마지막에는 본문에서 언급한 법문서의 기재례를 부록으로 첨부했다. 이는 그 서식을 참고하기 위한 것으로서 로스쿨 학생들이 작성한 서면이나 기존 법문서 교재의 기재례를 필요한 범위에서 조금씩 가공하고, 그 내용은 가능한 한 축약했다. 따라서 이 책의 독자들도 이와 같은 사정을 참작하여 부록을 읽어주기 바란다.

이 책의 목적은 로스쿨 학생들에게 법문서 작성에 필요한 기본 기술을 설명하고, 좋은 법문서를 쓰기 위해서는 스스로 훈련해야 한다는 점을 알리기 위한 것이다. 그리고 법조인답게 생각하고, 쓰고, 다듬는 과정에서 그 법조인의 글쓰기 능력이 발전할 수 있다는 점도 얘기하고자 했다.

법문서 작성에 필요한 기본 기술은 한 학기 정도의 수업을 듣는 것으로 충분히 배울 수 있다. 이렇게 간단하게 익힐 수 있는 기술임에도 불구하고, 많은 학생이 법문서를 작성하는 데 어려움을 겪는다. 왜냐하면, 아무리 글쓰기와 관련된 지식을 완벽하게 가지고 있다 하더라도 글쓰기 능력, 특히 법문서를 제대로 작성하는 능력을 갖출 수는 없기 때문이다. 그러한 능력은 오로지 연습과 실무적 경험, 개인적 성찰 등을 통해 체득할 수 있다. 따라서 학생들은 로스쿨 재학 중 답안지나 과제물 등 어떤 형식이든, 글을 쓰는 매 순간마다 그 글에서 간결성과 정밀함 등을 갖추려고 노력해야 한다.

학생들은 이 책만으로 법문서 작성에 필요한 기술을 모두 익혔다고 생각해서는 안 된다. 특히 의견서와 소송서류의 종류는 그 구체적 법 분야 및 소송의 유형에 따라 매우 다양하고, 이 책에서는 그중의 1%도 다루고 있지 않다. 학생들은 기존에 출판된 법문서 관련 교재 등을 통해 법문서의 구체적 기재례를 익히고 연습해야 한다. 법문서의 다양한 형식과 내용을 실제 접하고 연습하는 것보다 더 좋은 학습 방법은 없다. 이때 기재례를 기계적으로 암기하거나 옮겨 적어서는 안 되며, 법조인들이 그 서류에서 왜 그렇게 기재하는지를 고민해야 한다. 이런 사고 과정을 거쳐야만 기존 기재례의 장단점을 파악하고 자신에게 맞는 법문서 작성법을 익힐 수 있다. 이러한 고민과 훈련은 법조인으로서 일하는 동안에도 계속되어야 한다.

이른바 실무교수로서, 필자는 스스로의 역할을 변호사로서 습득한 실천지實踐知, practical knowledge를 로스쿨 학생들에게 전달하는 것으로 여기고 일해왔다. 이 책은 그러한 노력의 일환으로 필자가 법문서 작성 수업에 사용하기 위해 만든 강의록을 보완한 것이다. 그러나 모든 글이 그러하듯이 이 책 역시 필자 개인의 독창적 산물은 아니다. 이 책의 많은 부분은 다른 학자와 법조인들의 지적 성과들을 옮겨 정리한 것이다. 이 책의 곳곳에서 마치 필자 자신의 것처럼 기재한 많은 내용도 다른 이들과의 상호작용을 통해 익힌 것이다. 하지만 필자의 기억력의 한계로 인해 이들 모두를 해당 부분에서 밝히거나 별도의 인용 표시를 하지는 못했다. 다만, 다음과 같은 짧은 감사의 말로 그 무례함을 조금이나마 용서받고자 한다.

필자에게 변호사로 일할 기회를 주신 고故 유재방, 이돈명 변호사님을 비롯한 법무법인 덕수의 선배 변호사들께 감사드린다. 그리고 그곳에서 함께 일하고 고민하는 시간을 가졌던 동료 변호사들께도 감사한다. 이 책에서 필자가 변호사로서의 직업윤리나 성실함에 관해 얘기할 수 있는 것은 전적으로 그분들을 옆에서 지켜보며 함께 일할 기회를 가졌기 때문이다.

필자에게 스스로 생각하는 것의 중요성을 일깨워주신 서울대학교 노동법연구회의 김유성 회장님과 여러 회원께 감사드린다. 필자가 법률가로서의 사고 과정과 방법을 조금이라도 이해하고 익혔다면, 그것은 전적으로 연구회에서 경험하고 배운 바에 의존한 것이다.

마지막으로, 부족한 필자를 믿고 사건을 맡겼던 의뢰인들께 감사드린다. 모든 변호사가 그러하듯이 필자 역시 의뢰인의 소송을 통해 법조인으로서 직업적 성취감을 얻고 경력을 쌓았다. 나아가 법조인이 다루는 사건이 세상사의 작은 부분에 불과하고 법이 해결할 수 있는 분쟁은 매우 한정되어 있다는 것을 알 수 있었다.

이러한 감사의 글이 이 책에 관한 필자의 책임을 회피하기 위한 것은 아니다. 이 책의 불완전한 체계와 내용, 부정확성 등은 전적으로 필자의 부족한 경험과 지식에 의한 것이기 때문이다.

2011년 12월

도재형

차례

부록

1장

●●●

법조인과 법문서의 작성

1. 법조인과 글쓰기

로스쿨 입학은 그 당사자에게 여러 가지 변화를 일으킨다. 가장 중요한 변화는 자신의 장래 직업으로서 법조인을 선택했다는 점일 것이다. 그렇다면, 글쓰기의 관점에서 볼 때 법조인이 된다는 것은 어떤 의미일까?

첫째, 법조인이 된다는 것은 '다른 사람의 글을 읽는 사람'에서 '자신의 글을 쓰는 사람'이 된다는 것을 의미한다. 법조인은 직무 수행 과정에서 많은 글을 써야 한다. 변호사, 법관 및 검사 등을 구분하지 않고 대부분의 법조인은 일반 직업인에 비해 터무니없이 많은 글을 쓴다. 그 이유는 법조인의 직무가 글 혹은 문장에 의해서만 기능할 수 있기 때문이다. 소장이나 준비서면을 쓰지 않고 법정에 들어서는 변호사를 상상할 수 없는 것처럼,[1]

1 「민사소송법」 272조 제1항은 "변론은 집중되어야 하며, 당사자는 변론을 서면으로 준비하

판결서 없이 판결을 선고하는 법관이나 공소장 없이 피고인을 기소하는 검사를 상상할 수 없다. 결국 법조인으로서 일하기 위해서는 글을 써야 하고, 로스쿨 학생들은 그 학업 기간에 법조인으로서 글을 쓰는 능력을 갖추어야 한다.[2]

여기서 글을 쓰는 능력이란 단지 글을 문법이나 맞춤법에 맞게 쓴다는 의미가 아니다. 그리고 소송서류 서식에 맞추어 글을 쓴다는 의미도 아니다. 법조인은 글을 통해 자신의 생각을 논리적으로 설명할 수 있어야 한다. 그렇지 않은 글은 형식적으로는 법문서이지만, 실질적으로는 아무 의미가 없다. 학생들은 종래 글을 읽는 입장에서 모든 책과 논문 등을 바라보았을 것이다. 때로는 어떤 글에 대해 신랄한 비판이나 비난을 한 적도 있을 것이다. 그러나 이제 학생들은 자신이 글을 쓰는 사람이 될 준비를 해야 한다. 그리고 그것은 상대방을 설득할 수 있을 정도의 힘과 논리, 근거를 갖추고 있어야 한다. 스스로 글을 써보면 종래 자신이 비판했던 그 정도의 글도 얼마나 쓰기 어려운지를 느낄 것이다.[3] 아마 그 경험을 계기 삼아 좀 더 관대한 입장에서 다른 글을 바라보는 태도를 가지게 될지도 모른다. 그러나 학생 스스로는 그러한 관대함을 자신에게 적용해서는 안 된다. 로스쿨 학업 과정에서 혹은 법조인으로서 직무를 수행할 때 엄격한 잣대를 가지고 자신의 글을 살피고, 더 나은 법문서를 작성하기 위해 노력해야 한다.

둘째, 법조인이 된다는 것은 자신의 관점이나 지식을 표현하는 글 혹은 논리적으로 타당한 글을 쓴다는 차원에서 더 나아가 '사실관계에 의해 제

여야 한다."라고 규정하고 있다.

2 Linda H. Edwards, *Legal Writing*, Fifth Edition, Aspen Publisher, 2010, 1면.

3 이를 독자讀者로서의 정체성으로부터 필자筆者로서의 정체성으로 변화하는 과정이라고 설명할 수도 있다. 모든 법조인은 법문서의 독자이면서 필자이기도 하다. 독자의 입장에서 법조인은 다른 사람의 법문서를 엄격하게 바라보고 평가하며 비판하고, 또한 필자로서 글쓰기의 어려움을 잘 알기 때문에 타인의 실수에 관해 관대한 태도를 가지기도 한다.

한되는 글'을 써야 한다는 의미를 가진다. 흔히 학생들은 대학 입시를 준비하는 과정에서 약간의 글쓰기를 연습한 경험이 있을 것이다. 그러나 그것은 단지 이해력이나 분석력을 측정하고, 일반적인 상식 혹은 교과목에 대한 지식을 묻는 것에 불과하다. 학부 수업 과정에서 이런저런 보고서나 에세이를 작성하기도 했을 것이나, 그 역시 큰 차이가 없었을 것이다. 그런데 법조인이 된다는 것은 이와는 전혀 다른 차원의 글을 써야 한다는 것을 뜻한다. 이미 판례나 사법시험 문제를 본 사람들은 알겠지만, 법조인의 입장에서 글은 사실事實에 의해 제한되는 것이다. '사실을 벗어난 법문서는 존재 의의가 없다'고까지 얘기할 수 있다.

학생들이 로스쿨을 졸업하여 법조인으로서 실무를 할 때 이는 좀 더 큰 의미를 가진다. 예컨대 어떤 법관이 정말 탁월하고 획기적인 법 이론을 고안했다고 가정해보자. 그러나 이 법관은 그 이론과 관련되는 사건을 다루지 않는 이상 자신의 생각을 판결에 적을 수 없다. 변호사의 경우도 마찬가지이다. 어떤 사건을 담당하여 그 의뢰인에게 정말 필요한 판결을 이끌어내고 싶어도, 사실관계가 그렇지 않으면 그러한 견해를 표현한 글을 쓸 수 없다. 예컨대 살인을 저지른 자의 무죄를 주장하고 싶더라도, 살인을 저지른 사실이 분명하다면 그것을 주장해서는 안 된다. 만약 그런 주장을 한다면, 윤리적 비난은 별론으로 하더라도, 그는 무능한 법조인이라고 할 수밖에 없다. 사실관계 및 그것을 지배하는 증거의 유무와 상황을 무시한 채 글을 쓰고 쟁점을 다투는 법조인은 법조인으로서 기본적 능력을 흠결했다고 봐야 하기 때문이다.

이 점에서 재판에서 거론하는 '사실'은 가치중립적인 것이 아니다. 그것은 법적 쟁점과 연결되고, 법조인에 의해 가공된다. 쟁점을 부각시키고 그에 관한 설득력 있는 근거를 제시하기 위한 법조인의 노력은 관련된 사실관계의 확정 단계에서부터 시작된다.

셋째, 법조인이 된다는 것은 법률효과가 발생하거나 이를 전제로 한 글쓰기를 한다는 것을 뜻한다. 아마도 대부분의 로스쿨 학생은 사회 혹은 사회 구성원에게 직접적 영향을 미치는 글을 작성한 경험이 없을 것이다. 그러나 법조인이 되면, 자신이 작성한 글이 소송당사자나 법률관계에 직간접적으로 영향을 미치게 된다. 법관이 작성하는 판결서를 생각해보자. 법관이 어떤 사건에서 '갑甲은 을乙에게 5천만 원을 지급하라'고 판결에 적으면, 갑甲과 을乙의 법률관계는 판결서에 기재된 대로 변화한다. 만약 검사가 '갑甲을 사기죄로 기소한다'고 공소장에 기재하면, 갑甲의 신분은 피고인으로 변화하게 된다. 변호사가 "피고는 원고의 주장을 모두 인정합니다."라고 얘기하면, 실제 피고가 자백한 것으로 되고 이를 번복하는 것은 사실상 불가능하다. 근대사회 이전에 이런 일을 할 수 있었던 것은 신神이나 왕王밖에 없었다. 그런 힘이 근대사회를 거치면서 일반 시민에게 넘어온 것이다. 더 이상 신이나 왕의 이름을 빌리지 않고서도 시민은 자신들의 법률관계를 형성할 수 있는 자유를 가지게 되었고, 그 권한의 대부분은 법조인이 행사한다. 로스쿨 학생들은 장차 그런 직업을 갖게 된다. 따라서 학생들은 법문서 작성을 연습할 때, 자신의 글이 법률관계를 형성할 만큼 엄정하고 정확한지를 항상 고민해야 한다.

넷째, 법조인으로서 글을 쓴다는 것은 '구체적 질문에 대응하는 글'을 쓴다는 것을 의미한다. 소설가는 자신의 느낌이나 자신의 생활 혹은 상상한 것을 소재로 글을 쓰곤 한다. 그러나 법조인에게는 이러한 자유가 없다. 법조인은 누군가가 요구하는 질문에 대응하여 글을 쓴다. 법관은 원고, 피고 또는 피고인이나 검사가 요구하는 바에 따라 자신의 의견을 적어야 한다. 검사도 마찬가지이다. 친고죄나 반의사불벌죄의 경우, 검사가 보기에 피의자에게 설령 혐의가 있다 하더라도 고소인이나 피해자의 의사에 반해 자신의 기소권을 행사할 수 없다. 그리고 개인적으로는 처벌을 원하지 않더라도 증거관계와 법률에 따라 피의자를 기소하고 형刑을 구해야 하는 경우가 있다. 변호사 역시 의뢰인의 요구에 응해 서면을 작성한다.

법조인이 어떤 질문에 대한 답변을 회피할 수 있는 방법도 많지 않다. 극단적으로 얘기하자면, 법조인에게는 특정한 문제 상황에 관한 답변을 피할 수 있는 자유가 없다고까지 할 수 있다. 그런 자유는 직업세계의 밖에서만 가능할 따름이다. 이 점으로부터 법조인의 거의 모든 업무 스트레스가 발생한다고 해도 과언이 아니다. 직업인으로서 법조인은 특별한 경우가 아닌 한 문제를 회피할 수 없다. 법관은 당사자의 주장에 관한 판단을 회피할 수 없다. 검사 역시 어떤 범법행위를 인지했음에도 그 쟁점에 관해 잘 알지 못한다는 이유로 수사를 포기해서는 안 된다. 예외는 변호사의 경우이지만, 그 역시 의뢰인과의 관계 혹은 법률사무소의 내부 사정에 따라 사건 수임을 회피하는 것이 곤란할 때가 있다. 또한 사건을 맡은 경우에 변호사가 의뢰인의 질의나 소송 사건의 구체적 쟁점에 답변하지 않는다는 것은 불가능하다. 특정 분야의 전문 변호사로서 활동하고 있는 경우에는 더욱 그러하다. 전문 변호사가 해당 분야에 관한 지식이 부족하다는 이유로 관련 분쟁에 관한 자문이나 소송 수임을 피한다는 것은 상상할 수 없기 때문이다.[4]

그런데 로스쿨 학생들은 법조인으로 일하기 이전부터 구체적 질문에 대한 대답을 피하고 싶은 유혹을 경험한다. 시험 문제가 자신의 예상을 벗어났을 때, 혹은 과제물의 주제가 자신의 관심 영역 밖일 때 학생들은 자신이 아는 지식만을 쓰거나 시험을 포기하고 싶다고 생각하게 된다. 그러나 그러한 유혹에 빠져서는 안 된다. 쟁점을 정확히 파악하고, 그 질문에 대답

---

4 차병직, "글쓰기 작업으로 구성되는 법의 세계", 『글쓰기의 최소원칙』, 룩스문디, 2008, 250-251면.

하는 연습을 해야 한다. 때로는 자신이 알고 있는 법리에 기초해서 해당 사례에 관한 답변을 추론하는 연습도 해야 한다. 그래야만 실제 법조인으로서 활동할 때도 좀 더 직업적 글쓰기에 익숙해지기 때문이다. 실무 법조인들 역시 자신이 모르는 수많은 문제를 다루고 있다는 점을 잊어서는 안 된다.

다섯째, 법조인으로서 글을 쓴다는 것은 '법률과 판례·학설 및 그 이해에 기초한 글'을 써야 한다는 의미이다. 법문서는 매우 무미건조한 내용으로 이루어지는 경우가 자주 있다. 법조인이 작성하는 법문서는 법률과 판례, 학설 등에 부합하는 내용으로 채워져야 한다. 오로지 정열적인 문구나 형용사, 감탄사로 채워진 글은 그 자체로서는 훌륭할지 모르지만, 법문서로서는 엉터리라고 얘기할 수 있다(다른 영역에서도 그런 글을 훌륭하다고 얘기하는 사람은 없다). 로스쿨 학생이 자신의 글을 설득력 있게 작성하기 위해서는 법률과 판례, 학설에 대한 지식을 갖추기 위해 노력해야 한다. 그것에 기반하지 않은 법문서는 무의미하기 때문이다.

마지막으로, 법조인은 글을 통해 민주주의와 법치국가의 이념을 지키는 임무를 담당한다. 현대는 개인의 시대이다. 그리스의 민주주의 시대라는 예외가 있긴 하지만, 인류 역사에서 개인이 발견된 것은 근대 이후이다. 그 전에 개인의 정체성은 어느 집안의 누구라든가, 어느 지방의 누구라든가 하는 식이었다. 현대는 개인의 시대이기 때문에 개별 시민은 가문이나 봉건영주와 같은 보호막에 숨을 수가 없다. 즉 권리·의무의 주체가 단체나 가문과 같은 집단이 아닌 개인인 것이다. 개인의 시대란 다양함의 시대이고, 상대주의의 시대라고도 할 수 있다. 즉 어떤 것에 대한 견해나 의견은 개인에 따라 상대적인 것이고, 그것을 조절하여 특정한 결과를 도출하는 것은 개인의 책임이다. 그 과정은 토론을 통해 이루어진다. 재판 혹은 민주주의 제도란 어떤 의미에서는 토론 절차의 일종이다. 법조인이 작성하는 글은 법률이라는 권위로 혹은 법적 구제 절차 속에서 개인의 권리를 보

법조인의 글쓰기

- 글을 읽는 사람reader → 글을 쓰는 사람writer
- 관점이나 지식의 표현, 논리적 글쓰기 → 사실관계에 의해 제한되는 글쓰기
- 법률효과가 없는 글쓰기 → 법률효과가 발생하거나 이를 전제로 한 글쓰기
- 구체적 질문에 대응하는 글쓰기
- 법률과 판례 · 학설 및 그 이해에 기초한 글쓰기
- 민주주의와 법치국가의 방어 수단으로서 글쓰기

호하고, 그를 통해 민주주의와 법치국가의 이념을 실현하는 도구로 작용한다. 그것이 없이, 즉 언어 외의 폭력적 수단이나 우연적 방법을 이용해 개인의 권리를 보호하거나 사적 분쟁私的 紛爭에 대한 해결 절차를 설정한다는 것은 민주주의 제도하에서 상상할 수 없다.[5]

결국 법문서를 잘 작성하기 위해서는 학생 스스로가 좋은 법조인이 되도록 노력하겠다는 마음을 가져야 한다. 법문서를 쓴다는 것은 법조인으로서 생각하고, 법조인으로서 자료를 찾고 문제를 해결한다는 의미이기 때문이다. 법문서는 단지 법조인이 한 그런 작업의 결과물을 글로써 표현한 것에 불과하다. 로스쿨 학생들은 예비 법조인으로서의 정체성을 빨리 가져야만 좀 더 나은 학업 생활을 할 수 있다.

5 탁석산, 『토론은 기싸움이다』, 김영사, 2006, 29-31면.

2. 법조 실무와 글쓰기

법조인의 1차적 관심 영역은 '법을 어떻게 현실에 적용하고 그 결과를 어떻게 처리할 것인가'의 문제이다. 법을 현실에 적용한다는 것은 언어로 만들어진 법률을 언어를 이용하여 해석하고 법 적용의 결과를 판결이라는 형태의 언어로 말하는 것이다. 이를 "법 텍스트에 대한 텍스트 작업이다."라고 표현하기도 한다. 여기서 '법 텍스트'란, 언어로 쓰인, 법전에 들어 있는 헌법, 민법, 형법, 상법 등 수많은 법률을 뜻한다. 그 자체는 문자, 즉 언어로 쓰여 있다. 그다음의 '텍스트 작업'이란 문자로 이루어진 법 텍스트의 의미를 우리가 이해하고, 이해한 결과를 다시 언어로써 설명하는 것이다.[6]

법을 적용하는 것은 간단한 작업이 아니다. 발생한 문제에 법을 적용하는 작업은 단지 '있는 법률'을 해당 사실관계에 적용하는 것이 아니다. "법전이라는 것은 단순히 법률들을 모아놓은 창고가 아니다." 따라서 필요하다 하여 그 창고에 들어가서 필요한 법률을 꺼내오기만 하면 곧바로 쓸 수 있는 것이 아니다. 수많은 법률은 언어의 형태로 각자의 의미를 간직하고 있고, 그 언어의 의미가 무엇인지는 법조인들의 해석을 거쳐야만 분명해진다.[7]

> 법률을 해석한다는 것은 法言의 의미를 추구하는 것으로서 법언에 의하여 표시된 사실 관념, 가치 관념 요건과 그 법적 효과 자체에 관하여 법률은 언제나 정확한 정보를 제공하고 있는 것은 아니다.
>
> 그 이유는 법적 관념의 의미[나] 그 한계가 분명하지 않기 때문만은

---

6 차병직, 앞의 글, 241-243면.

7 차병직, 앞의 글, 245면.

아니며, 설령 그 의미가 분명하다 하더라도 소통 수단으로서의 언어 자체가 정보과정에 있어서 불명료성을 야기시킬 수 있기 때문이다. 왜냐하면 법률에서 사용되고 있는 용어들이 가끔 모든 사람들에게 동일한 의미를 갖고 있지 않기 때문이다. 법 규범들은 명령 또는 금지로 표현되는 일정한 행위 유형, 즉 경험적 구성요건에 결부되어 있다. 경험요건을 나타내는 말들은 우리가 고유명사를 도외시한다면 다소간 多義的인 것이다.

그 원인은 어디에 있는가? 우리는 그 말이 그 '의미Bedeutung'를 갖게 된 방식에서 원인을 찾아야 한다. 이상에서 우리는 경험 개념을 나타내는 말들이 '예시적으로exemplarisch' 채택되고, 많은 사람들에게 익혀져 왔음을 고찰했다. 그러므로 우리 각자가 그 문자의 의미와 결부하여 배운 만큼의 개인적인 의미의 폭을 각자 가지고 있다. 다시 말하면 각자는 자기의 학습 내용에 따라 그 용어의 의미의 폭을 가지고 있다. 그러므로 어떠한 말을 사용하는 자는 그 말을 받아들이는 자와는 다른 의미로 그 말을 이해하고 있는 경우가 있다. 또한 각 개인에 있어서도 하나의 말은 대개의 경우 정확한 의미 내용을 가지고 이해되고 있지는 않다(몇 나무째부터 나무의 집단이 '숲Wald'이 되는 것인가 ; '밤시간夜時'은 어느 순간에 끝나는 것인가?). 그러므로 문구는 일반적으로 그 말이 지니는 가능할 수 있는 의미 내용의 폭을 여백으로 남겨 놓는다[.][8]

로스쿨 학생들이 졸업 후 해야 하는 대부분의 업무는 앞에서 설명한 '법텍스트에 대한 텍스트 작업'이다. 예컨대 재판은 언어적 소통에 의해 진행된다. 특히 민사소송은 원고와 피고가 공격과 방어 방법을 교환하는 공방

8 라인홀트 치펠리우스, 『법학방법론』, 김형배 옮김, 삼영사, 1995, 70-71면.

속에서 법 해석에 관한 자신의 주장을 펼쳐나가는 과정이다. 이것은 그 재판의 전제가 되는 사실관계에 부합하는 법의 의미를 새로 만들어가는 작업이기도 하다. 글을 적절하게 쓰는 능력을 갖추지 못한 변호사는 이와 같은 직무를 수행할 수 없다.[9]

3. 법문서의 의의와 특징

1) 법문서의 의의

좁은 의미의 법문서로는 흔히 재판 절차에서 사용하는 소장, 준비서면, 판결서, 공소장, 변론요지서, 증거신청서 등과 같은 소송서류를 들 수 있다. 로스쿨 학생들이 흔히 법문서 작성 수업 시간에 공부할 것으로 예상하고 있는 것이기도 하다. 그 밖에 변호사가 의뢰인에게 제공하는 의견서나 계약 관련 서류들도 여기에 포함될 수 있다. 좀 더 넓게 얘기하면, 여기에는 법률적 쟁점과 관련하여 법조인이 작성하는 이메일이나 문자 메시지 등도 포함될 수 있다.[10]

법률도 법문서에 포함된다. 법률과 명령은 가장 대표적인 법문서이며,

---

9 차병직, 앞의 글, 248-249면; Amanda Martinsek, *Legal Writing*, Kaplan Publishing, 2009, 75면.

10 로스쿨 학생들이 흔히 하는 실수 중 하나는 이메일이나 문자 메시지 등을 문서가 아닌 것으로 취급하고, 비공식적인 것으로 생각하는 것이다. 법조인들은 이메일이나 문자 메시지 등도 편지나 기타 문서와 비슷한 것으로 생각한다. 따라서 로스쿨 학생들이 실무의 법조인들에게 이메일이나 문자 메시지 등을 보낼 때에는 이런 점을 고려해야 한다. 문장마다 격식을 갖출 필요는 없고 친근한 어투를 사용할 수는 있지만, 기본적인 문법과 완전한 문장을 사용해야 하며 사용하는 언어도 취사선택을 해야 한다(Amanda Martinsek, 앞의 책, 76면).

법적 근거이다.[11] 따라서 학생들은 수업에서 관련되는 법조문을 공부할 때, 그 법조문이 어떤 형식으로 이루어지는지, 왜 그렇게 규정되었는지도 함께 생각할 필요가 있다. 법조문을 잘 익히는 것은 실제 법학 공부에도 많은 도움이 된다. 법문서 가운데에서 가장 정제되고 여러 사람이 검토한 것이 법조문이기 때문이다. 법조문을 주의 깊게 읽으면 한국의 규범 의식과 입법 당시의 법률적 문제 상황을 이해하는 단서를 찾을 수 있다. 이것은 판례와 학설의 문제 의식을 읽는 단서가 된다.

법문서는 여기에 그치는 것이 아니다. 특히 로스쿨 학생의 경우에는 더욱 그렇다. 즉 넓은 의미의 법문서에는 앞서 언급한 서류들 외에도 로스쿨 수업에서 작성하는 과제물이나 답안지, 그리고 실무수습 과정에서 작성하는 의견서, 보고서 등도 포함된다. 다만, 로스쿨 재학 중 작성하는 대부분의 문서는 실제적인 법률문제를 전제하지 않는다는 점에서 소송서류나 법률 등과는 구별된다.

법문서의 본질적 목적은 타인을 설득하기 위한 것이지만,[12] 변호사가 그 글을 작성하는 관점 혹은 변호사가 해야 할 역할을 기준으로 볼 때, 법문서 작업은 객관적 글쓰기objective writing와 설득적 글쓰기persuasive writing로 구분할 수 있다. 객관적 글쓰기는 일정한 결론 없이 사실과 정보를 객관적으로 알려주는 것을 뜻한다. 의견서가 객관적 글쓰기의 대표적 예이다. 의견서에서 변호사는 의뢰인의 주장이 정당한지, 의뢰인이 질의한 사안에 대해 법원이 어떤 판단을 할 것인지 등을 객관적인 입장에서 설명한다. 반면에, 설득적 글쓰기는 글쓴이가 어떤 쟁점에 관해 찬반 입장을

11 흔히 생각하는 것과 달리 법조인이 기능하는 영역은 소송 과정에 국한되는 것이 아니다. 입법 과정에서 법조인이 참여하는 비중 역시 매우 크다.

12 곧이어 설명하는 객관적 글쓰기 역시 그 글을 작성하는 변호사의 분석과 예측의 객관성을 독자에게 설득해야 한다.

정하고, 독자를 납득시켜 어떤 일을 하게 하거나 믿게 하는 것을 뜻한다. 소송서류가 설득적 글쓰기의 대표적 예이다. 소송서류에서 변호사는 의뢰인의 승소勝訴라는 결과를 얻기 위해 법관을 설득하는 작업을 한다.[13]

그런데 변호사의 입장에서 객관적 글쓰기와 설득적 글쓰기의 과정이 항상 엄격하게 구분되는 것은 아니라는 점을 주의해야 한다.[14] 예컨대 어떤 의뢰인이 법률사무소에 회사 소속 직원의 해고 가능성에 대해 질의했다고 가정해보자. 이 경우 변호사는 해고와 관련된 법률과 판례 등 법률 정보를 조사한 후 해당 직원을 해고할 수 있는지에 관해, 좀 더 정확하게는, 해고할 경우 법원이 그 효력을 인정할 것인지에 대해 설명한다. 그리고 해고의 유효성을 인정받기 위해 필요한 절차 및 사유의 정당성 등을 설명하고, 후속 조치에 관해 조언한다. 여기까지는 객관적 글쓰기의 과정이라고 얘기할 수 있다.

그런데 그 의뢰인이 법률사무소의 의견에 따라 해당 직원을 해고하고, 그 직원이 이에 반발하여 해고무효확인의 소訴를 제기했다고 가정해보자. 이때부터 변호사는 설득적 글쓰기 과정으로 옮겨가 법원의 기각 판결을 얻기 위해 소송서류 등 서면을 작성하게 된다. 이 과정에서 변호사는 설득적 글쓰기를 통해 법률사무소의 의견이 객관적이며 소송의 결과를 제대로 예측했다는 평가를 얻어야 한다. 만약 소송에서 패소한다면, 의뢰인은 그 법률사무소의 의견을 더 이상 신뢰하지 않을 것이기 때문이다.

소송서류를 작성하는 과정에서 변호사는 상대방의 반박에 어떻게 대응할 것인지를 고민한다. 그리고 소송서류의 최종적 독자인 법관이 어떻게 자신의 설명을 평가할 것인지를 의식한다. 그런데 이와 같은 검토 과정은

---

13 정봉진, "미국 로스쿨에서의 법률정보의 조사, 법문서의 작성 및 모의재판 과목의 교육", 『법과 사회』 제38호, 법과사회이론학회, 2010, 307면.

14 Linda H. Edwards, 앞의 책, 2-3면.

객관적 글쓰기에서도 반드시 필요한 요소이다. 변호사들이 “소송을 모르는 변호사는 정확한 의견서를 작성할 수 없다.”라고 얘기하는 것은 이런 점 때문이다. 따라서 로스쿨 학생들 역시 법문서의 앞서와 같은 두 가지 작성 방식을 모두 이해하고 있어야 한다.

2) 법문서의 특징

법문서 역시 글쓴이의 생각의 결과라는 점에서 일반 문서와 동일하다. 그러나 법문서는 다음과 같은 점에서 일반 문서와 구별된다.

첫째, 법문서의 내용은 증거에 의해 제한된다. 법문서, 특히 그중에서도 소송서류들은 특정한 사실관계를 전제로 하여 작성되고, 이 사실관계는 증거에 의해 직간접적으로 증명되는 경우에만 인정된다. 즉 법률상의 ‘사실’이란 증거에 의해 뒷받침된 것이어야 한다. 증거가 없는 것은 당사자의 주장에 불과하고 아무도 여기에 구속되지 않는다.[15]

‘증거가 사실을 지배한다’는 점은 소송서류 작성 시 항상 인식하고 있어야 한다. 증거가 없는 상태에서 특정 사실을 주장할 경우, 때때로 그것은 거짓말로 취급되기 때문이다. 또한 법조인은 자신이 증명해야 할 사항과 그렇지 않은 사항을 구별할 수 있어야 한다. 굳이 자신이 증명하지 않아도 될 사항까지 불필요하게 기재하는 것은 좋은 법문서가 아니다. 증거의 존재, 주장·증명 책임의 유무에 대한 지식은 법문서 작성을 위해 반드시 필요하다.

둘째, 법문서는 법률과 판례의 존재를 전제한다. 법문서를 작성할 때에는 자신의 의견을 설득력 있게 전개하는 것이 중요하다. 그런데 이러한 의

15 사법연수원, 『변호사실무(형사)』, 2009, 62면 각주 87.

견은 그 전제가 되는 법률과 판례에 의해 제한된다. 이는 특히 실무에서 법문서를 작성할 때 그렇다. 관련된 법률과 판례를 제대로 이해하지 못한 상태에서 법문서를 올바르게 작성하는 것은 불가능하다. 따라서 그에 대해 정확하게 이해하고 있어야 하고, 그것을 자신의 논거로 제시하거나 상대방의 주장을 반박하는 자료로 사용할 수 있어야 한다.

법률은 성문법 국가인 한국에서 매우 중요한 판단 준거이다. 법률적 쟁점이나 분쟁에 부딪혔을 때 우선 검토해야 하는 것은 관련 법 규정의 존재 여부 및 그 내용이다. 그리고 그것을 해석하는 과정에서 반드시 검토해야 하는 것이 판례이다. 판례는 법원 판결들의 집적集積이고, 법원은 법률 해석 권한을 행사하는 거의 유일한 국가기관이기 때문이다. 이 두 가지를 이해하지 못한 상태에서 작성된 법문서로는 다른 사람을 설득할 수 없다. 따라서 법조인은 법률과 판례를 체계적으로 파악하고 분석하는 능력을 갖추어야 한다.

셋째, 법문서는 강제력을 갖거나 그러한 강제력의 발휘를 전제한다. 예컨대 판결이 확정된 경우 그 판결서에 기재된 주문의 내용에 따라 법률관계가 형성된다. 따라서 법문서의 표현은 절제되어야 하며, 제시하는 견해나 결론은 실현 가능한 것이어야 한다. 실현 불가능한 결론을 제시하는 법문서는 무의미하다.

넷째, 법문서를 작성하는 법조인에게는 윤리적 의무가 부과된다. 예컨대 변호사는 진실에 반해 소송서류를 작성할 수 없고, 법문서를 작성하는 과정에서 취득하는 의뢰인의 비밀을 타인에게 누설해서는 안 된다. 또한 의뢰인의 범죄행위를 돕는 법문서를 작성하는 것도 금지된다. 이러한 윤리적 의무들 중 일부는 법적 책임으로서 성격을 띠고 위반 시 형벌이 부과되기도 한다.

다섯째, 법문서에 대해서는 일정한 형식이나 기재사항이 강제되는 경우가 있다. 법문서 중에서도 소송서류의 경우에는 관련 법률에서 그 기재사항을 특별히 규정한 경우가 있다. 예컨대 「민사소송법」 제249조 제1항은 "소장에는 당사자와 법정대리인, 청구의 취지와 원인을 적어야 한다."라고 명시하며, 제274조 제1항은 준비서면의 기재사항으로서 당사자의 성명·명칭 또는 상호와 주소, 대리인의 성명과 주소, 사건의 표시, 공격 또는 방어의 방법, 상대방의 청구와 공격 또는 방어의 방법에 대한 진술, 덧붙인 서류의 표시, 작성한 날짜, 법원의 표시 등을 규정하고 있다. 이러한 규정이 있는 경우에는 그에 따라 법문서를 작성해야 한다.

여섯째, 법문서는 시간적 제약하에 작성하는 경우가 많다. 변호사는 의뢰인과 약속한 시간 안에, 혹은 법률이나 재판장이 정한 기한까지 서면을 완성해야 한다. 법관이나 검사도 마찬가지이다. 예컨대 법관의 건강이 좋지 않다고 하여 구속 기간이 완성된 피고인의 선고 기일을 연기한 채 판결서 작성을 미룰 수는 없다.

이러한 시간적 제약으로 인해 법조인들이 의식적으로 자기 글의 완성도를 챙기기가 어려운 때가 많다. 따라서 본인이 실무를 할 때 좋은 법문서를 작성하고 싶다면, 로스쿨에서부터 법문서 작성을 연습해야 한다. 아무리 하찮은 글을 쓰더라도 최선을 다해야 한다. 이를 통해 좋은 글쓰기 태도를 몸에 익혀야만 실무에서 시간에 쫓기며 일을 하는 중에도 올바르게 법문서를 작성할 수 있다.

4. 법문서 작성을 연습해야 하는 이유

1) 법문서 작성 능력의 의의

좋은 법조인이 되기 위한 조건은 무엇일까? 좋은 법조인이란 올바른 법적 지식, 분석력과 판단력, 법조인으로서 의사소통 능력 및 직업 윤리 등을 갖춘 자를 말한다. 법조인은 특정한 법률적 쟁점이 닥쳤을 때, 앞서와 같은 능력과 자질을 이용하여 그것을 해결한다. 그런데 문제는 법조인이 직면하는 쟁점이나 사건에는 법조인 그 자신이 쉽게 해결할 수 없는 것이 포함되어 있다는 점이다.

이 경우 법조인은 자신이 습득한 법률적 지식과 경험, 논리력, 판단력 등을 동원하여 문제를 분석하고 해결한다. 그리고 그에 관한 자신의 법 논리 혹은 해결 방안을 설득력 있게 펼쳐야 한다. 이 과정에서 중요한 것은 단순히 자신의 논리를 구술口述하는 능력이 아니라 그것을 서면에 기술하는 능력이다. 법조인에게 서면을 작성하는 능력은 단지 글을 아름답게 쓰는 것이 아니라 법률적 쟁점의 해결 방안을 효과적으로 표현하는 것을 의미한다.

법문서는 법조인이 어떤 사실관계에서 법적으로 문제될 수 있는 내용을 추출하고 그로부터 일어날 수 있는 법률적 쟁점을 파악한 후, 법적 근거에 기초하여 해결 방안을 제시하는 과정을 통해 완성된다. 법문서 작성의 연습은 법조인이 이러한 작업 과정에 익숙해질 수 있도록, 그리고 자신의 작업 결과를 다른 사람이 신뢰할 수 있는 모습으로 표현할 수 있도록 돕는다.

좋은 법조인이 된다는 것은 법문서 작성 전문가가 된다는 것을 뜻한다. 법문서를 작성하는 능력은 법조인이 반드시 갖추어야 할 기술 중 하나이다. 아무리 좋은 이상과 생각을 가지고 있더라도 이를 다른 사람에게 제대로 설명할 수 없다면, 그것은 혼자만의 독백에 불과하다. 법조인은 '독백하는 사람'이 아니라 '설득하는 사람'이고 '설명하는 사람'이어야 한다. 결국 법문서 작성 능력은 법조인의 지식과 생각을 다른 사람들에게 알리기 위해 사용하는 것으로서, 법조인이 반드시 갖추어야 하는 자질이다.[16]

예를 들어 설명해보자. 어떤 의사가 있다. 그 의사는 이론적으로 맹장 수술을 어떻게 하는지, 발병 원인이 무엇인지 잘 알고 있다. 맹장 수술이 필요한 환자가 왔을 때 그는 이론적 지식을 근거로 수술을 했다. 그런데 실제 수술 과정에서 필요 이상으로 환자의 배를 가르고, 필요 이상으로 맹장을 절개하고, 보기 흉하게 환자의 피부를 접합했다. 이 경우 완치가 되더라도 그 환자가 훌륭한 치료를 받았다고 할 수는 없다. 왜냐하면, 그 의사는 실제 수술에서 환자의 신체 부위를 절개하는 기술과 이를 봉합하는 기술에 대한 자신의 지식을 어떻게 활용할지를 모르고 있었기 때문이다. 이와 같이, 법조인도 실제 상황에서 이론을 사용할 수 있는 기술이 필요하다. 법문서 작성 능력을 갖추는 것은 이러한 기술을 익히는 첫 번째 단계이다.

좋은 글을 쓰기 위해 노력하는 것은 자신의 글을 읽는 사람에게 갖추어야 할 최소한의 예의이다. 글을 쓴다는 것은 독자의 시간을 뺏는 것과 같다. 글을 읽는 사람은 필자의 생각과 주장을 이해하기 위해 자신의 시간을 소비한다. 법문서는 더욱 그러하다. 그런데 그 글이 문법에 맞지 않고 제대로 된 내용을 포함하고 있지 않다면 어떻게 될까? 학생들은 그런 글을 읽고 나서 어떤 느낌이 드는지 잘 알고 있을 것이다. 그런데 로스쿨 학생들은 이제 자신의 글을 책임져야 하는 처지가 된 것이다. 따라서 자신의 글을 읽는 사람이 읽기를 마쳤을 때 거기에 시간을 소비한 것에 만족할 수 있도

16 정봉진, 앞의 글, 307면.

록 노력해야 한다. 그런 노력을 하지 않는 법조인은 다른 사람의 시간을 뺏는 도둑에 불과하다.[17]

2) 법문서 작성 연습의 필요성

피겨스케이팅 선수인 김연아의 경기를 볼 때, 우리는 그녀의 능숙하고 아름다운 모습에 감탄하곤 한다. 경기장에서 김연아는 아무런 두려움이 없는 것처럼 보인다. 설령 실수를 하더라도 금방 자신의 자세를 회복하고 다음 기술을 이어간다. 그러나 우리는 김연아의 과거를 알지 못한다. 세계 정상에 오르기 전, 김연아 역시 슬럼프에 빠져 은퇴 여부를 고민해야 했다. 가족들은 부진한 성적과 함께 깊어가는 김연아의 부상을 항상 안타깝게 생각했다고 한다. 김연아 선수는 이러한 부진과 주위의 비관적 전망을 극복하고 현재의 모습을 갖추게 된 것이다. 아마도 아름다운 경기를 보여주기 위해 몇 년간 혹은 몇 달간 혹독한 훈련 과정을 거쳐야 했을 것이다.

글을 쓰는 것도 똑같은 과정을 거친다. 좋은 법문서를 작성하기 위해서는 연습 외에 다른 방법이 없다. 좋은 글은 하루아침에 이루어지는 것이 아니다. 그것은 부단한 노력과 연습을 통해 이루어진다.

> 몇 년 전에 난 여행 경험이 많은 기타리스트와 긴 대화를 나누었다. 그 사람 말로는 60년대로까지 거슬러 올라가도, 누구 못지않게 연주를 잘했다고 한다. 그는 카를로스 산타나에서 랜디 캘리포니아, 지미 헨드릭스, 지미 페이지까지 온갖 사람과 무대에 함께 섰단다. 그러나 그에게 가장 많은 걸 가르쳐준 기타리스트는 그가 풋내기일 때 만났던 한

17 데릭 젠슨, 『네 멋대로 써라—글쓰기·읽기·혁명』, 김정훈 옮김, 삼인, 2005, 31면.

나이든 블루스 연주자였다고 한다. 어떻게 연주하는지 가르쳐달라고 부탁했더니 이렇게 대답해주었다고 한다.

"난 자네에게 내가 알고 있는 모든 걸 15분 만에 가르쳐줄 수가 있네. 그러면 자네가 해야 할 건 집에 돌아가서 15년 동안 연습하는 거야."

글쓰기도, 높이뛰기도 그리고 삶도 그와 마찬가지라는 건 정말이지 내겐 분명한 사실이다.[18]

법문서는, 예외적인 경우를 제외하고는, 특정한 쟁점과 관련하여 작성된다. 그중에서도 변호사, 법관, 검사와 같은 실무 법조인들은 구체적인 사건에 관해 글을 작성해야 한다. 법조인들은 어떠한 사건 혹은 의뢰인이 궁금해하는 쟁점을 처음 대했을 때 당황하는 경우가 많다. 실제 사건에서 우리가 로스쿨에서 배우는 지식을 묻는 경우는 많지 않다. 오히려 복잡한 사실관계에 기초하여, 무언지 모르지만, 다양한 법률적 쟁점이 있는 경우가 많다. 이런 경우 법조인은 당황한 상태에서 사실관계를 확정해야 하고, 그에 따라 발생하는 여러 법률적 쟁점에 맞춰 관련 법률과 판례, 교재, 논문 등을 찾고 자기 나름대로의 해결책을 제시해야 한다. 그리고 그 결과가 법문서로 나타난다. 그 법문서에는 법조인이 처음에 겪었던 혼란이 나타나서는 안 된다. 최종적인 문서에는 법적 쟁점에 관한 그 법조인 나름대로의 분석과 그에 맞는 해결책이 정리되어 기재되어야 한다. 만약 사건이나 문제에 처음 부딪혔을 때 느낀 혼란이 법문서에 나타난다면, 그 법문서를 보는 독자 역시 혼란스럽게 되고 그 의견을 신뢰하지 않게 되기 때문이다. 우리가 법문서가 무엇인지, 그리고 실무 법조인들이 어떤 식으로 법문서를 작성했는지를 알아보고 실제로 문서 작성을 연습하는 이유가 여기에 있다.

---

18 데릭 젠슨, 앞의 책, 22면.

단지 글을 많이 쓴다고 하여 좋은 법문서를 작성할 수 있는 것은 아니다. 법문서는 1차적으로 판례와 학설, 쟁점에 관한 학생 자신의 학습과 지식에 기초해야 한다. 로스쿨 학생들은 기존의 법조인들이 사용하는 용어와 사고방식에 익숙해져야 한다. 그렇지 않으면 법률적 논쟁이나 판례의 흐름을 이해할 수 없고, 현재의 법적 논쟁에 관여할 수 없기 때문이다.

그 시작은 법학 교재와 판결을 많이 읽는 것이다. 시중에는 많은 법학 교재들이 나와 있다. 그중에서도 자기가 좋아하는 스타일의 교재를 정해서 읽는 것이 글쓰기 연습의 시작이다.[19] 법학을 공부하는 학생들은 의식하든 의식하지 않든 이 방법으로 글쓰기 연습을 시작한다. 교재를 읽을 때는 단지 그 내용을 암기한다는 생각만을 해서는 안 된다. 그 필자가 왜 이 문제에 대해 이런 글을 썼는지, 자신의 주장을 뒷받침하기 위해 어떤 논거를 펴고 있는지, 상대방의 주장에 대해 적절한 반박을 하고 있는지, 본인이라면 어떤 논리를 제시하고 논박할 것인지 등을 고민하면서 교재를 읽어야만 그 교재의 내용을 자신의 것으로 삼을 수 있다. 이때 굳이 하나의 교재만을 고집할 필요는 없다. 하나의 교재를 중심으로, 다른 교재들을 부교재로 이용하는 것도 좋은 방법이다.

판결서를 읽는 것 역시 글쓰기 공부를 시작하는 좋은 방법이다. 우리는 강의 시간에 많은 판례를 배우게 된다. 그런데 교재에 나온 판례의 내용은

---

19 변호사들은 농담 삼아 좋은 서면을 쓸 능력을 갖추기 위해서는 초등학교를 다닐 때 책을 많이 읽고 글쓰기 연습을 해야 한다고 한다(중·고등학교에 다닐 때에는 책 읽을 시간이 없다는 점을 감안한 것이다). 실제로 평소 글쓰기와 책읽기를 좋아하는 사람이 좋은 법문서를 쓸 자질이 있을 가능성이 높다. 만약 본인이 그런 기회를 가지지 못했다면, 로스쿨에 입학한 이후에라도 부단히 책을 읽고 글쓰기를 연습해야 한다. 통학 시간이나 쉬는 동안에 소설책이나 수필을 읽는 것도 좋다. 법조인이 인문학적 소양을 갖출 때 그 고민은 좀 더 치밀하고 풍성해지며, 나름대로의 스타일을 만들 수 있다는 점도 유념할 필요가 있다(박철, "판결서 글쓰기에 관한 몇 가지 생각들", 『민사재판의 제문제』 제14권, 민사실무연구회, 2005, 375면).

전체 판결서 중 일부에 불과하다. 따라서 교재에 인용된 판결 내용만으로 그 판결의 취지를 이해하는 것은 어렵다. 로스쿨 학생들은 시간을 내어 교재에 인용된 판결을 따로 출력하거나 찾아서 판결서 전체를 읽는 연습을 해야 한다. 판결을 읽는 것은 법률적 쟁점에 따라 사실관계를 정리할 수 있다는 장점도 있다. 법률적 의견 작성의 기초는 사실관계를 확정하는 것이다. 이것을 연습할 수 있는 좋은 방법이 판결에 나타난 사실관계를 읽고 그에 기초한 법리를 검토하는 것이다. 또한 판결에 설명된 법리는 교재나 논문 혹은 기왕의 선례를 종합 혹은 압축한 것이므로, 판결을 읽는 것은 이미 배운 교재의 내용을 확인하는 좋은 방법이 되기도 한다.[20]

> 셋째, 시 한 줄을 쓰기 전에 백 줄을 읽어라. 많이 쓰기 전에, 많이 생각하기 전에, 제발 많이 읽어라. 시집을 백 권 읽은 사람, 열 권 읽은 사람, 단 한 권도 읽지 않은 사람 중에 시를 가장 잘 쓸 사람은 누구이겠는가? 초보자가 쓴 시의 성패는 분명히 독서량에 비례한다. 여기에서 시를 많이 읽는다는 것은 쓰기의 준비 단계이며 원동력이라고 할 수 있다. 좋은 시를 접하지 않고서는 좋은 시를 선별할 수 없으며, 좋은 시를 쓸 수도 없다.
>
> 조선 시대 학자들도 좋은 문장은 읽기에서 나온다고 가르쳤다. 허목은 "글을 짓는다는 것은 본래 다른 길이 있지 않고, 찾아보고 스스로 익숙하게 익혀 밖으로 표현한 것"일 뿐이라고 했다. 그는 매일같이 책을 읽으며 옛사람의 글을 외우고 읊어야 나중에 자신만의 말과 글이 드러난다고 했다. 조선 후기 최한기도 "문장은 하루아침에 쌓을 수 있는 잔

20 윤지현, "법학전문대학원에서의 '법률문장론' 수업에 관하여", 『저스티스』 제16호, 한국법학원, 2010, 319면.

재주가 아니라 오랜 세월 노력이 쌓여야 한다"면서 독서의 중요성을 강조했다. 추사 김정희는 글씨를 잘 쓰려면 "오천 권의 문자가 가슴에 있어야 한다"는 말로 책읽기를 장려했다.

[…] 나는 시 창작 강의 첫 시간에 반드시 읽어야 할 시집 목록을 프린트해서 학생들에게 나눠준다. 모두 200권쯤 된다(해마다 목록이 바뀌기 때문에 여기에 다 옮길 수는 없다). 목록을 받아든 학생들이 입이 딱 벌어진다. '어느 세월에?' 하는 표정들이다. 내가 강의하는 건물에는 국악과가 있어 가야금이나 거문고 따위를 들고 오르내리는 학생들이 자주 보인다. 시를 쓰는 사람에게는 시집이 악기다. 시집은 악기처럼 비싸지 않고, 무겁지 않고, 고장이 나지도 않는다. 시집을 읽기 위해서는 연주 연습을 하듯 특정한 시간과 장소를 정하지 않아도 된다. 언제, 어디에서든 가방에서 잠깐 꺼내 읽을 수 있다.[21]

3) 손으로 쓰기

법률 문장을 잘 쓰기를 원한다면, 판결 내용이나 법률 문장을 베껴 쓰는 연습을 하는 것이 좋다. 법률, 판결서나 교재 등에서 마음에 드는 내용을 한두 번씩 베껴 쓰는 작업은, 조금 지루하긴 하지만 법률 문장을 익히는 한 방법이다. 법문서는 다른 사람을 설득하기 위한 수단이므로, 그 글의 전개 순서 및 문장은 다른 법률가의 글쓰기 방식과 공통점을 가져야 한다. 다른 사람에게 익숙한 방식을 통해 자신의 주장을 담아야만 다른 사람들이 그 법문서의 흐름을 쉽게 따라오기 때문이다. 판결서와 교재는 그러한 일반적인 방식에 의해 작성된 대표적인 법문서이다.

21 안도현, 『가슴으로도 쓰고 손끝으로도 써라』, 한겨레출판, 2009, 13-15면.

손으로 법률 문장을 쓰는 것은 법리를 익히는 데에도 도움이 된다. 눈으로 보는 것만으로는 법리에 익숙해지는 데 한계가 있다. 특히 자신이 고민하고 있던 쟁점과 관련해서 좋은 법리 전개가 이루어진 부분이나 사실관계가 잘 정리된 부분을 손으로 적으면, 법률가들의 생각과 법리 전개 방식에 빨리 익숙해질 수 있다. 그리고 그와 비슷한 문제에 부딪혔을 때, 손으로 써 본 내용은 좀 더 쉽게 떠올릴 수 있다. 모방은 가장 강력하고 흔한 배움의 도구이다.[22]

시간이 허락한다면, 대법원 판결 중 사실관계가 어느 정도 나와 있는 것을 골라 일반적인 법문서의 형식에 맞추어 바꿔 적는 연습을 하는 것도 좋다. 판결의 내용을 사실관계, 쟁점, 판결 이유, 결론 등으로 구분하여 옮겨 적는 연습을 하는 것이다. 이렇게 해보면, 법조인들이 사실관계를 어떻게 가공하는지, 실제 사건에서 실체법적 쟁점과 소송법적 쟁점이 어떻게 결합되어 있는지, 법조인들이 쟁점과 판결 이유와의 관련성을 어떻게 서술하는지, 그리고 가장 중요한 것으로서, 법리 전개를 어떻게 하는지 등을 익힐 수 있다.

그리고 법학 공부를 하며 간단한 사례나 쟁점에 대한 해결 방안을 고민할 때, 판결이나 교재에서 쓰는 틀에 맞춰 메모하며 생각하는 것은 법적 추론 과정을 익히는 데 도움이 된다.

로스쿨 학생이 글씨를 아름답게 쓸 필요는 없다. 하지만 다른 사람이 그 내용을 알아보기 쉽도록 문장이 눈에 잘 들어오게는 써야 한다. 자신의 글을 읽기 쉽게 쓰는 것은 법조 실무에서도 중요하다. 때때로 법조인은 컴퓨터가 아닌 펜이나 연필로 글을 써야 할 때도 있기 때문이다. 예컨대 다른 변호사나 동료 판사의 문서를 수정할 때, 혹은 원래의 문서에 부기(附記)해

22 데릭 젠슨, 앞의 책, 152면.

야 할 때에는 컴퓨터가 아니라 수기로 그 내용을 기재하곤 한다. 이 경우 글씨가 알아보기 어렵거나 지저분하다면 다른 사람에게 좋은 인상을 주기 어렵다.

판결서나 교재가 반드시 좋은 글쓰기의 보기가 되는 것은 아니다

법문서를 작성할 때 학생들이 가장 많이 보게 되는 모범은 판결서와 교재이다. 그러나 모든 법률가가 좋은 문장을 쓰는 것은 아니라는 점을 주의해야 한다. 법조인 중에는 오히려 외국 문장이나 번역투 문장에 익숙한 경우가 많다. 그리고 과거 판결의 경우 현재의 문장 작성법에 맞지 않는 것이 있다.

2장

●●●

법문서의 일반적 작성 방법

1. 학습의 필요성

좋은 법문서란 잘 조직된 논의 틀 속에서 법률문제 해결에 필요한 법적 근거들과 해결 방안을 논리적이고도 설득력 있게 제시하는 글을 의미한다. 또한 좋은 법문서는 그 작성 목적에 부합하고, 적절한 법률 정보를 제공하며 설득력을 지녀야 한다.[1]

로스쿨에서 "법문서의 작성", "법률문장론" 등의 이름 아래 진행되는 수업 시간에는 법문서에 들어가는 법적 근거나 법률문제의 해결 방안을 공부하지 않는다. 이 수업의 목표는 학생들이 '잘 조직된 법률적 논의의 틀'에 익숙해지고, 어떤 법률문제가 닥쳤을 때 그것을 이용할 수 있는 능력을 키우는 것이다. 답안지, 의견서, 소장, 변론요지서, 준비서면 등 대부분의

1 Amanda Martinsek, 앞의 책, 76면.

법문서를 만들기 위해서는 그 '잘 조직된 법률적 논의의 틀'을 이용해야 한다. 비록 '틀'을 얘기하는 것에 불과하지만, 법문서의 작성 등 수업에서 법률문제에 대한 검토 방식 혹은 사고의 순서를 배우는 것은 학생들에게 자신의 생각을 효과적으로 구성하고 표현할 수단을 제공해준다. 학생들은 이러한 학습을 통해 법조인답게 생각하는 연습을 시작한다.

법문서는 그 내용의 정확성이나 논리적 틀만큼이나 스타일 혹은 서법書法도 중요하다. 필자가 자신의 생각을 쓰는 방식 혹은 표현하는 방식은 독자가 필자의 생각을 어떻게 받아들이느냐에 많은 영향을 미친다. 실제로 사람들은 글에 담긴 내용과는 아무런 관련이 없는 기준에 의해 필자의 생각의 수준이나 그 가치를 판단하곤 한다. 서예가 그 대표적인 예이다. 우리들이 서점이나 도서관에서 책을 고를 때 단지 책의 내용만을 보고 선택하지 않는 것도 같은 이치이다. 사람들은 책의 편집 상태, 문장의 스타일, 지질紙質, 활자 크기, 심지어 표지의 그림이나 제목 등에 이끌려 책을 선택하기도 한다.[2]

그럼에도 많은 법조인은 그 작성법에 관해 따로 공부를 하지 않은 채 곧바로 법문서를 쓰곤 한다. 이는 로스쿨 학생이나 법학자, 법조인 모두에게 공통된 점이다. 그럴 기회를 가지지 못한 가장 큰 이유는 맞춤법이나 올바른 문장 작성법은 대학 교육을 마칠 정도의 학력을 가진 사람들이 당연히 갖춰야 할 소양이라고 전제하기 때문이다. 그래서 로스쿨에서는 문장 작성법이 아니라 법리 혹은 법률 지식을 공부해야 한다고 생각한다. 물론, 진실 혹은 올바른 법률적 의견보다 법문서에 더 필수적인 것은 없다. 그리고 모든 로스쿨 학생이 훌륭한 문장가가 될 필요도 없다. 그러나 좋은 법문서를 작성하기 위해서는 맞춤법이나 문장 작성법에 대해 어느 정도는 고민

2 송준호, 『좋은 문장 나쁜 문장』, 살림, 2011, 51-52면.

하고 이를 통해 좋은 법문서를 작성할 수 있는 능력을 키우는 과정이 필요하다. 결국 그것이 법문서의 설득력을 키우는 수단이 되기 때문이다.

맞춤법과 문법에 맞는 글, 간결한 문장 등은 독자로 하여금 그 법조인이 작성한 글에 관심을 갖도록 한다. 동일한 판단과 사상도 표현의 방법에 따라 그 설득력이 달라질 수 있다. 그리고 표현의 방법, 즉 표현의 기술은 훈련과 연습에 의해 좋아진다.

올바른 문장 작성법을 배우는 것은 법조인의 업무 능력을 향상시킨다. 좋은 논의의 틀을 만들고 복잡한 내용을 간명하게 쓰는 연습은 법조인의 작문 능력뿐만 아니라 그 논리의 설득력을 향상시키는 기회가 된다. 글쓰기는 단순히 완성된 생각을 글로 옮기는 것이 아니다. 우리는 글을 써나가면서 생각을 정리하고 자신이 미처 하지 못했던 생각의 문을 열기도 한다.[3]

잘못 작성한 법문서는 단지 그 법조인 개인에게만 피해를 끼치는 것이 아니다. 그것은 그 법조인의 의뢰인 혹은 그를 고용한 법률사무소, 법원, 검찰청 등에 피해를 끼친다. 자신이 소송 대리인으로 참여한 재판에서 패소 판결을 받았는데, 그 판결서에 맞춤법이나 문법에 맞지 않는 문장이 있을 경우에 여러분이 느낄 감정을 생각해보자. 자신의 이름으로 작성한 법문서에 올바른 문장을 쓰지 못했다면, 그것은 오로지 그 법조인의 책임이다.

---

3 이화여자대학교 교양국어편찬위원회, 『우리말과 글쓰기』, 이화여자대학교출판부, 2009, 13-14면; 박철, 앞의 글, 375면.

2. 맞춤법과 문법에 맞는 글쓰기

1) 맞춤법과 문법의 중요성

기자나 전업 작가를 제외한다면, 법조인만큼 글을 많이 쓰는 직업군은 없다. 법조인은 거의 매일 글을 읽고 쓴다. 따라서 법조인만큼 글에 민감한 사람들도 없다. 많은 법조인은 다른 사람의 글을 읽고 그 사람이 법조인으로서 지식과 능력, 엄정함, 판단력 등을 갖추고 있는지를 평가한다. 법문서 역시 글의 한 종류이다. 따라서 내용의 정확성·설득력 이전에 법문서를 맞춤법과 문법에 따라 올바르게 작성하는 것이 중요하다. 오자誤字나 어색한 문구文句는 글을 읽는 사람에게 부정적인 인상을 심어준다. 그리고 독자는 미덥지 않은 마음으로 그 법문서를 읽게 된다.

맞춤법과 문법에 맞게 법문서를 써야 한다. 우리는 중요한 행사가 있을 때 먼저 몸을 깨끗이 한 후 그에 어울리는 옷을 입고 신발을 신는다. 맞춤법에 맞게 글을 쓰는 것은 몸을 깨끗이 하는 것과 같다. 몸이 지저분한 상태에서는 아무리 좋은 옷을 입어도 다른 사람에게 나쁜 인상을 줄 수 있다.

한 문장 안에서는 주어와 동사가 일치하는지를 살펴야 한다. 일상적인 대화에서 주어는 자주 쓰이지 않고, 꼭 필요한 경우에만 들어간다. 그러나 법문서에서는 주어를 쓰는 경우가 많다. 법률적 의미가 있는 행위를 한 사람이나 그 대상을 특정해야 하는 경우가 자주 있기 때문이다. 그런데 긴 문장을 쓸 때, 앞에 기재된 주어와 뒤의 동사가 일치하지 않는 경우가 종종 있다. 만약 주어를 쓴다면 그것은 동사와 일치해야 한다. 목적어도 마찬가지이다. 앞의 주어는 능동형의 것을 쓰고 목적어도 그에 맞추어 기재한 후 뒤의 동사를 수동형으로 쓰는 것이 대표적인 실수의 예이다.

수동태 문장을 남용하지 않도록 주의해야 한다. 한국어에서는 수동형의 문장을 잘 쓰지 않는다. 한국어의 문장은 '나는 … 한다'와 같은 능동적 표현 구조를 갖고 있다. 그런데 전문 분야의 글에서는 오히려 수동태를 자주 발견하곤 한다. 그 원인을 구체적으로 지적하기는 어렵지만, 아마도 이것은 번역을 통해 외국으로부터 전문 지식을 얻은 한국의 역사에 기인한 것인 듯하다.[4] 판결이나 법학 교재에서도 수동태 문장을 자주 볼 수 있고, 로스쿨 학생들이나 법조인들의 글에서도 마찬가지이다. 사실, 법률 문장에서는 수동태 문장이 쓸모가 있는 경우가 많다. 왜냐하면, 당사자가 어떤 의무를 부담한다든지, 피해를 입었을 때 수동태 문장을 쓰는 것이 그 의미를 좀 더 정확하게 전달할 수 있기 때문이다. 그러나 그럴 필요가 있는 경우가 아니면, 가능한 한 능동태의 문장을 써야 한다. 그것이 의미를 분명하게 전달할 수 있다.[5]

법문서에 필요한 맞춤법과 문법을 익히는 쉽고 좋은 방법은 로스쿨에서 법률이나 판례 등을 읽을 때 그 문장들을 꼼꼼히 살피고 거기에 익숙해지도록 노력하는 것이다. 또한 맞춤법과 문법 등에 관한 의문이 있을 때에는 국립국어원 홈페이지(http://www.korean.go.kr)에서 그 사항을 확인하는 것도 추천할 만한 방법이다.

---

4 한국의 법제는 대부분 서양법의 계수를 통해 이루어졌으며 그 계수도 초기에는 일본을 거쳐 이루어졌다. 그 내용 중 대부분은 과거 한국 고유의 법제에서는 볼 수 없는 것이었고, 따라서 당연히 한국의 고유어로 표현되어 오지 못한 내용들이었다. 이런 점으로 인해 그 내용들은 서양의 법률용어의 일본적 번역어들로 수용되어 표현되었다. 이러한 문제 상황은 개별 법 영역의 특성과 제정 시기 등과 관련해 정도의 차이가 있으나 대부분의 법에 공통된 현상이다(김문현, "헌법분야의 법률용어 및 법률문장의 문제점과 개선방향", 『헌법실무연구』 제6권, 헌법실무연구회, 2005, 2면).

5 송준호, 앞의 책, 77면.

2) 맞춤법과 문법만큼 중요한 것

맞춤법과 문법에 따라 글을 써야 한다는 것은 좋은 글을 쓰기 위한 일차적 조건이다. 그러나 이것만으로 좋은 글을 만들 수는 없다. 법문서에는 그것을 작성한 법조인의 생각과 고민을 담아야 한다. 글쓴이의 생각과 고민이 담긴 글만이 읽는 사람을 지루하게 만들지 않는다. 글쓰기의 가장 중요한 원칙은 독자를 지루하게 만들지 않는 것이다. 법문서 역시 독자의 지적 호기심을 자극해야 한다. 필자의 고민과 필자 고유의 사고 과정, 혹은 당면한 문제를 해결할 수 있는 법률이나 판례, 법리, 증거 등이 나오지 않는 법문서는 읽는 사람을 지루하게 한다. 그런 글을 작성해서는 안 된다.

> 많은 글쓰기가 그런 식이다. 맞춤법은 시간이 가면 정확해지지만, 우리의 의도를 제대로 반영하도록 단어들을 배열하는 데는 꽤 힘든 노력이 필요하다. 글로 쓴 이야기는 보통 사건의 거죽만 훑고 간다. 석양을 본 뒤, 나중에 일기를 쓸 때는 뭔가 적당한 것을 더듬더듬 찾아보다가 그냥 '아름다웠다'고만 적는다. 그러나 우리는 사실 그 이상이었다는 것을 알고 있다. 그러나 그 이상은 글로 고정해놓을 수가 없어 곧 잊고 만다. 그래서 어디에 갔고 무엇을 보았는지 목록을 작성한다. 그러나 다 적고 펜을 내려놓을 때면 우리가 묘사하지 못한 것, 덧없어 사라지고 만 것이 있다는 사실을 깨닫는다. 그리고 그 사라져버린 것이 하루의 진실의 열쇠를 쥐고 있을지도 모른다고 생각한다.
>
> 삶을 붙잡아두는 데에는 감각 경험을 충실하게 기록하는 것 이상이 필요하다. 우리가 보는 것을 나열한 자료는 예술이 되지 못한다. 오직 선별을 할 때에만, 선택과 생각이 적용될 때에만 사물들이 자연스러워 보일 수 있다. 버지니아 울프는 1915년 2월 15일에 자신에게 일어났던

일을 일기에 이렇게 적었다.

"오늘 오후에 레너드[남편]와 나 둘 다 런던에 갔다. 레너드는 도서관에 갔고, 나는 웨스트엔드를 돌아다니며 옷을 골랐다. 나는 정말 누더기를 입고 다닌다. 나이가 드니까 고급 상점이 덜 무섭다. 데븐햄과 마셜즈를 쓸고 다녔다. 그런 뒤에 차를 마시고, 어두울 때 차링크로스까지 천천히 걸어 내려가며, 써야 할 구절과 사건들을 궁리했다. 이러다가 명대로 못 살고 죽지 싶다. 10파운드 11페니짜리 파란 드레스를 샀다. 지금 그 속에 앉아 있다."

왜 이 이야기는 제대로 된 것인지, 왜 이 이야기에서는 삶이 빠져나가지 않았는지 말하는 것은 쉽지 않다. 울프는 그냥 딱 맞는 세목들을 골라낸 것 같다. 어디에서 그것을 찾아야 하는지 알았던 것이다. 고급 상점들에 관한 고백이 주는 어떤 느낌, 차링크로스 로드에서 떠오른 엉뚱한 생각, "지금 그 속에 앉아 있다"는 구절에서 느껴지는 친밀함 ….

다른 사람들이 쓴 책을 읽다 보면 역설적으로 나 혼자 파악하려 할 때보다 우리 자신의 삶에 관해서 더 많이 알게 된다. 다른 사람의 책에 있는 말을 읽다 보면 전보다 더 생생한 느낌으로 우리가 누구인지, 우리 세계는 어떠한지 돌아보게 된다. […] 위대한 책의 가치는 우리 자신의 삶에서 경험하는 것과 비슷한 감정이나 사람들의 묘사에 국한되지 않는다. 우리가 할 수 있는 것보다 이들을 훨씬 더 잘 묘사하는 능력 또한 중요하다. 독자가 읽다가 이것이 바로 내가 느꼈지만 말로 표현을 못하던 것이라고 무릎을 쳐야 하는 것이다.[6]

---

6 알랭 드 보통, 『동물원에 가기』, 정영목 옮김, 이레, 2006, 123-128면.

때로는 문법적으로 맞지 않더라도 자신의 생각과 논리를 설득력 있게 표현하기도 한다. 이는 문법을 희생하고 글의 힘을 키우는 것이다. 만약 자신의 생각과 자신이 알고 있는 지식을 설득력 있게 표현하기 위해 필요하다면, 사소한 문법적 혹은 맞춤법상 오류에도 불구하고 그 방법을 택해야 한다.

> 새해 벽두에 가장 참혹하고 치명적인 시는 시집이 아니라 용산에 있었다. 그래서 시가 아니지만 시이기도 한 문장들을 읽는다.
>
> 첫 번째 문장. "용산의 아침 작전은 서둘러 무리했고, 소방차 한 대 없이 무대비였습니다. 시너에 대한 정보 준비도 없어 무지하고, 좁은 데 병력을 밀어넣어 무모했습니다. 용산에서 벌어진 컨테이너형 트로이 목마 기습작전은 처음부터 끝까지 졸속 그 자체였습니다. 법과 질서라는 목표에만 쫓긴 나머지 실행 프로그램이 없었고, 특히 철거민이건 경찰이건 사람이라는 요소가 송두리째 빠져 있었습니다."(문화방송 〈뉴스데스크〉, 2009년 1월 20일, 클로징 멘트)
>
> 신경민 앵커가 직접 쓰는 것으로 알려져 있는 멘트를 옮겨 적었다. 나는 이 문장들에서 시를 봤다. 맨 앞의 두 문장은 거의 비문非文이라고 해도 될 만큼 문법적으로 위태롭다. 그러나 이 위태로움 속에는 어떤 에너지가 있어서 흠을 잡을 수가 없다. 이 두 문장을 실어나르는 팽팽한 대구법에서는 분노를 다스리기 위한 안간힘 같은 게 느껴진다. "말을 한다는 것은 총을 쏜다는 것이다"라고 사르트르는 말한 적이 있거니와, '무리', '무대비', '무지', '무모'로 이어지는 네 단어는 네 발의 총성처럼 들린다. '트로이 목마 기습작전'이라는 비유 역시 시적이다. 그러나 결정적인 것은 마지막 문장이다. 여기서 "사람이라는 요소"라는 말은 '과격 시위' '진상조사' '책임자 처벌' 등등의 삭막한 단어들을 단숨에 뜨

겁게 관통해버린다.[7]

3. 이해하기 쉬운 글쓰기

1) 의사소통 수단으로서 글쓰기

우리가 글을 쓰는 이유는 자신의 뜻을 표현하여 문제를 해결하고 타인과 소통하려는 욕구 때문이다. 따라서 글을 쓰기 위해서는 그 글을 누가 읽고 어떤 상황에서 작성하고 있는지를 이해할 필요가 있다. 법문서의 경우에도 마찬가지이다. 법문서는 그것이 작성되는 상황에 부합해야 하고, 읽는 이를 설득할 수 있어야 한다. 예컨대 법관은 소송당사자와 상급 법원을 설득해야 하고, 변호사는 법원과 의뢰인을 설득해야 한다. 설득의 방법은 여러 가지가 있을 수 있다. 재판 과정에서 구두 변론을 통해 혹은 증거를 통해 설득할 수도 있을 것이다. 그러나 그 가운데에서 가장 기본이 되는 것은 법문서이다. 법조인은 문서를 통해 쟁점을 정리하고, 증거의 신빙성과 필요성을 표현하며, 자신의 논리가 그 구체적 상황에 부합한다는 점을 드러내야만 재판에 참여한 모든 사람을 설득할 수 있다.[8]

자신의 글을 읽는 사람을 설득하기 위해서는, 글을 통해 타인과 의사소통을 할 수 있어야 하며 독자에게 친절해야 한다. 독자에게 친절하다는 것은 그 글에 논리가 있다는 뜻이다. 독자에게 무작정 자신의 결론을 강요해서는 안 된다. 글의 앞뒤는 조리 있게 잘 이어져야 한다. 왜 자신이 그런 생

7 신형철, 2009. 2. 6.자 『한겨레21』(제746호)의 "치명적인 시, 용산."

8 이화여자대학교 교양국어편찬위원회, 앞의 책, 15면; Amanda Martinsek, 앞의 책, 98면.

각을 하게 되었는지, 왜 자신의 생각이 옳은지를 구체적으로 차근차근 설명해야 한다. 그리고 자신의 생각을 뚜렷하게 보여줌으로써 독자가 그 뜻을 쉽게 알 수 있도록 해야 한다. 이렇게 함으로써 독자는 그 설명을 따라가며 필자에게 설득된다.[9]

이해하기 쉬운 글을 쓰기 위해서는 글의 문단들이 적절히 배치되어야 한다. 문단은 전체 글을 구성하는 가장 기본적인 구조적 단위이다. 전체 글의 부분이면서 한 토막의 완결된 글인 문단은 글쓴이가 글을 쓰는 과정에서 생각이 바뀔 때마다 새롭게 설정해야 한다. 문단은 보통 단일한 중심 개념을 표현하는 문장과 그것을 뒷받침하는 보조적인 문장들로 구성한다. 같은 문단 안에서는 중심 개념이 다른 두 개 이상의 소주제문이 나타나서는 안 된다. 만약 다른 생각을 전달하는 (소)주제문을 써야 한다면, 별도의 문단을 새롭게 설정해서 논지를 전개해야 한다. 이는 문장의 경우에도 마찬가지이다. 새로운 견해나 쟁점을 설명할 때는 문장을 새로 시작하는 것이 좋다. 하나의 문장에 여러 개의 생각이 들어 있으면, 글을 읽는 사람이 혼란해하기 때문이다.[10]

의견서나 소송서류 등에서는 문단의 앞쪽에 그 문단의 결론 또는 중심 문장을 기재하거나 그 문단에서 다룰 주제를 표현하는 것이 일반적이다. 그리고 그것을 뒷받침하는 근거를 이어서 기재하곤 한다. 이렇게 문단을 작성할 경우 그 글을 읽는 사람은 해당 문단에서 표현하고자 하는 바를 쉽게 파악할 수 있다. 글을 쓰는 사람도 그 문단에서 자신이 무엇을 해야 하는지를 미리 파악하고, 문단의 나머지 부분을 완성할 수 있다.

생각이 잘 정리된 문단을 구성하려면, 문단 내에서 논지가 연속성과 통

---

9 이렇듯 합리적인 이유를 제시하면서 결론에 이르는 과정을 추론이라고 한다(이화여자대학교 교양국어편찬위원회, 앞의 책, 63-64면).

10 이화여자대학교 교양국어편찬위원회, 앞의 책, 48-50면.

일성을 유지하며 전개되어야 한다. 또한 전체 글을 구성하는 각각의 문단은 의미가 독립적이면서도 전체 주제와 관련성을 맺고 있어야 한다. 잘 쓰인 문단에서는 그 안에 들어있는 생각들이 문장과 문장 사이에서 자연스럽게 연결되며 의미의 연속성을 유지한다. 그러한 문장들에서는 단어와 구句를 연결하면서 생각의 흐름을 이어주는 요소들이 적절하게 설정되어 있다. 이 요소들에는 핵심어의 반복, 지시어의 사용, 접속어의 적절한 사용 등이 있다.[11]

글은 여러 문장의 결합으로 완성된다. 연결어는 각각의 문장을 자연스럽게 이어주는 일종의 연결고리이다. 그 대표적인 것이 '그리고', '그러나', '그런데'와 같은 접속부사이다. 접속부사는 앞 문장의 뜻을 자연스럽게 이어줄 수 있도록 써야 한다. 그렇지 않으면 오히려 문장의 뜻을 이해하는 데 혼란을 일으킬 수 있다. 접속부사를 지나치게 많이 쓰지 않도록 주의할 필요가 있다. 접속부사의 남용은 읽는 이의 호흡을 느슨하게 만들기 때문이다. 무조건 접속부사를 사용한다고 해서 글이 매끄럽게 연결되는 것도 아니다. 글을 자연스럽게 연결하기 위해서는 독자의 사고가 부드럽게 진행될 수 있도록 글을 작성해야 한다. 흔히 글을 논리적으로 전개하기 위해 쉼표를 쓰곤 하는데, 이 역시 좋지 않은 습관이다. 글의 논리성은 쉼표가 아니라 마침표에서 출발한다. 간결한 문장을 통해 자신의 뜻을 전달할 수 있을 때, 그 글이 논리적으로 구성될 수 있는 것이다. 쉼표의 지나친 사용은 문장을 불필요하게 길게 만들 때가 많고, 이는 독자가 글을 이해하는 데 어려움을 초래하고 글의 긴장감을 떨어뜨릴 수 있다.[12]

---

11 이화여자대학교 교양국어편찬위원회, 앞의 책, 54면.

12 송준호, 앞의 책, 60-64면.

2) 과도한 수식의 회피

설득은 다른 사람을 감동시키는 것과는 다른 것이다. 물론 다른 사람의 마음을 움직인다는 점에서 설득은 감동과 비슷하다. 그러나 법조인은 설득을 통해 다른 사람을 감동시킬 수는 있지만, 감동을 통해 다른 사람을 설득할 수는 없다. 그런 점에서 법문서에 형용사나 수식을 과도하게 사용하는 것은 바람직하지 않다.

> 형용사의 과도한 사용은 시의 바탕이라 할 은유와 상징이 설 자리를 빼앗는 결과를 가져온다. 이미지가 들어앉을 자리를 형용사가 차지하고 있으면 그 시는 겉으로 화려해 보이지만 내용이 없고, 그 뜻은 쉽게 드러나지만 깊이가 없어 천박해진다. 사물의 핵심을 표현하는 데 게으른 시인일수록 형용사를 애용한다. 그가 제시한 형용사를 따라다니다 보면 독자는 상상할 시간을 갖지 못하게 된다.[13]

학생들은 법문서에 형용사를 적을 일이 없을 거라고 생각하기 쉽다. 그러나 실무에서 소장이나 준비서면, 특히 개인적인 감정을 드러내야 하는 이혼, 해고 사건 또는 형사 사건 등에서 소송서류를 작성할 때, 주의하지 않으면 법조인도 형용사를 과도하게 사용하곤 한다. 법문서를 작성할 때에는 "쓸데없는 치장은 하지 않는 것만 못하다."라는 말을 항상 기억해야 한다.[14] 개인적으로는 이 점에 관한 좋은 글의 예로 다음의 〈'밥'에 대한 단상〉을 든다.

---

13 안도현, 앞의 책, 133면.

14 안도현, 앞의 책, 133면.

> 황사바람 부는 거리에서 전경들이 점심을 먹는다. 외국 대사관 담 밑에서, 시위 군중과 대치하고 있는 광장에서, 전경들은 땅바닥에 주저앉아 밥을 먹는다. 닭장차 옆에 비닐로 포장을 치고 그 속에 들어가서 먹는다. 된장국과 깍두기와 졸인 생선 한 토막이 담긴 식판을 끼고 두 줄로 앉아서 밥을 먹는다. 다 먹으면 신병들이 식판을 챙겨서 차에 싣고 잔반통을 치운다. 시위 군중들도 점심을 먹는다. 길바닥에 주저앉아서 준비해둔 도시락이나 배달시킨 자장면을 먹는다. 전경들이 가방을 들고 온 배달원의 길을 열어준다. 밥을 먹고 있는 군중들의 둘레도 밥을 다 먹은 전경들과 밥을 아직 못 먹은 전경들이 교대로 둘러싼다. 시위대와 전경이 대치한 거리의 식당에서 기자도 짬뽕으로 점심을 먹는다. 다 먹고 나면 시위 군중과 전경과 기자는 또 제가끔 일을 시작한다. 밥은 누구나 다 먹어야 하는 것이지만, 제 목구멍으로 넘어가는 밥만이 각자의 고픈 배를 채워줄 수가 있다. 밥은 개별적이면서도 보편적이다. 시위 현장의 점심 시간은 문득 고요하고 평화롭다. 황사바람 부는 거리에서 시위 군중의 밥과 전경의 밥과 기자의 밥은 다르지 않았다. 그 거리에서, 밥의 개별성과 밥의 보편성은 같은 것이었다. 아마도 세상의 모든 밥이 그러할 것이다.[15]

이 글에서 필자는 형용사를 쓰지 않고도 풍경의 스산함, 일상의 모순을 잘 설명하고 있다. 『채근담菜根談』에서 "진한 술 살찐 고기와 맵고 단 것이 참맛이 아니다. 참맛은 오직 담백할 뿐이다. 신기한 재주와 뛰어난 행실이 지인至人이 아니다. 지인은 오직 평범할 뿐이다."라고 했다.[16] 좋은 법문서

15 김훈, 『밥벌이의 지겨움』, 생각의 나무, 2003, 219-220면.

16 박일봉, 『채근담』, 육문사, 1987, 24면.

도 그렇다.

3) 제목과 부제의 적절한 사용

법문서를 읽는 사람은 매우 지겨운 작업을 하고 있는 것이다. 다른 사람이 작성한 답안지, 과제물, 준비서면, 소장을 읽는 것만큼 지겨운 일은 없다. 따라서 사람들은 해당 법문서의 내용을 빨리 알고 싶어 한다. 필자가 독자에게 내용을 빨리 알리는 방법은 제목을 통해 그 아래 나올 본문의 내용을 미리 제시하는 것이다. 따라서 제목은 본문과 연결되어야 하고, 이 점에서 제목을 쓸 때도 본문을 쓸 때와 동일한 주의를 기울여야 한다. 제목(부제)에서는 본문의 내용이 압축적으로 나타나야 한다. 제목과 본문이 동떨어져서는 안 된다.[17]

특히 시험 답안지를 쓸 때 이를 기억해야 한다. 제목 아래에 그 제목과 관련 없는 내용이 섞이지 않도록 주의해야 한다. 해당 문제의 쟁점과 관련된 중요한 내용이라면 더욱 그것이 관련되는 제목 아래에 놓일 수 있도록 해야 한다. 채점자는 답안 전체에서 내용들을 모아 점수를 주는 것이 아니다. 답안지의 내용은 각각의 논점별로 정리되어 있어야 한다. 특정한 소제목 아래에 그와 무관한 내용이 섞여 있으면, 채점자는 법적 지식을 제대로 이해하지 못했거나 체계적으로 구성하지 못했다고 평가하고 점수를 깎는다.[18]

학설을 소개할 때도 마찬가지이다. 학설을 소개하는 방법은 여러 가지이다. 1설, 2설, 3설이나 다수설, 소수설 혹은 유력설의 표현을 쓸 수도 있다. 굳이 이 두 가지를 가지고서 평가하자면 후자보다 전자가 낫다. 교수

17 이태준, 『이태준의 문장강화』, 김종년 해제, 랜덤하우스, 2008, 262면.
18 송덕수, 『민법사례연습』, 박영사, 2003, 552면.

들 중에는 다수설과 소수설의 구분에 대해 거부감이 있는 경우가 많다. 본인이 소수설의 입장을 취하고 있는 경우는 더욱 그러하다. 실제로 다수설이란 것이 반드시 옳은 견해라는 보장도 없다.

학설을 설명하는 가장 좋은 방법은 '객관설', '주관설' 등과 같이 그 내용을 축약하여 표시하는 것이다. 이 경우에는 제목과 관련하여 언급한 것과 비슷한 주의를 해야 한다. 만약 자신이 '객관설'이라고 명칭을 붙였다면, 관련 설명에 왜 '객관설'이란 명칭을 사용했는지를 알 수 있는 내용이 들어가야 한다. 명칭은 객관설인데, 내용에는 그런 취지의 설명이 없다면, 채점자는 학설을 잘못 이해했다고 생각하고 감점한다.

4) 전문용어나 약어의 회피

법조인이 글에서 전문용어를 쓰는 것은 피할 수 없지만, 그렇다 하더라도 복잡한 전문용어를 남용해서는 안 된다. 법문서는 전문가들이 보는 경우가 대부분이고 내용 역시 전문적인 경우가 많지만, 그 문장은 평이할수록 좋다. 가장 좋은 법문서는 가장 어려운 내용에 관해 비전문가도 이해할 수 있도록 작성된 것이다. 내용이 어렵다는 것과 그 글을 이해하기 어렵다는 것은 필연적으로 연결된 것은 아니다. 특히 의견서를 작성할 때에는 전문가가 아닌 의뢰인들이 이해할 수 있도록 노력해야 한다. 물론 이것이 의견서의 모든 내용을 해설해야 한다는 뜻은 아니다. 쟁점과 관련되고 의뢰인의 주요한 질의와 관련된 내용에 관해서는 좀 더 세밀한 설명이 필요하다는 것이다.

복잡한 전문용어를 쓰는 경우에는 그 의미를 따로 설명해야 한다. 예컨대, 어떤 변호사에게 익숙한 전문용어라 하여 반드시 그 문서를 읽게 되는 법관에게도 익숙하다고 할 수 없다. 세상에는 많은 법률이 있고, 매우 빠르게 전문용어들이 출현한다. 지적재산권 전담부라 하더라도 그 법관은 한 번도 지적재산권 소송을 담당하지 않았을 수도 있다. 설령 시간에 쫓기더라도 가능한 한 글을 쓰는 사람은 글을 읽는 사람을 배려해야 한다.

두문자어頭文字語 혹은 약어를 함부로 사용해서는 안 된다. 그것을 정말 보편적으로 사용하고 있지 않은 이상 그러하다. 예컨대 「노동조합 및 노동관계조정법」을 흔히 교재에서 '노조법'이라고 쓰고 있다고 하여 법문서, 특히 소송서류에서 그렇게 써서는 안 된다. 약어를 쓰고 싶다면, 독자에게 미리 알려준 후 써야 한다. 예컨대 '노조법'의 경우에는, 앞에서 "「노동조합 및 노동관계조정법」(다음부터 '노조법'이라 한다)"이라고 표시해주어야 한다. 그리고 굳이 줄여 쓸 정도의 길이가 되지 않는 용어를 줄여 쓰는 것도 피해야 한다. 예컨대 '민법'을 '법', '손해배상'을 '손배'라고 줄이는 것은 불필요한 작업이다.[19]

학생들이 일반적으로 쓰는 말이라고 하여 법률용어나 기관 명칭 등을 약어로 사용해서도 안 된다. 그것은 글의 엄격성을 저해한다. 현학적인 표현도 마찬가지이다. 법문서는 평이하게 작성해야 한다는 점을 항상 기억하자.

4. 명료하고 간결한 글쓰기

1) 의견의 명료한 전달

글을 쓸 때에는 문법적으로 올바른 문장을 구성하는 것 외에 자신이 전

19 송덕수, 앞의 책, 557면.

달하려는 내용을 명료하게 표현하는 것에도 관심을 가져야 한다. 특히 법문서에 의견을 쓸 때는 자신감을 가져야 한다. 자기의 생각을 표현할 때 주저할 필요는 없다.[20]

법문서에서는 특정 쟁점에 대한 의견이나 주장을 뚜렷하게 얘기해야 한다. 이는 한국인의 일반적인 성정性情과는 맞지 않는 글쓰기 방식이긴 하나, 좋은 법문서를 작성하기 위해서는 꼭 필요하다. 특히 재판에서는 변호사가 작성한 서면의 문구가 논쟁의 대상이 되고 그 자신 또는 상대방의 논거로 이용된다. 만약 변호사의 서면에 기재된 글이 명료하지 못하거나 정밀하지 않다면, 그 글은 변호사의 의도와는 다르게 사용될 수 있다.[21]

학생들뿐만 아니라 많은 법조인은 답안지나 과제물, 준비서면, 판결서, 논문 등에서 자신의 생각을 분명하게 표현하는 것을 주저한다. 법문서 등에서 자주 보이는 "… 라고 생각됩니다.", "… 라고 사료된다.", "… 인 것으로 보인다." 등의 표현이 이러한 주저함을 드러내는 대표적인 예이다. 이런 표현은 글쓴이의 생각이 분명하지 않다는 인상을 준다. 모든 문장에는 글쓴이의 생각이 들어가 있다. 따라서 중복하여 자신의 생각이라는 것을 표현할 필요는 없다. 물론 필자 자신이 독자를 설득하지 못할지도 모른다고 짐작하여 이런 문구를 쓰는 경우도 있을 수 있다. 그런데 그것은 필자가 걱정할 문제가 아니며, 독자가 그 글을 마지막까지 읽고서 판단할 바이다. 따라서 굳이 글 속에 자신의 자신감이 부족하다는 걸 드러낼 필요는 없다.[22]

---

20 이화여자대학교 교양국어편찬위원회, 앞의 책, 134면.

21 Amanda Martinsek, 앞의 책, 77면.

22 권오봉·권혁재·김동호·윤태석, 『법문서 작성』, 법문사, 2011, 3면.

2) 간결한 글쓰기

간결한 글은 글의 뜻을 분명하게 전달하고, 글의 긴장감과 설득력을 강화시킨다. 간결한 글쓰기의 기초는 짧은 문장이다. 짧은 문장은 당연히 간결하다. 전달하려는 뜻도 명료하게 나타난다. 따라서 한 문장에는 가급적 하나의 사실이나 생각만 담아 간결하게 쓰는 것이 좋다.[23]

로스쿨 학생들이 답안지나 법문서를 쓰다 보면 무의식적으로 문장이 길어지곤 한다. 사실, 법조인의 글이 간결한 경우는 많지 않다. 그 첫 번째 이유는 한국의 판결서, 법학 교재와 논문이 긴 문장으로 이루어져 있기 때문이다. 이런 문장을 읽고 공부한 법조인이나 학생들이 문장을 길게 쓰는 것은 자연스러운 현상이라고 할 수 있다. 두 번째 이유는 어떤 쟁점에 관한 법적 사고가 계속 연결되어 일어나고, 그것을 글로 풀어쓰는 과정에서 글 자체가 길어지기 때문이다. 그러나 지나치게 긴 문장은 글을 읽는 사람의 긴장감을 떨어뜨리고 글을 이해하는 데 어려움을 초래한다. 길고 복잡하고 논점이 분명하지 않은 글은 교수나 채점자 등 모든 독자를 짜증나게 할 뿐이다.[24]

판례나 학설, 자신의 주장을 뒷받침하는 근거를 제시하는 과정에서 글이 길어지는 경우가 자주 있다. 그러나 그 경우에도 짧은 문장이 주는 설득력과 간결함의 장점을 잊어서는 안 된다. 판례의 내용을 설명할 때에도 굳이 필요한 경우가 아니면, 하나로 이어진 판결 내용을 여러 문장으로 구분하여 재구성하는 것이 좋다. 이렇게 하면 독자는 그 글을 쓴 법조인이 그 판결의 법리를 나름대로 소화하여 분석했다는 인상을 받는다.

---

23 송준호, 앞의 책, 28면.

24 권오봉·권혁재·김동호·윤태석, 앞의 책, 2면.

간결한 글을 쓰기 위해서는 자신의 글을 다시 읽고 살펴보는 시간을 가져야 한다. 한 문단 내에 그 문단의 논지와 관련 없는 문장이 있는지를 확인하고, 만약 그런 문장을 발견하면 적절한 문단으로 이동하거나 삭제해야 한다. 처음 작성한 글에서 불필요한 부분을 자르고 부족한 부분은 추가하며, 불필요한 낱말을 빼고 필요한 낱말은 넣는 시간을 가져야 한다. 이런 과정을 여러 차례 되풀이함으로써 좀 더 간결한 글을 쓸 수 있다. 실무 법조인들이 글을 쓸 때도 이런 과정을 거친다.[25]

3) 정확성

정확성은 법문서의 중요한 요소이다. 의뢰인과 법관 등은 변호사가 제공하는 정보에 의존하고 신뢰한다. 변호사는 법문서의 세부적 내용이 정확한지 여부를 항상 확인해야 한다. 당사자의 이름이나 주소, 금액 등과 관련해 실수가 있어서는 안 된다. 이런 실수가 전체 문서의 신뢰성을 떨어뜨리고 해당 변호사에 대한 불신으로 이어질 수 있다. 당연히 오탈자가 생기지 않도록 주의해야 한다. 글을 읽는 사람으로부터 '기본이 안 되어 있다'라는 말을 듣기 싫으면 그렇게 해야 한다.[26]

법문서에서는 개념을 정확하게 사용해야 한다. 개념을 정확하게 이해하고 이를 적절히 사용하는 것은 법조인이 자신의 추론 과정을 치밀하게 다듬고 타당한 결론에 이르게 하는 토대이다. 또한 개념을 정확하게 쓸 때, 독자는 필자가 법적 근거들을 잘 이해하고 있다고 느낀다. 교내 시험에서도 핵심적인 개념이나 용어를 정확하게 썼는지에 따라 점수가 달라진다.

25 이화여자대학교 교양국어편찬위원회, 앞의 책, 57면.

26 Amanda Martinsek, 앞의 책, 77면.

몇몇 학생은 개념을 암기의 대상으로만 여긴다. 그러나 개념을 외우려고만 해서는 안 된다. 그 개념이 어떻게 만들어졌는지를 고민하면서 개념에 대한 해설을 읽어야 한다. 그렇게 할 때 좀 더 쉽고 체계적으로 개념을 이해할 수 있다.[27]

'법률행위'라는 개념을 예로 들어보자. 사람들이 살아가기 위해서는 시장에서 필요한 재화를 획득해야 한다. 이는 법률적으로 재화에 대한 권리를 취득하는 것을 뜻한다. 권리를 취득하기 위해서는 누군가의 재화를 자기의 처분 범위로 옮겨와야 하는데, 이는 결국 권리가 변동된다는 것이다. 이렇게 권리를 변동시키기 위해 하는 행위가 법률행위法律行爲이다.

근대 법질서는 개인의 자유를 최대한으로 보장하고, 개인에 대한 국가적 후견을 배제한다는 자유의 관념을 그 출발점으로 삼았다. 이를 실현하기 위해서는 법률관계 형성의 중심적 수단은 개인의 의사라는 인식하에 개인 의사의 실현을 위해 노력해야 한다고 생각했다. 여기서 개인이 자기의 법률관계를 그의 자유로운 의사에 따라 형성할 수 있는 사적 자치의 원칙을 채택하게 되었다. 사적 자치의 원칙은 사람은 누구나 합리적인 판단력을 가지고 있다는 것을 전제하고 있으며, 개인의 활동에 국가가 간섭하지 않고 각자의 자유에 맡겨두면 사회는 조화롭게 된다는 생각이 그 바탕에 있다.[28]

결국 법률행위란 '개인이 생활 관계에서 행하는 의식적 혹은 무의식적 행동 가운데에서 어떤 것에 대해 법적 효과를 부여하고 법질서 전체가 그 실현을 위해 노력할 것인가'란 질문에 대한 대답이다. 이 질문을 해결하기 위해 우리는 법률행위라는 범위 혹은 개념을 정하고 그 범위에서 개인의

---

27 박철, 앞의 글, 377면.

28 곽윤직, 『민법총칙』 제7판, 박영사, 2005, 31면.

행위에 대한 법적 효과를 인정하는 것이다.

그렇다면, 개념은 어떻게 획정되는 것일까? 우리가 어떤 개념을 인식할 때는 흔히 다음과 같은 순서에 따른다. 예를 들어, 우리가 금金을 인식할 때, 우선 어떤 성격을 가진 물질을 금이라고 정하고 금 아닌 것, 즉 구리나 은銀 등과 구별을 하며 인식한다. 그다음에 이 모든 것을 금속이라고 하는 더 넓은 틀 속에서 보면서 금과 구리 그리고 은 등은 금속에 속해 있지만 서로 다른 성격을 가진 구별되는 물질이라는 점을 인식한다. 법률행위의 경우도 마찬가지이다. 우리는 법률행위의 개념을 정립하고, 그 후에 그것과 다른 것(개인의 행동 중 법률행위가 아닌 것, 예컨대 잠을 자는 것과 같은 사실행위)을 상상하며 법률행위의 개념을 좀 더 명확하게 한다. 또한 그러한 것들이 인간의 행동 혹은 행위라는 점에서 동일하다는 것도 인식한다.

법률 개념을 제대로 사용하기 위해서는 이러한 방식으로 계속 훈련해야 한다. 만약 A라는 용어를 사용했다면, 왜 그런 개념이 나오게 되었는지(사람들이 어떻게 그런 말을 만들었는지), 그것과 구별되는 용어는 어떤 것인지, 그것과 다른 것을 공통적으로 묶는 것은 어떤 것이 있는지를 생각해야 한다. 그렇게 할 때 법률 조문과 교재의 내용을 통일적으로 인식할 수 있다. 또한 자신의 법문서 역시 체계적으로 쓰고 혼란스러운 설명을 피할 수 있다.[29]

개념을 정확하게 이해하지 못한 채 쓰는 것 외에, 로스쿨 학생들이 흔히

---

29 예컨대 이런 고민을 하는 학생만이 '인과관계'에 관해 설명하면서 이를 '손해와 행위와의 인과관계'라고 서술하는 것보다는 '가해행위와 손해 발생 사이에 원인과 결과의 관계가 있어야 한다'라고 서술하는 것이 왜 좀 더 논리적인지를 이해할 수 있다. 왜냐하면, 인과관계에서 앞서는 것이 원인인 행위이고, 그 뒤에 따라오는 것이 결과인 손해이기 때문이다(송덕수, 앞의 책, 550면).

하는 실수는 하나의 글(그것이 답안지이든 과제물이든, 혹은 소송서류이든) 안에서 같은 개념을 다르게 쓰는 것이다. 하나의 글에서 하나의 개념 또는 용어는 같은 방식으로 사용해야 한다. 띄어쓰기를 한다면 그것 역시 일관되어야 한다. 예컨대 '법률행위'란 말을 사용한다면, 그 글이 끝날 때까지 '법률행위'라고 써야 한다. '법률 행위'라고 띄어 쓰는 것조차도 그것이 다른 단어나 개념으로 이해되는 단서가 되고, 글을 읽는 사람으로 하여금 글의 정확성을 의심하게 만든다.[30]

개념은 그 자체로 그치는 것이 아니다

개념은 개념 그 자체로 암기해서는 안 된다. 개념은 법률적으로 의미 있는 것의 성립 요건임과 동시에 효력 요건이다. 개념은 구성요건이나 효력과 연결되어 있다. 구성요건과 효력을 요약한 것이 개념이라고 생각하자. 우리가 어떤 것을 '법률행위이다'라고 주장할 때, 거기에는 '따라서 그 행위에 나타난 의사대로 법률효과가 발생해야 한다'라는 주장이 포함되어 있다. 법률, 판례나 교재에 나타나는 개념의 대부분은 이러한 효과를 의식하고 사용된다. 예컨대 시험에서 A 개념과 B 개념의 차이점을 서술하라는 문제가 나왔을 때, 단지 그 개념만을 설명한 답안지보다는 그 외에 간략하게라도 효력의 차이점을 적은 답안지가 더 좋은 점수를 받을 수 있다.[31]

---

30 Amanda Martinsek, 앞의 책, 94면.

31 Glanville Williams, *Learning the Law*, Fourteenth Edition, Thomson Reuters, 2010, 169면.

5. 상대방 견해의 존중

로스쿨 학생들이 흔히 하는 실수 중 하나가 상대방의 견해나 주장을 무시하는 것이다. 실제로 검토할 가치가 없다고 생각해서 그렇게 하는 경우도 있고, 혹은 마땅히 비판할 만한 근거를 갖고 있지 못해서 그런 경우도 있다. 그러나 자신의 주장을 뒷받침하기 위해서는 상대방의 주장을 무시하는 것이 아니라 그것을 합리적으로 반박해야 한다.

법문서를 읽는 사람 또는 답안지를 채점하는 사람이 반드시 그 작성자를 지지하는 입장에 서 있는 것은 아니다. 흔히 독자들은 중립적이고 객관적인 입장에서 글을 평가하려고 한다. 독자들은 필자의 의견뿐만 아니라 그에 반대되는 견해에도 관심을 갖고 있다. 따라서 그들을 설득하기 위해서는 반대 견해를 설득력 있게 반박해야만 한다. 필자의 견해가 지나치게 일방적일 경우, 독자들은 거부감을 느끼게 된다.

자신의 견해·주장의 약점이나 결함도 잘 인식해야 한다. 만약 반대쪽 주장이 그것을 다투고 있다면 더욱 그러하다. 독자가 자신의 주장을 받아들이도록 설득하고 싶다면, 자신의 주장이 좀 더 보편적이고 합리적이라는 점을 부각해야 한다. 법률적 논쟁에서 이기는 견해들이 반드시 옳은 것은 아니다. 그것들은 다른 견해나 주장 혹은 해결 방안에 비해 좀 더 합리적이고 타당하기 때문에 논쟁에서 이긴 것이다. 자기 주장의 결함도 제한적이나마 인정하고 그 결함이 본질적인 것이 아니라는 점을 설명하는 것만으로도 논쟁에서 이길 수 있다. 자신의 답안지를 채점하는 교수들은 이미 그 학생이 채택한 학설이나 판례의 약점을 잘 알고 있다는 점을 무시해서는 안 된다. 변호사들도 마찬가지이다. 변호사는 자신이 제시한 견해의 약점을 의뢰인에게 설명해야 한다. 그리고 그것을 어떻게 보완할 수 있는지도 설명해야 한다. 자신이 얘기한 해결 방안의 흠결을 얘기하지 않는 변호사는 좋은 법조인이 아니다. 학생들도 똑같이 행동해야 한다.

6. 퇴고의 과정

법문서의 초고를 작성한 후에는 퇴고 과정을 거쳐야 한다. 자신의 글을 충실하게 퇴고하거나 검토하지 않은 채 다른 사람에게 읽으라고 하는 것은 무례한 행동이다. 필자가 아끼지 않는 글을 읽고서 설득될 사람은 없다.

퇴고 과정에서는 관련 자료를 보며 다시 쟁점을 확인하고, 법률이나 판례를 인용함에 잘못이 없는지를 살펴야 한다. 그리고 글의 추론 과정이 제대로 되었는지, 쟁점이 이해하기 쉽게 배치되었는지, 문구 중에 혹시 오해할 만한 것이 없는지, 그 내용으로 인해 의뢰인이 불이익을 입을 가능성은 없는지 등을 여러 차례 검토해야 한다.

퇴고 과정에서 법조인은 문장 혹은 단어를 수정하고, 때로는 문단 전체를 다른 곳으로 이동하거나 다른 문단과 합치고, 혹은 삭제하거나 축약한다. 글을 전체적으로 읽고 생각을 정리하는 과정에서 새로운 쟁점이 떠오르기도 하고, 조사해야 할 판례를 발견하기도 한다. 이때는 다시 쟁점을 정리하고 법률과 판례를 조사해서 보완해야 하며, 필요하다면 결론 자체를 변경해야 한다. 요컨대 퇴고 과정에서 어떤 일이 일어날지 어떤 작업을 추가적으로 할지를 예측하는 것은 불가능하다. 따라서 퇴고를 제대로 하기 위해서는 시한에 쫓겨 법문서의 초고를 작성해서는 안 된다. 법문서는 항상 마감 기한에 앞서 작성하여 시간을 두고 검토해야 한다. 게을러서 혹은 시간 계획을 잘못해서 법문서를 급하게 작성하고 검토를 하지 못하다면, 그것은 개인의 성격 문제가 아니라 그 법조인의 성실성과 관련된 것이다.

마감 시한보다 일찍 초고를 작성한 이후에는 시간적 여유를 두고 그 글을 살펴야 한다. 그 여유 기간에 법조인은 동료와 해당 사건의 쟁점에 관해 논의할 수도 있고, 다른 사건에 관한 업무를 할 수도 있다. 그러한 여유를 두고서 자신의 글을 읽고 다듬는 시간을 확보해야 한다.

퇴고의 방법으로는 다음과 같은 것들이 있다. ① 초고를 소리 내서 읽는 것은 좋은 퇴고 방법이다. 서면의 내용을 중얼거리면서 혹은 속으로 읽다 보면 글의 어색한 점이 드러나곤 한다. ② 특정한 쟁점에 관해 스스로에게 질문을 던지고 답변하는 것도 퇴고의 방법으로 쓸 수 있다. 만약 질문이 명확하지 않거나 어떤 질문에 답변하기 어렵다면, 그 글은 잘못 작성된 것이다. ③ 의견서 등과 같이 의뢰인에게 제공하는 문서 내용 중 퇴고가 필요한 부분을 법률 전문가가 아닌 사람에게 설명하는 방식도 좋다(물론 의뢰인의 비밀과 관련된 부분을 얘기해서는 안 된다). 그 사람이 설명을 이해하지 못한다면, 의뢰인도 그럴 가능성이 높다. 이런 경우 부족한 부분을 확인한 후 관련 설명을 보완해야 한다. ④ '성실하고 우호적인' 동료나 선배 법조인에게 자신이 작성한 서면 내용 중에서 불확실한 부분을 설명하고, 그에 관한 조언을 듣는 것도 퇴고의 방법이다. 확실한 부분과 그렇지 않은 부분을 분류하는 과정에서 사건의 쟁점을 한 번 더 확인할 수 있고, 서면에 기재된 자신의 논리 전개 방식을 검증하며 다른 관점에서 사건을 바라보는 계기로 삼을 수 있기 때문이다.[32]

어떤 법조인은 자신이 일을 '충분히' 하고 있는데도 선배나 동료로부터 제대로 평가받지 못한다는 불만을 얘기하곤 한다. 그런 평가를 받는 원인 중 하나는 그 법조인의 서류가 형식적으로는 완비되고 결론도 맞지만, 내용을 충분히 검토하지 않은 상태에서 작성하고 이를 고칠 기회를 얻지 못

---

32 Norman Brand & John O. White, *Legal Writing: The Strategy of Persuasion*, Third Edition, St. Martin's Press, 1994, 70면.

했기 때문이다. 그리고 그 기회를 얻지 못하는 이유 중 하나는 자신이 다른 사람에게 글쓰기에 관해 조언할 기회를 주지 않았기 때문이다. 법조인들은 각자가 매우 바쁘기 때문에 특별한 이유 없이 다른 사람의 일에 관여하지 않는다. 따라서 다른 법조인이 의뢰인에게 시간적 여유를 두고 자신의 서면을 비평하며 살펴봐달라고 부탁하고, 그 비평에 따라 서면을 다시 검토하는 것을 피하지 말아야 한다.

단순히 당사자가 원하는 내용을 소장이나 준비서면으로 작성하는 것만으로 변호사의 역할을 다한 것이 아니다. 법률과 판례에 맞게 판결서를 썼다고 그 판결이 온당해지는 것도 아니다. 자신의 소장과 준비서면을 다시 살피고 고쳐 쓰는 퇴고 과정을 거쳐야 한다. 그렇게 자신의 글과 의견을 조심스럽게 검토하지 않는다면, 또는 그런 시간을 가질 욕심을 내지 않는다면, 훌륭한 법조인이 될 수 없다. "퇴고는 글쓰기의 마지막에 하는 것이 아니라 글쓰기의 과정이다." 고치면 고칠수록 문장은 좋아진다.[33]

> 퇴고의 중요성은 백 번 천 번 강조해도 지나치지 않는다. 습작이란 퇴고의 기술을 익히는 행위인지도 모른다. 그렇다고 퇴고가 외면을 화려하게 만들기 위한 덧칠이 되어서는 안 된다. 진실을 은폐하기 위한 위장술이 되어서도 안 된다. 퇴고를 글쓰기의 마무리 단계라고 생각하면 오산이다. 퇴고는 틀린 문장을 바로잡거나 밋밋한 문장을 수려하게 다듬고 고치는 일에 그치지 않는다. 퇴고는 글쓰기의 처음이면서 중간이면서 마지막이면서 그 모든 것이다.
>
> […] 그리고 시를 어느 정도 완성했다고 생각하는 그 순간, 주변에 있는 사람에게 시를 보여줘라. 시에 대해서 잘 아는 전문가가 아니어도

33 이태준, 앞의 책, 239면.

좋다. 농부도 좋고 축구선수도 좋다. 그들을 스승이라고 생각하고 잠재적 독자인 그들의 말씀에 귀를 기울여라. 이규보도 "다른 사람의 시에 드러난 결점을 말해주는 일은 부모가 자식의 흠을 지적해주는 일과 같다"고 했다. 누군가 결점을 말해주면 다 들어라. 그리고 나서 또 고쳐라.[34]

퇴고를 할 때 주의해야 할 점이 있다. 그것은 퇴고의 목적이 문장을 아름답게 만드는 것이 아니라는 점이다. 즉 퇴고는 그 글 속에 담긴 글쓴이의 뜻을 뚜렷하고 설득력 있게 표현하기 위해 해야 한다. 법문서 역시 마찬가지이다. 자신이 그 문서를 통해 이루려고 하는 목적이 무엇인지, 그 문서를 누가 읽는지를 의식하며 그 문서의 내용을 살피고 퇴고해야 한다. 목적을 의식하지 않는 글쓰기는 독자를 지루하게 하고, 글이 신뢰받지 못하게 만든다.[35]

무엇보다 필요한 것은, 의미가 단어를 택하도록 해야지 그 반대가 되도록 해서는 안 된다는 점이다. 산문의 경우, 단어를 가지고 할 수 있는 최악의 일은 단어에 굴복하는 것이다. 구체적인 대상에 대해 생각할 경우 먼저 단어로 표현하지 말고 생각부터 해보자. 그런 다음 머릿속에 그려본 것을 묘사하고 싶다면, 거기에 맞을 듯한 정확한 단어를 모색해 볼 수 있을 것이다. 추상적인 무언가를 생각할 경우에 애초부터 단어를 선택하는 쪽에 끌리기가 더 쉽다. 때문에 그렇게 되지 않으려고 의식적인 노력을 기울이지 않는다면, 기존의 표현법이 마구 밀려들어 대신 작업을 해버릴 것이다. 그리고 그 결과는 의미가 흐려지거나, 심지어 바

34 안도현, 앞의 책, 222면 및 225면.
35 이태준, 앞의 책, 241면.

꿔어버리는 것으로 나타난다. 그러니 가능한 한 단어 사용을 미루고서 심상이나 감각을 이용하여 전하고자 하는 뜻을 최대한 분명하게 하는 것이 더 나은 방법이지 싶다. 그런 다음 뜻을 가장 잘 담을 수 있는 표현을 택할 수 있을 것이고(수동적으로 받아들이지 않는다는 것이다), 그 이후에 반대로 자신이 택한 낱말들이 다른 사람에게 어떤 인상을 줄 것인지 판단해도 좋을 것이다. 마지막으로 이렇게 공을 들이면 진부하거나 뒤섞인 이미지, 이미 만들어진 어구, 불필요한 반복, 그리고 허튼소리와 막연함을 대체로 피할 수 있다. 그런가 하면 글 쓰는 사람이 단어나 문구의 효과에 대해 의문을 느끼는 경우가 흔히 있으니, 직관이 통하지 않을 때는 기댈 만한 원칙이 필요하다. 나는 다음과 같은 원칙이 대부분의 경우에 도움이 되리라 생각한다.

1. 익히 보아왔던 비유는 절대로 사용하지 않는다.
2. 짧은 단어를 쓸 수 있을 때는 절대 긴 단어를 쓰지 않는다.
3. 빼도 지장이 없는 단어가 있을 경우에는 반드시 뺀다.
4. 능동태를 쓸 수 있는데도 수동태를 쓰는 경우는 절대로 없도록 한다.
5. 외래어나 과학용어나 전문용어는 그에 대응하는 일상어가 있다면 절대로 쓰지 않는다.
6. 너무 황당한 표현을 하게 되느니 이상의 원칙을 깬다.[36]

36 조지 오웰, 『나는 왜 쓰는가』, 이한중 옮김, 한겨레출판, 2010, 274-275면.

3장

법적 근거의 종류 및 학습 태도

1. 학습의 필요성

법문서, 즉 답안지, 의견서, 소송서류 등을 어떤 방식으로 작성하는지를 배우는 것만으로는 좋은 법문서를 쓸 수 없고, 유능한 법조인이 될 수도 없다. 법률과 판례, 법 이론을 익혀야만 좋은 법문서를 작성할 수 있다. 예컨대 답안지나 에세이가 적절한 구조를 갖추고 문법적으로 잘못이 없다 하더라도, 거기에 문제 해결에 필요한 법적 지식이나 자료가 없다면 좋은 평가를 받기 어렵다. 가장 훌륭한 문장 구조와 문법을 갖춘 글도 그 지식의 결여를 극복할 수는 없다.

문제에 대한 법 지식 유무에 관한 경우의 수는 '알고 있든지' 아니면 '모르든지' 둘 중 하나이다. 결여된 법학 지식을 보완할 수 있는 것은 없으며, 지식의 결여를 숨겨줄 수 있는 것은 무엇도 존재하지 않는다.[1]

법문서 작성 방법에 관한 수업을 듣는 것만으로 법학 지식을 쌓을 수는 없다. 법학 지식은 고된 학습 과정을 통해서만 갖출 수 있다. 매일같이 법학 교재를 읽고, 강의에 출석하고, 개념에 대해 고민하는 것을 대체할 수 있는 것은 없다. 법학 지식의 학습에 많은 시간을 소요했다는 점만으로 법에 관한 논리적 이해력이 보장되는 것도 아니다. 좋은 학업 성과를 얻기 위해서는 학습에 필요한 시간을 확보해야 할 뿐만 아니라 법률 자료를 스스로 이해하고 자신의 시간을 효율적으로 이용하기 위해 노력해야 한다.

> 아무리 짧은 시 한 편을 쓰더라도 단편소설 한 편을 쓰는 것에 버금가는 시간을 투자하고, 자료를 취재하고, 공력을 집중시켜라. 감성이 무뎌졌다 싶으면 나이를 원망하지 말고, 부단히 감성을 훈련하지 않은 자신의 나태를 탓하라. 청년에게는 청년의 감성이 있고, 노년에게는 노년의 감성이 있는 법이다. 감성이란 또 여성의 전유물도 아니어서 남성적인 감성도 얼마든지 발휘될 수 있는 것이다. 부디 열정을 품고 감성을 연습하고, 훈련하라.
>
> […] 하나의 제재를 택한 뒤에 그것을 집중적으로 궁리하는 동안 감성은 자연스럽게 훈련이 된다. 시어와 제목의 유기적 관계를 따져보고, 시어와 시어 사이의 충돌을 살피는 일, 시적인 대상과 자아와의 거리를 조정하는 일들이 모두 감성의 훈련에 도움이 될 수 있다. 뛰어난 요리사는 음식의 재료와 재료의 어울림에 예민하게 주목하는 자임을 잊지 말자.
>
> […] 몰입은 글쓰기의 중요한 바탕이면서 기술이라고 할 수 있다. 시는 온전하게 몰입할 때 온다. 시에 투자하는 물리적인 시간의 길이가

---

1 Stacie I. Strong, *How to Write Law Essays and Exams*, Second Edition, Oxford University Press, 2006, 7면.

아니라 몰입하는 시간의 깊이가 중요하다. 단 한 시간이라도 시에 집중적으로 몰입해보라. 당신은 알지 못하는 사이에 열정적인 인간으로 성장해 있을지 모른다. 그러니 몰입을 열정의 이음동의어라고 불러도 좋을 것이다.[2]

법문서 작성 방법을 공부한다는 것은 단순히 기술을 습득하는 데에 그치는 것이 아니라, 법 자료를 읽고 이해하고 적용하는 과정을 배우는 것이다. 법조인은 법문서를 통해 상대방을 설득한다. 그 주장은 법률, 판례와 같은 근거에 의해 뒷받침되어야 한다. 로스쿨 학생의 답안지도 마찬가지이다. 그 답안지의 결론은 법률, 판례 및 학설 등에 의해 뒷받침되어야 한다. 만약 그러한 근거를 생략하고 중간 과정을 무시한 채 결론을 적는다면, 설령 결론이 맞다 하더라도, 그 학생은 법조인으로서 추론 능력을 제대로 보여주지 못한 것이다. 따라서 그 답안지를 읽는 독자를 설득할 수 없다. 요컨대 법문서를 작성하는 목적은 그 글을 읽는 사람을 설득하기 위한 것이고, 이러한 설득은 법학 지식 없이 이루어질 수 없다.[3]

로스쿨 학생들이 학습 과정에서 반드시 익혀야 하는 법 자료들은 크게 세 가지로 구분할 수 있다. 법률, 판례, 법률 문헌 등이 그것이다. 법률과 판례는 구속력을 지닌 법적 근거라고 할 수 있고, 반면에 교재나 논문 등과 같은 문헌은 설득력을 지닌 것이라고 할 수 있다.[4]

---

2 안도현, 앞의 책, 25-28면.

3 Stacie I. Strong, 앞의 책, 8-9면.

4 Stacie I. Strong, 앞의 책, 9면.

2. 법적 근거의 종류

1) 법률

한국은 성문법成文法 국가이다. 따라서 한국에서의 법률은 성문법만을 의미한다. 법학을 공부하는 학생들은 흔히 법학 교재의 엄청난 양과 판례의 숫자에 눌려 법률 그 자체의 중요성을 간과하는 경향이 있다. 법학 교재들 중 상당수는 학설 소개에 많은 비중을 두는데, 이것 역시 학생들이 그러한 함정에 빠지는 데 일정한 역할을 한다. 그렇지만 학설과 판례 어느 것도 법률을 대체하지 못한다. 따라서 어떤 문제나 쟁점에 직면한 경우에는 그와 관련된 법률이 어떻게 규정하고 있는지를 반드시 확인해야 한다. 특정한 법률이 적용되는 범위에서만 판례와 학설은 의미를 갖는다.[5]

> **법조 실무에서 법 자료를 살피는 순서**
>
> 헌법 → 법률 → 시행령·시행규칙 등 → 법학 문헌

일반적으로 로스쿨 학생들은 교재를 통해 법률을 대하게 된다. 그리고 교재에 나온 설명에 기초하여 법률을 이해한다. 어떤 학생들은 법률의 구체적 내용에 관심을 기울이지 않고, 교재에 나오는 학설과 판례의 내용만을 암기하곤 한다.[6] 그러나 신입생 시절부터 법률을 그 규정 내용대로 읽

5 윤지현, 앞의 글, 318면; Stacie I. Strong, 앞의 책, 10면.

6 경험에 비추어보면, 학생들이 법률의 구체적 내용에 처음 관심을 가지는 때는 법률사무소 등에 실무수습을 나가는 기간이다. 실무 법조인들은 항상 모든 법률적 문제 해결의 시작

는 시간을 가져야 한다. 예컨대 「민법」의 법인法人에 관해 공부한다면, 관련 규정 전체를 읽어야 한다. 이렇게 법률을 통째로 읽어야만 그 입법 취지와 법률적 쟁점에 적용되는 내용을 알 수 있다. 암기할 수 있다면 가장 좋지만, 그렇지 않다 하더라도 여러 차례 읽어 친숙해지는 정도에는 이르러야 한다.

> 개개의 법문은 그 법문의 사전적 의미 가능성의 영역에서만 문제삼을 것이 아니라, 그 법률의 의미 관계와 실로 전체적 법질서의 의미 관계 내에서 이해되어야 할 것이다. 우리는 개별적인 요소의 의미를 결정하려고 할 때에 그 의미의 총체를 고려에 넣어야 할 것이다. 그리하여 Celsus는 "그 법률의 전체 규정들을 정확하게 개관함이 없이 법률의 어떠한 부분에 관해 판단을 내리거나 전문 의견을 진술한다는 것은 법학의 본질에 어긋난다"[…]라고 말하고 있다.[7]

이렇게 법률 내용에 익숙해진 후에 판례와 학설들을 읽고 고민할 때에야 그 내용을 제대로 이해할 수 있다. 법률을 읽는 것에 익숙해지지 않으면 읽고 또 읽어야 한다. 법률에 익숙해져 법률 자체를 가지고서 쟁점을 해결하는 능력을 갖추지 않으면, 법조 실무를 제대로 수행하기 어렵다. 만약 법조인이 되고 싶다면, 법률에 익숙해지는 단계를 피해서는 안 된다. 읽고 또 읽자. 한자가 익숙하지 않다면, 법제처나 대법원 홈페이지의 법률 정보 코너에서 제공하는 한글로 된 법률을 출력해서라도 계속 읽어야 한다.

법률을 읽을 때에는 개념에 관한 규정을 주의 깊게 살펴야 한다. 여러

점은 성문법이라고 강조한다.

7 라인홀트 치펠리우스, 앞의 책, 75면.

개의 법률에서 비슷한 개념을 달리 규정하고 있거나 같은 용어를 다르게 정의하고 있다면, 왜 그런 차이가 발생했는지도 살펴야 한다. 예컨대 '근로자'라는 개념과 관련하여, 「근로기준법」과 「노동조합 및 노동관계조정법」은 달리 규정하고 있다. 「근로기준법」 제2조는 근로자를 "직업의 종류와 관계없이 임금을 목적으로 사업이나 사업장에 근로를 제공하는 자를 말한다."라고, 그리고 「노동조합 및 노동관계조정법」 제2조는 "직업의 종류를 불문하고 임금·급료 기타 이에 준하는 수입에 의하여 생활하는 자를 말한다."라고 각각 규정하고 있다. 실제로도 「근로기준법」과 「노동조합 및 노동관계조정법」상 근로자의 범위는 차이가 있다. 이렇게 법률이 어떤 개념을 달리 규정하고 있을 때에는 그 다르게 규정된 법률 조문을 정확하게 읽는 것이 해석의 출발점이 되어야 한다.[8]

만약 교재나 판결에서 특정한 개념이나 요건들을 설명하고 있다면, 그 내용을 토대 삼아 법률 규정을 이해할 수 있을 것이다. 그중에서도 교재는 학생들이 법률을 이해하는 주요한 수단이지만, 그것에만 의존해서는 안 된다. 학생 스스로 법률을 이해하고자 노력해야 한다.[9]

2) 판례

로스쿨 학생은 판례를 찾아 읽는 것에 관심을 가져야 한다. 판례는 다음과 같은 점에서 학생과 법조인 모두에게 중요하다. ① 법률은 발생할 수 있는 모든 사건을 규율할 수 없고, 그런 사건 모두를 다룰 목적으로 제정되지도 않았다. 따라서 법률이 특정 사건에 어떻게 적용될지는 판례에 의해 보

8 Stacie I. Strong, 앞의 책, 10면.

9 Stacie I. Strong, 앞의 책, 11면.

완된다. ② 법률은 때때로 특정한 개념이나 법리를 구체적으로 규정하지 않고, 그 작업을 판례에 맡기곤 한다. 이 경우 관련되는 판례를 언급하지 아니한 채 법률을 해석하는 것은 불완전할 수밖에 없다. ③ 교재에서 소개하는 학설 중 상당수는 판례의 태도를 설명하는 것이다. 이 경우 학설을 제대로 알기 위해서는 그 판례를 읽어야 한다. 학생들은 판례를 읽음으로써 학설 대립이 일어나는 구체적 상황을 이해할 수 있다.[10]

> 오늘날 개관할 수 없을 만큼 복잡하게 된 법의 광범위한 여러 영역에서 그 법이 어느 방향으로 발전하고 있는가를 알려주는 것은 그 국민 속에서 지배적인 힘을 가지고 있는 법관념이라고 하기보다는 오히려 오로지 판례의 내용이라 할 것이다.[11]

판례를 읽기 위해서는 먼저 법률용어를 익혀야 한다. 법조인은 전문용어를 사용한다. 이러한 전문용어는 법학에서만 어떤 낱말을 특별히 사용하는 경우와, 일반적으로 사용하는 낱말을 법학의 어떤 분야에서 다른 뜻으로 사용하는 경우 등 두 가지로 나눌 수 있다. 전자의 예로는 '법률행위'를 들 수 있고, 후자의 예로는 형법상 '행위'를 들 수 있다. 앞에서 설명한 것처럼 개념을 정확하게 이해하기 위해서는 훈련과 시간이 필요하다. 그런데 법률용어를 익히는 것보다 더 어려운 작업이 있다. 그것은 해당 판례의 쟁점과 그 취지를 제대로 이해하는 것이다. 이 때문에 학생들은 교재에 의존하여 판례의 쟁점을 이해하곤 한다. 이러한 접근 방법은 단기적으로는 효율적일 수 있다. 변호사시험 중 선택형 문제와 같이 특정한 사

10 Stacie I. Strong, 앞의 책, 17면.

11 라인홀트 치펠리우스, 앞의 책, 113면.

실관계에서 법원이 어떻게 판단하는지를 묻는 질문에 대답하고자 한다면, 이 정도의 공부만으로도 충분하다. 그러나 법조인에게 필요한 능력은 자신의 주장을 법률적으로 설득력 있게 구성하는 것이다. 이러한 능력을 키우기 위해서는 스스로 판례의 쟁점과 취지를 이해하고자 노력해야 한다.[12]

판례의 쟁점을 이해하기 위해서는 '판결 요지'만을 읽어서는 안 된다. 어떤 학생은 판결의 요지 혹은 결론만을 읽고, 사실관계를 찾아 읽으려고 하지 않는다. 그러나 사실관계와 연결하여 판결을 읽지 않으면, 그 판결에서의 쟁점과 논리를 제대로 이해하기 어렵다. 해당 사건에서 법관이 왜 그런 결론에 이르렀고 어떻게 그 결론을 뒷받침했는지를 알기 위해서는 판결 요지를 읽는 것만으로는 부족하다. 법적 사고력을 키우기 위해서는 그 판결이 나온 사실관계를 이해하고, 왜 법원이 그러한 사실관계에 대해 그런 결론을 내렸는지, 즉 법원의 법률적 논리를 이해해야 한다. 이를 위해서는 판결을 통째로 읽는 연습을 할 필요가 있다. 나아가 이렇게 판결을 읽는 방식에는 다음과 같은 장점이 있다.[13]

첫째, 그런 연습을 통해 학생은 자연스럽게 법조인으로서 사건을 다루는 방법을 익힐 수 있다. 판결에 나타난 사실관계는 글자 그대로의 '사실관계'가 아니다. 그것은 법적으로 가공된 사실이고, 증거에 의해 증명된 것이다. 실제로 일어난 일은 판결에 나타나 있는 '사실'과 다를 수 있다는 것이다. 이런 차이점은 판례를 읽고 사실관계에 관한 당사자들의 다툼과 법원의 판단을 읽는 과정에서 자연스럽게 익히게 된다.[14]

둘째, 흔히 로스쿨에서 학생들은 실체법과 절차법을 구분하여 공부하게

---

12 Stacie I. Strong, 앞의 책, 19-20면.

13 윤지현, 앞의 글, 319면; Stacie I. Strong, 앞의 책, 21면.

14 Stacie I. Strong, 앞의 책, 21면.

된다. 예컨대 대부분의 로스쿨에서 「민사소송법」과 「민법」을 가르치는 교수와 교과목은 서로 다르고, 그렇기 때문에 실체법과 절차법을 연계하여 공부하기는 쉽지 않다. 그런데 구체적인 판결에는 이러한 구분이 있을 수 없다. 재판에서 절차법과 실체법은 함께 다뤄지고 서로 영향을 미친다. 판결을 통째로 읽는 경우 이러한 절차법과 실체법의 관계를 이해하는 기회가 된다.

셋째, 학생들은 앞서의 과정을 거치면서 법조인으로서 글쓰기를 익힐 수 있다. 이때 주의해야 하는 것은 모든 판결서가 모델로 삼을 만한 것은 아니라는 점이다. 잘 알다시피 법관은 짧은 시간에 많은 사건의 판결을 작성해야 한다. 그리고 법관들 가운데에는 법적 추론 과정을 기술하는 능력이 뒤떨어진 자가 있는 것도 당연하기 때문이다.

판례를 읽은 후에는 개별 사건을 일정한 논리적 구분 방식에 따라 분류할 수 있어야 한다. 앞에서 설명한 것처럼 이렇게 해야만 관련 판례를 오래 기억할 수 있다.

판례를 읽을 때에는 이를 학설처럼 생각해서는 안 된다는 점을 주의해야 한다. 법관이 판결을 쓰는 목적은 추상적인 법리론을 논증하기 위한 것이 아니라 구체적인 사실관계에 기한 법률 분쟁을 해결하기 위한 것이기 때문이다. 이 점으로 인해 법관과 법학자의 문제 설정 방식과 사고 방법은 서로 달라진다. 다음에서는 여기에 대해 좀 더 구체적으로 설명하겠다.[15]

첫째, 판결은 특정한 사실관계에서 발생한 분쟁을 해결하기 위해 작성된다. 따라서 판결은 분쟁의 전제가 된 사실과의 관계를 고려할 때 바르게 이해할 수 있다. 법관은 판결서에 그 분쟁의 해결에 필요하지 않은 법리를

15 다음 내용은 박경신·계승균·손종학·이인호·정영진, 『법정보조사』, 법문사, 2009, 161-162면을 요약한 것이다.

적지 않고, 논리 전개의 결함이 있다 하더라도, 해당 사건에서의 결론에 영향을 미치지 않는 한 굳이 종전 판례의 문제점을 지적하지 않는다.

한편, 판결 중에는 일반적 판례 법리로 인정될 수 있는 것과 그렇지 않은 것이 섞여 있다. 한국 법원은 흔히 법리의 치밀함보다는 구체적 타당성을 추구하는 편이라고 평가받는다. 때때로 그 결론은 타당한데, 법리 전개 방식이 어색한 판결을 발견하는 것은 이런 이유 때문이다. 이런 판결을 법원의 일반적인 입장으로 평가해서는 안 된다. 그런데 개별 판결의 효력 정도와 범위를 파악하는 것은 쉬운 작업이 아니다. 결국 판결 내용과 적용 범위를 정확하게 파악하기 위해서는 판례 법리의 일반적 내용과 해당 사건의 사실관계와의 관련성을 분석하기 위해 노력해야 한다.

둘째, 판례와 학설은 법의 해석을 임무로 한다는 점에서는 공통성을 지닌다. 그러나 법관과 학자 간의 문제 의식과 사고 방법은 다르다. 법관에게는 구체적 분쟁을 적정하게 해결하는 것이 중요한 과제이다. 반면에 법학자는 판결 내용의 논리적 정합성을 검토하고 이것이 법률이나 법 이론에 모순되는지를 우선적으로 살핀다. 결국 판례와 학설은 분쟁 해결을 뒷받침하는 법리를 어느 정도까지 일반화·추상화하여 검토하는가라는 점에서 구별된다.

3) 법률 문헌

법학자나 실무가 등이 작성하는 법학 교재, 법학 논문, 판례평석 등은 법률과 판례의 현황을 보여주고, 그에 대한 비판적 분석을 행하곤 한다. 이러한 문헌들에는 법률이 가지고 있는 구속력이 없다. 그러나 이들 중 일부는 법조인에게 강한 영향을 미친다. 특히 영향력 있는 문헌들은 법원의 판례를 바꿀 뿐만 아니라 법률을 개정하는 계기로 작용한다.[16]

교재에 설명된 법 이론은 판례의 출발점이거나 판례의 분석 결과인 경우가 대부분이다. 이 점에서 학설 혹은 법 이론은 판례만큼의 중요성을 가지고 있다고 말할 수 있다. 법률 문헌, 특히 그중에서도 법학 교재의 내용을 학습하는 것은 로스쿨 학생들에게 매우 중요하다. 로스쿨 학생들의 경우 스스로의 분석 틀을 가지고 있지 못하므로, 타인의 것(예컨대 법학 교재)을 이용해서 법학 공부를 시작해야 하기 때문이다. 그리고 대부분의 시험 출제자가 학자들이기 때문에 그 답안지에 법학 교재에 실린 학설이 충분히 담겨 있어야 하고, 학설 대립이 일어나는 지점도 정확히 나타나야만 좋은 점수를 받을 수 있다.

3. 학습 태도

로스쿨에 입학하는 대부분의 학생은 학부에서 좋은 학업 성과를 거둔 경험을 가지고 있다. 그러나 학부 성적이 좋다는 점만으로 곧바로 자신이 로스쿨에서 좋은 결과를 얻을 수 있다고 기대해서는 안 된다. 만약 학부에서 자신의 전공 교재 또는 논문 등을 정독하고 이를 분석적으로 검토하는 태도로 공부를 했다면, 그리고 학기 중에 제출하는 과제물을 작성할 때에도 나름대로의 논증 구조를 형성하려는 노력을 했다면, 그 학생은 로스쿨에서 법학을 공부하는 것이 좀 더 쉬울 수 있다. 그러나 그렇지 않고 매번 시험 기간에 닥쳐 급하게 공부하여 시험을 치르고, 자신의 글쓰기 능력을 향상시키는 데 관심이 없는 학생이라면, 로스쿨에서 공부를 하는 데 어려움을 겪을 수 있다. 이런 학생은 로스쿨에서 종전과는 다른 학습 태도를 갖

16 Stacie I. Strong, 앞의 책, 30면 및 62-63면.

추고 1학년 때부터 글쓰기 능력을 개선하기 위해 노력해야 한다.[17]

법학 공부는 쉽게 실력이 늘지 않는 분야이다. 만약 학습량에 정비례하여 법학 지식이 늘어난다면, 아마도 모든 사람이 법학을 공부하는 데 어려움을 겪지 않을 것이다. 그러나 법학은, 다른 대부분의 전문 분야와 마찬가지로, 공부의 양과 그 실력이 비례하지 않는다. 많은 로스쿨 학생은 매일매일 열심히 법학을 공부하는데도 불구하고, 자신의 법학 지식이나 실력이 늘지 않는다는 점 때문에 좌절하곤 한다. 그러나 포기할 필요는 없다. 단기적으로는 공부의 양에 따라 실력이 느는 것이 아니지만, 장기적으로 보면 공부의 양과 실력은 비례한다. 이 때문에 법학 실력은 계단 모습으로 발전한다고 비유할 수 있다. 그런데 계단의 아래쪽에 있을 때에는 그 위쪽에 무엇이 있는지를 볼 수 없고, 그로 인해 많은 사람이 좌절하게 되는 것이다.[18]

당연한 얘기지만, 법학 실력을 향상시키기 위해서는 학습 시간의 절대량이 많아야 한다. 그러기 위해서는 일반적인 수업 시간 외에도 자기 나름대로 공부하는 시간을 많이 확보해야 한다. 그런데 법학 실력을 발전시키기 위해서는 단지 교재나 판례를 기계적으로 읽는 것으로는 부족하다. 즉 교재에서 왜 그런 논의가 진행되고 있는지, 왜 법원이 그런 판결을 선고했는지 등 문헌이나 판례, 법률의 내용을 자기 주도적으로 이해하고 분석하

---

17 Charles R. Calleros, *Law School Exams: Preparing and Writing to Win*, Aspen Publishers, 2007, 17면.

18 이는 단지 로스쿨 학생들만 경험하는 것이 아니다. 변호사로서 실무 능력도 비슷한 과정을 거쳐 향상된다. 때때로 중견 변호사들은 신입 변호사가 기본적인 법리도 알지 못한 채 판례만을 암기하고 있다거나, 의견서나 소장의 기초적인 작성 방법을 이해하지 못한 채 법률사무소에서 일한다는 점에 놀라곤 한다. 그러나 그러한 선배 변호사들도 처음 법률사무소에 들어와서 일을 하기 시작했을 때는 비슷한 상태였다. 단지 그들의 실력이 오랜 시간을 거쳐 매우 집중적인 훈련을 통해 점진적으로 발전했기 때문에 과거의 본인의 모습을 기억하지 못할 뿐이다. 계단의 위쪽에서도 계단의 아래쪽이 보이지 않는다.

려는 노력을 함께 해야 한다. 이를 위해 학생들은 스스로 법학 지식을 정리하는 시간을 확보해야 한다. 나아가 친구들과 교재 내용 중 궁금한 점을 서로 얘기하는 등, 법학과 관련된 사고 활동을 하기 위해 노력해야 한다.

학생 스스로 법률과 판례, 학설의 내용 등을 조직하고 이해할 때, 관련 내용을 좀 더 잘 익힐 수 있다. 어떻게 조직할지는 중요하지 않다. 구체적 방법은 학생이 선택하면 된다. 중요한 것은 학생 스스로 그 작업을 해야 한다는 것이다. 물론, 로스쿨 1학년생이 이런 작업을 잘할 수는 없다. 아마도 많은 학생이 그 과정에서 좌절하거나 이런 작업을 번거롭게 여길 수 있다. 그러나 실패를 하더라도 본인 스스로 법률을 이해하고 체계화하는 작업을 계속해야 한다. 그렇게 해야만 나중에 법조인이 되어서도 한 사람 몫의 일을 할 수 있다. 자신에게 닥친 법률문제를 해결해야 하는 의뢰인의 입장을 상상해보면, 이러한 자질의 중요성을 쉽게 짐작할 수 있을 것이다. 스스로 법률을 해석하고 글의 체계를 구성할 능력이 없는 법조인을 법률 전문가라고 믿고 업무를 맡길 의뢰인은 없다.[19]

이러한 학습 과정을 통해 학생들은 스스로 법률문제를 분석하고 해결하는 능력을 키우게 된다. 그리고 왜 판례에서 그 문제가 다투어졌는지, 왜 교재에서 그렇게 많은 분량을 들여 그 문제에 대해 설명하고 있는지를 이해할 수 있다. 최종적인 단계에서는 특정한 법률문제가 닥쳤을 때, 본인이 무엇을 해야 하는지를 알게 되고 그러한 문제 해결 과정을 통해 법조인으로서 정체성을 깨닫고 직업적 즐거움을 경험한다. 이렇듯 법학 공부를 열심히 하는 것은 로스쿨 학생들이 법조인이라는 직업을 준비할 때 반드시 거쳐야 하는 과정이다. 로스쿨을 졸업한 후 법조인으로서 실무를 시작하면, 법학에 대해 체계적인 학습을 할 기회가 거의 없다는 점도 유념해야

19 Stacie I. Strong, 앞의 책, 12면.

한다.[20]

로스쿨 입학생은 적어도 1학년 1학기가 시작할 때에는 오로지 법학 공부에 전념할 수 있는 준비가 되어 있어야 한다. 특히 학부에서 법학을 전공하지 않은 학생이거나 법학 공부를 별도로 하지 않은 경우에는 더욱 그러하다. 만약 직장 생활을 하고 있거나, 학비나 생활비를 벌기 위해 아르바이트를 하고 있다면, 특별한 사정이 없는 한, 1학년 1학기가 시작하기 전까지 그 일을 마무리하는 것이 바람직하다. 로스쿨에서 1학년 과정은 법학 공부에서 매우 중요한 기간이다. 이때 대부분의 학생은 법학의 기본 과목들을 수강하고, 그것을 바탕 삼아 2학년 이후에 좀 더 체계적인 학습을 수행할 수 있다. 앞에서 설명한 바와 같이, 로스쿨에서의 학업은 그 발전 속도가 더디기 때문에 어떤 학생은 꾸준한 학습의 중요성을 잊곤 한다. 때때로 일주일 정도 공부를 하지 않더라도 그것이 자신의 학업 성과에 아무런 지장이 없을 거라고 생각하기도 한다. 그러나 매일매일의 학습 결과가 쌓여야만 3년 후에 그 학생은 법조인으로서 기초적인 능력을 갖출 수 있다는 점을 잊어서는 안 된다.[21]

공부를 할 때에는 자신의 학습 목적에 맞춰 공부 방법을 정해야 한다. 로스쿨 학생들의 경우 1차적으로 시험에 대비해야 하므로, 그에 맞게 학습하는 것이 필요하다. 교재나 판례를 볼 때에는 그 부분에서 어떤 문제가 나올 수 있는지,[22] 문제가 나올 때 어떤 식으로 답안을 쓸 것인지, 대립되는 학설의 차이점을 어떻게 부각시킬 것인지, 자신이 그 학설의 내용을 어느 정도까지 쓸 수 있는지 등을 고민해야 한다.

정말 급박한 상황이 아니라면, 자신의 생활 패턴을 일정하게 유지해야

---

20 Charles R. Calleros, 앞의 책, 18면.

21 Charles R. Calleros, 앞의 책, 19면.

22 그것을 아는 가장 쉬운 방법은 기출 문제를 교재의 부문별로 정리해보는 것이다.

한다. 특히 하루하루의 학습 시간은 계획한 바에 따라 수행하도록 노력해야 한다. 법조인으로서 좋은 평판을 얻고 오랜 기간 활동하는 사람들 대부분은 규칙적인 생활 태도를 유지하고 운동이나 취미 생활 등을 통해 정신적 긴장감을 적절히 조절한다. 그리고 매일매일 자신이 해야 할 업무를 기한 내에 마치려고 노력하고, 법학 전체뿐만 아니라 자신의 전문 분야에 관해 꾸준히 자료를 수집하고 분석하는 작업을 수행한다. 로스쿨 학생들도 이렇게 생활함으로써 법조인으로서 생활을 준비해야 한다.[23]

개인적으로는 로스쿨 학생들에게 오전부터 학습을 시작하는 생활 패턴을 유지할 것을 추천한다. 가능하면 오전 8시부터 9시 사이 무렵에는 학교 도서관 등에서 공부를 시작하는 것이 좋다. 오전에 공부를 하는 것은 여러모로 편리하다. ① 오전에 공부 시간을 미리 확보함으로써 오후나 저녁에는 여유를 가지고 공부할 수 있다. ② 오후, 특히 저녁 늦게 혹은 새벽까지 공부하는 것은 좋은 습관이 아니다. 일상생활 패턴에 맞추어 공부를 하고 저녁에는 어느 정도의 휴식을 취하는 것이 로스쿨 재학 중 건강을 유지하는 데 도움이 된다. 로스쿨 재학 기간에 효과적으로 공부하기 위해서는 건강을 유지하는 것이 중요하다. ③ 사람은 통상 일어나서 3시간 정도 지나야 두뇌 활동이 활발해진다고 한다. 따라서 변호사시험이 오전 10시경에 시작한다고 가정한다면, 수험생들은 7시 정도에는 일어나야 한다. 변호사시험에 대비하는 공부를 하는 이상, 이런 생활 패턴을 미리 연습해 두는 것이 낫다.[24]

법학 공부를 처음 시작할 때에는 기본적인 쟁점 및 법리를 이해하기 위해 노력해야 한다. 사례 문제를 연습할 때에도 일반적이고 기본적인 사례

23 Charles R. Calleros, 앞의 책, 18면.

24 Glanville Williams, 앞의 책, 182면.

에서 시작하는 것이 바람직하다. 법률가들은 흔히 지엽적이고 특수한 법률적 문제를 해결하는 데 흥미를 느끼곤 한다. 그러나 기본적인 법리를 이해해야만 특수한 쟁점에 관한 이해도 가능하다.

공부를 할 때에는 정규 법학 교재를 읽고 스스로 내용을 이해하고 정리하기 위해 노력해야 한다. 공부 시간이 부족하다고 하여 다른 사람이 쓴 요약집에 의존해서는 법조인에게 필요한 자질을 키울 수 없다. 요약집은 참고자료로만 이용해야 한다.[25] 앞에서 설명했듯이 법조인은 스스로 판단하고 조직하는 사고를 할 수 있어야 하기 때문이다.[26]

로스쿨 학업에서는 많은 시간 동안 공부를 했는데도 좋은 성적을 얻지 못하는 경우가 종종 있다. 만약 공부한 양과 노력만큼 성적이 나온다면, 그 학생만큼 행복하게 로스쿨 생활을 할 수 있는 사람은 없을 것이다. 하지만 그런 행운을 가진 학생은 많지 않다. 대부분의 학생은 로스쿨에 재학하는 3년 동안 자신의 학습 능력에 대해 회의하고, 자신의 체력적 한계를 절감하게 된다. 한편, 로스쿨에서 좋은 성적을 얻었다고 하여 그것이 곧 그 학생이 좋은 법조인이 된다는 것을 의미하지는 않는다. 성적과 법조인으로서 실무 능력 사이에 상관관계가 없다고 말할 수는 없지만, 그 둘이 서로 정비례하는 것은 아니다. 학생들도 잘 알고 있겠지만, 로스쿨에서 학생들이 궁극적으로 얻어야 하는 것은 성적이 아니다. 로스쿨 재학 기간에 학생들은 법조인으로서 알아야 하는 기본적 법리가 무엇인지, 법률 자료를 어떻게 얻고 분석하는지, 그리고 법문서를 쓸 때 무엇을 주의해야 하는지를

25 만약 요약집이나 서브 노트만을 읽고 법률에 대한 이해를 갖추지 못한 사람이 변호사시험에 합격하고, 법조인이라는 명목으로 피상적인 법률 지식에 기초해 타인의 법률사무를 처리한다면, 그것은 의뢰인이나 소송당사자, 피의자 또는 피고인 등에게 그리고 전체 사법체계에서 볼 때 불행한 일이다.

26 송덕수, 앞의 책, 558면.

익혀야 한다. 그것을 통해 학생들은 법을 도구 삼아 다른 시민의 권리를 보호하는 직업 세계를 준비할 수 있다. 성적은 학생들이 그러한 준비를 할 수 있도록 격려하고, 부족한 점이 있는지를 체크하기 위한 도구일 뿐이다. 실무 법조인에게 중요한 자질은 성적이 아니라 스스로 익히고 고민하는 힘이다.[27]

27 Charles R. Calleros, 앞의 책, 18면.

4장

법률문제 해결 과정의 이해

1. 학습의 필요성

학생들이 시험 답안지나 어떤 법적 문제, 쟁점에 관한 글을 작성하기 위해서는 법조인들이 그와 같은 상황에 처했을 때 어떻게 법을 찾고 그 법을 문제에 적용하는지를 알 필요가 있다. 왜냐하면, 그것이 법조인이나 교수들이 법문서를 읽을 때, 그 내용이 전개될 것으로 예상하는 순서이기 때문이다.

법률문제에 직면했을 때, 법조인들은 흔히 다음과 같은 순서에 따라 생각하고 글을 작성한다. 먼저, 그 사실관계에 적합한 법조문을 찾고, 구성요건을 분석 및 분해함으로써 쟁점을 파악한다. 둘째, 그 구성요건 요소 중 의미를 밝힐 필요가 있는 부분을 해석한다. 셋째, 그 해석을 해당 사안의 사실관계에 적용한다. 넷째, 법률에 규정된 효과인 결론에 이르게 된다.

이 장에서는 『법정보조사』 공통 교재의 이 예시 사례와 관련 설명을 중

- 예시 사례: 갑과 을이 휴게실에서 커피를 마시다가 갑이 실수로 을의 흰색 블라우스에 커피를 쏟았다. 을은 20,000원을 들여 블라우스를 세탁하였다.
- 규범 가정: 누가 타인에게 속한 물건을 손괴했다면, 그는 타인에게 손해배상을 해야 한다.
- 민법 규정: [민법 제750조] 고의 또는 과실로 인한 위법행위로 타인에게 손해를 가한 자는 그 손해를 배상할 책임이 있다.

심으로 하여 문제 해결 과정을 살펴보겠다.[1]

2. 문제 해결의 단계

1) 법률효과 혹은 법률의 발견

법조인이 취급하는 실제 사건에서는 일반적으로 한 개 또는 여러 개의 법률효과가 문제된다. 따라서 그 해결 방안을 찾는 법조인은 자신이 구하고자 하는 법적 효과를 지시하는 한 개 또는 여러 개의 법률 규정을 조사하는 작업부터 시작한다.[2] 예시 사례의 경우에도 법조인은 먼저 관련 법률 규정을 찾아야 한다. 즉 을乙이 누군가로부터 세탁 비용에 상당하는 손해배상금을 받아야 한다고 전제하고, 그 전제에 따라 관련 법률 규정을 조사

1 이하의 설명은 박경신·계승균·손종학·이인호·정영진, 앞의 책, 82-97면의 내용을 주로 인용했다.

2 라인홀트 치펠리우스, 앞의 책, 51면.

한다. 그리고 갑甲과 을乙 사이에는 계약관계가 존재하지 않으므로 채무불이행 책임을 묻기는 어려울 것 같고, 따라서 계약관계가 필요 없는 불법행위 책임을 갑甲에게 묻는 것이 타당하다고 생각하게 된다.

2) 법의 해석: 구성요건의 분해와 해석

사안에 적용할 만한 법률 규정을 발견한 후에는 그 구성요건 요소를 살펴보아야 한다. 대부분의 법률 규정은 구성요건과 법률효과로 구성되어 있다. "X가 존재한다면, Y가 발생해야 한다."라는 형식이 그 대표적 구성방식이다. 한편, 대부분의 「민법」 규정은 청구권을 보장하는 모습으로 구성되어 있고, 민사소송 역시 어떤 사람이 타인에게 특정한 행위를 청구하는 유형(이행 청구)이 많다. 따라서 「민법」 규정의 구조는 "구성요건 전제사실 X가 존재한다면, 갑甲은 을乙에게 Y 행위를 청구할 수 있다."이거나, 이를 권리 또는 의무 관계로 바꿔서 "갑甲은 을乙에게 Y 행위를 청구할 수 있는 권리가 있다." 또는 "을乙은 갑甲에게 Y 행위를 이행할 의무가 있다."라고 공식화할 수 있다.

> 법률가가 취급해야 할 실제적인 사건에 있어서는 한 개 또는 두 개의 법적 효과가 문제되는 경우가 보통이다. 교통사고가 발생한 경우에 검사는 당사자들이 처벌되어야 할 것인가 그리고 어떻게 처벌되어야 할 것인가 하는 문제에 관심을 갖는다. 그러나, 관계 당사자의 변호사는 당사자의 일방이 상대방에 대하여 어떠한 내용의 손해배상을 청구할 수 있을 것인가 하는 문제에 관심을 갖게 된다. 그러므로 법적 사고는 찾고자 하는 법적 효과(즉, 형벌, 손해배상청구권)를 지시하는 한 개 또는 수개의 법 규정을 찾아내는 것으로부터 시작한다. 따라서 문제의 해

> 결은 형사상의 한 개 또는 수개의 구성요건 또는 민사상의 한 개 또는 수개의 손해배상 요건들이 갖추어져 있느냐 하는 것을 검토하는 것이 본질적 내용이 될 것이다.
>
> 일반적으로 말하면, 법 규범의 기본 유형은 하나의 추상적 구성요건(T)에 하나의 법적 효과(R)를 결부시키는 형식을 취한다. 구체적으로 각자는 법적 효과(R)의 발생에 관심을 가지므로 그 효과를 발생시키는 법률상의 구성요건(T)이 실현되었는가를 검토하여야 한다. 이와 같은 구성요건은 다시 여러 개의 개별적인 구성요건 요소(t1+t2+t3……)로 이루어지므로 그 요소의 실현이 순서적으로 검토되어야 한다. 즉, 모든 요소가 충족되면 법적 효과가 발생된다. 그러나 구성요건 요소 중의 어느 하나라도 구비되지 않으면 법적 효과는 발생되지 않는다.[3]

법률 규정을 실제 분쟁에 적용하기 위해서는 그 규정의 구성요건을 해석해야 한다. 이 작업을 위해 법조인은 먼저 그 구성요건을 의미를 지니는 요소, 즉 구성요건 요소로 분해한다. 앞에서 본 「민법」 제750조는 다음 표의 기재와 같은 요소들로 분해할 수 있다.

이후 법조인은 사실관계와 그 구성요건이 일응 서로 부합하는지를 조사한다. 이 작업을 위해서는 해당 분쟁의 사실관계도 분해한 후, 그 사실관계의 개별 요소들과 그와 관련된 구성요건 요소를 서로 비교해야 한다.[4] 앞서의 예시 사례를 가지고서 그 작업 과정을 설명하면 다음 표의 기재와 같다.

이 작업을 하면서 법조인은 대부분의 사실관계 요소에 대해서는 구성

3 라인홀트 치펠리우스, 앞의 책, 51-52면.

4 사실관계 요소가 구성요건 요소를 실질적으로 충족하는지 여부는 뒤에서 다시 검토해야 한다.

구분	구성요건 요소	사실관계 요소
누가, 주체	어떤 사람이	甲이
목적물, 보호법익	재산(권)을(에)	소유권
대상	타인의	乙의
위법성	위법하게	甲은 그러한 행위를 하면 안 된다.
책임	고의 또는 과실로	甲은 그러한 행위를 인식할 수 있었고 그러한 행위를 회피할 수 있었다.
침해행위	손해를 가하다.	乙의 블라우스를 더럽혀서 세탁비 20,000원을 지출하게 했다.

요건 요소 적용 여부를 판단하는 것이 어렵지 않지만, 특정한 구성요건 요소와 관련해서는 그 판단이 힘들거나 그 적용 여부가 분쟁을 해결하는 데 중요한 기준이라는 점을 발견한다. 이것이 법조인이 해당 법률문제를 해결할 때 집중해야 할 쟁점이다. 이를 해결하기 위해서는 법률 규정에서 표시한 구성요건 요소가 무엇을 의미하는지를 해석해야 한다. 법률문제의 해결 과정에서 법조문을 곧바로 구체적 사실관계에 적용하여 결론을 도출해낼 수 있는 경우는 흔하지 않다. 특히 시험 문제의 경우에는 그런 예가 없다고 생각해야 한다. 예시 사례에서는 법조문인 「민법」 제750조가 규정하고 있는 '과실'과 '위법성'의 의미가 무엇인지를 이해할 필요가 있다.[5]

법률의 해석이란 법률 규정의 문언의 의미를 발견 또는 확인하는 과정이다. 일반적으로, 구성요건 요소를 해석하기 위해서는 '① 보충규범의 적용 → ② 확립된 해석의 적용 → ③ 스스로의 해석' 단계를 거치게 된다. 「민법」 제750조의 규정만을 보고서는 '과실'이라는 개념의 의미를 바로 알 수 없다. 따라서 이를 사용하고 있는 「민법」 제391조의 '이행보조자의 고

5 윤지현, 앞의 글, 322면.

의·과실'의 의미를 보충규범으로써 제750조의 고의·과실의 의미를 발견하는 데 이용할 수 있다. 그런데 이 조문에서도 '과실'의 의미를 알 수 없다. 그런데 과실의 의미를 직접적으로 밝히고 있지는 않지만, 무상임치인無償任置人에 관한 「민법」 제695조의 "임치물을 자기 재산과 동일한 주의로 보관하여야 한다."라는 규정과, 친권자의 주의 의무에 관한 제922조의 "친권자가 그 자에 대한 법률행위의 대리권 또는 재산관리권을 행사함에는 자기의 재산에 관한 행위와 동일한 주의를 하여야 한다."라는 규정을 종합하면, 행위자의 지위 등에 비추어보아 신의칙상 또는 거래상 일반적으로 요구되는 주의 의무가 있다는 것을 알 수 있고, 이 주의 의무를 게을리하여 결과를 인식하지 못했다면 이를 과실이라고 추단할 수 있다. 이것이 ① 단계이다. 그러나 제750조의 '위법행위로'라는 표지에 관해서는 다른 법조문에서 설명하고 있지 않다. 결국 이에 대해서는 위법성의 표지에 관한 확립된 해석(② 단계)을 적용할 수 있다. 그리고 대부분의 판례와 학설의 공통된 입장에 의하면, 위법성조각사유, 즉 정당화사유가 없으면 위법하다고 한다는 점을 알 수 있다. 이것을 예시 사례의 사실관계에 따라 다시 정리하면 다음과 같다.

- 누가(어떤 사람이)
- 재산을
- 타인의
- 정당화사유(위법성조각사유) 없이
- 행위자의 계급·지위 등에 비추어 신의칙상 또는 거래상 일반적으로 요구되는 주의 의무를 게을리하여 결과를 인식하지 못한 채
- 손해를 가했다.

3) 법의 적용: 구성요건의 적용

이렇게 문제의 소지가 있는 구성요건 요소들을 해석하고 난 다음에는 적용 단계가 남는다. 이것은 법률 규정(구성요건)이나 앞에서 확인한 법률 해석을 사실관계에 적용하는 것을 의미한다. 그런데 성문법 국가에서 법관은 모든 결정의 근거를 법률에서 찾아야 한다. 그리고 전통적인 삼단논법三段論法에 의하면 성문법의 구성요건은 대전제를 구성하고, 특정한 사실관계는 소전제에 해당한다. 결국 적용 단계에서는 사실관계가 법률을 충족하는지가 밝혀지게 된다. 앞서의 예시 사례를 가지고서 설명하면 다음과 같다.

- 대전제: 일상 거래에서 요구되는 주의 의무를 게을리하여 타인의 재산에 손해를 가했다.
- 소전제: 갑甲은 을乙과 대화를 나누던 중 주의를 게을리하여 커피를 을乙의 블라우스에 쏟아부어 세탁비 20,000원이 들게 했다.
- 결론: 따라서 갑甲의 행위는 「민법」 제750조의 구성요건을 충족한다.

4) 결론

이제 예시 사례에 대한 대답을 할 수 있다. 만약 갑甲이 「민법」 제750조의 구성요건을 충족했다는 점을 확인했다면, 제750조의 법률효과를 적용할 수 있다. 따라서 갑甲은 을乙에게 발생한 손해인 세탁비 20,000원을 배상해야 한다.

앞서의 설명 과정을 보면 알 수 있는 바와 같이, 결국 법률 적용 과정에서 중요한 것은 법적 평가의 대상이 되는 사실을 정하고 그 사안에 적용할 법을 찾아 해석하는 것이다.

> 법률을 전문으로 하지 않는 사람은 법 적용의 사고의 중점을 형식논리적 고려에서 찾고자 하며, 그 숙고의 핵심을 삼단논법에 두고 있다. 그에게 있어서는 법 규범은 대전제이며 사안은 소전제이고 그 사안에 대하여 규범적 법효과가 적용되는 確定은 결론이 된다. 그러나, 법학적 사고에 있어서 형식논리적 고려가 차지하는 비중이 과대평가되어서는 아니 된다. 법관의 보다 더 어려운 문제는 법 적용의 전제 […]가 되는 해당 법규와 평가의 대상으로서의 사안을 찾아내어 이의 한계를 긋거나 확정하는 일이다. 여기에 있어서도 Schopenhauer의 다음과 같은 말은 타당하다. 즉, "어려움과 위험을 겪는 것은 전제를 설정하는 데 있으며, 결론을 이끌어내는 데 있는 것은 아니다. 결론을 얻는 일은 필연적으로 그리고 저절로 이루어진다. 그러나 전제를 찾아낸다는 것은 어려운 일이며 이것은 논리적으로 해결될 문제가 아니다."[6]

3. 삼단논법 · IRAC

법조인들은 의견서나 소송서류를 쓸 때 일반적으로 앞서와 같은 접근방식을 택한다. 즉 쟁점issue을 파악한 후, 그에 적용할 법률적 근거rule를 찾고, 이를 관련 사실관계에 적용apply함으로써 그것이 법률상 요건을 충족하는지를 판단하고, 마지막으로 결론conclusion을 내리는 과정을 통해 법

---

6 라인홀트 치펠리우스, 앞의 책, 119면.

률문제를 해결한다. 일반적으로 이런 법리적 추론 과정을 약칭하여 삼단논법 또는 'IRAC'이라고 부른다. 이것은 실무 법조인이 사용하는 기본적 논증 방식이다.[7]

따라서 법조인이 되고자 하는 학생들은 로스쿨 재학 중 이 논증 기술에 익숙해져야 한다. 또한 이것은 답안지를 작성하는 단계와도 매우 유사하다. 로스쿨의 교내 시험이나 변호사시험에서는 학생들이 이 논증 과정을 제대로 수행하는지를 평가하기 위한 문제가 출제된다. 학생들은 그 시험에서 좋은 평가를 받기 위해서라도 앞서의 문제 해결 과정에 익숙해질 필요가 있다.[8]

7 Charles R. Calleros, 앞의 책, 103면.

8 Glanville Williams, 앞의 책, 143면.

5장

답안지의 작성

1. 학습의 필요성

로스쿨 학생들은 교내 시험 시간에 처음으로 법률문제를 만나게 된다. 법학을 전공하지 않은 학생들이 로스쿨에서 법학 시험을 준비하고 답안지를 작성하기는 쉽지 않다. 법학을 전공한 학생들도 그에 버금가는 어려움을 겪는다. 어떤 답안지가 좋은 평가를 받을 수 있을까? 여기에 대해 딱 떨어지는 대답을 하기는 어렵다. 문제를 출제하고 채점하는 사람마다 그 개인적인 선호가 다르기 때문이다. 그러나 한편으로 일반적인 기준이 있는 것도 사실이다. 여기에서는 그런 내용을 설명함으로써 학생들이 법학 관련 답안지를 작성하는 방법을 익히는 데 도움을 주고자 한다.

로스쿨 시험 문제를 잘 풀고 좋은 답안지를 작성하기 위해 노력하는 것은 실무에서의 법문서 작성 능력을 키우는 데 도움이 된다. 왜냐하면, 법조인이 법률문제에 부딪혔을 때 이를 해결하는 방식도 그와 거의 같기 때문이다. 즉 그것이 시험 문제든, 교수가 낸 과제든, 의뢰인의 질문이든, 소송 사건이든 그 성격과 무관하게 해결 방안은 일정한 순서에 따라 도출된다. 따라서 로스쿨 학생들이 답안지를 제대로 작성하는 연습을 하는 것은 매우 중요하다.

답안지 작성법을 배운다는 것은 단지 답안지를 실수 없이 작성하는 기술을 훈련하기 위한 것이 아니다. 그것은 자신이 알고 있는 법률 지식을 효과적으로 전달하고, 문제 해결에 도움이 되게 법을 이용하는 방법을 배우기 위한 것이다. 똑같은 법률 지식을 담고 있더라도 어떻게 구성하고 서술하느냐에 따라 그 법문서의 품격은 달라지고, 설득력도 차이가 난다. 학생들은 답안지 작성법을 배우는 이유를, 단기적으로는 자신의 점수를 높이기 위해서, 장기적으로는 향후 실무에서 쓸 법문서 작성법을 연습하기 위해서라고 이해해도 좋을 것이다.[1]

이 장에서는 법학 시험 문제의 유형을 살펴본 후 사례형 문제를 중심으로 답안지 작성법을 단계별로 설명한다.

2. 시험 문제의 유형과 답안지 작성 순서

1) 법학 시험 문제의 유형

로스쿨의 교내 시험이나 변호사시험에서 출제되는 문제 유형은 크게 사례형, 이론형 및 기록형 등으로 나눌 수 있으며, 유형마다 측정하고자 하는 바는 약간씩 다르다.[2]

1 송덕수, 앞의 책, 561-562면.

첫째, 사례형 문제란 학생들에게 일정한 사실관계(이는 법률적으로 가공된 것이다)를 제공하고 그에 관한 법률적 쟁점에 답할 것을 요구하는 문제 유형이다. 사례형 문제는 법학 지식의 습득 여부뿐만 아니라 그 지식을 구체적 사례에 적용하여 해결책을 낼 수 있는 능력을 갖추었는지도 측정하기 위한 것이다. 따라서 로스쿨 학생이 법조인다운 문제 해결 능력과 판단력을 갖추고 있는지를 평가하고자 할 때 적합한 시험 유형이다. 이 점에서 교내 시험이나 변호사시험에서 사례형 문제를 많이 채택하고 있다. 따라서 학생들은 사례형 문제에 익숙해져야 하고, 학과 공부와 별도로, 문제를 읽고 풀이하는 연습을 많이 해야 한다.

다음 예는 노동법 과목과 관련된 사례형 문제이다. 여기에서는 구 「파견근로자 보호 등에 관한 법률」 제6조 제3항의 적용 범위, 불법파견에도 이 조항이 적용될 수 있는지, 기간제 근로계약의 해지 사유 등이 문제되었다. 그런데 문제를 한두 번 읽는 것만으로 앞서의 사실관계에서 이러한 쟁점이 금방 추출되지는 않는다. 즉 사례형 문제를 풀기 위해서는 관련 법리에 관한 이해뿐만 아니라 그 문제를 읽는, 즉 문제 속의 힌트를 찾는 능력도 함께 갖추어야 한다. 둘 다 많은 연습이 필요한 영역이다.

사례형 문제의 예

1. 사실관계

피고 회사는 상시 근로자 300명을 고용하여 도시가스 소매업을 영위하는 회사이다.

원고는 2000. 1. 1. 근로자 파견업을 영위하는 A 회사에 입사하였고,

2 시험 유형에는 선택형 문제가 포함되지만, 여기에서 별도로 설명하지는 않는다.

A 회사는 피고 회사와 2000. 2. 1. 파견기간 1년의 근로자파견계약을 체결한 다음, 원고로 하여금 피고 회사에서 건물 청소원으로 근무하도록 하였다. 원고는 A 회사와의 파견계약이 종료하자 B 회사 소속으로 옮겨 피고 회사와 B 회사 사이의 2001. 2. 1.자 업무도급계약에 따라 피고 회사에서 종전 업무에 계속 종사하였다.

한편, 피고 회사는 B 회사의 부도로 위 업무도급계약을 유지할 수 없게 되자, 2003. 5. 1. 원고와 사이에 계약 기간 1년의 근로계약을 직접 체결하였고, 위 근로계약 기간이 만료할 즈음인 2004. 4. 30. 다시 종전과 동일한 내용의 근로계약을 체결하였다. 피고 회사는, 그 계약 기간이 종료하였다는 이유로, 2005. 4. 30. 원고에게 계약 해지 통보를 하였다.

원고가 피고 회사에 근무할 당시 작업 지시나 근태 관리, 근무평가 등은 피고 회사의 담당 팀장이 하였다. 이러한 근무 방식은 원고의 근무기간 동안 변화가 없었다. 그리고 원고의 급여는 A, B 회사가 지급하였고, 계약직으로 근무할 동안에는 피고 회사가 지급하였다.

한편, 피고 회사에는 계약직 근로자에 대하여 매년 근무평가를 한 후 하위 30%에 대하여 계약을 해지할 수 있다는 규정이 있고, 2005. 4. 30.까지 계약직 근로자를 정규직으로 전환한 사례는 없었다.

2. 질문 사항

(1) 구 「파견근로자 보호 등에 관한 법률」 제6조 제3항(“사용사업주가 2년을 초과하여 계속적으로 파견근로자를 사용하는 경우에는 2년의 기간이 만료된 날의 다음날부터 파견근로자를 고용한 것으로 본다. 다만, 당해 파견근로자가 명시적인 반대 의사를 표시하는 경우를 제외한다.”)이 원고에게 적용되는지?

(2) 원고에 대한 2005. 4. 30.자 계약 해지 통보와 관련하여, 원고가 어떤 법적 보호를 받을 수 있는지?

둘째, 이론형 문제는 학생에게 특정 주제나 쟁점을 제시한 후 그에 관한 법 이론을 적절히 표현할 것을 요구하는 문제 유형이다. 이론형 문제는 특정 주제에 관해 학생들이 관련 법률과 학설, 판례 등의 지식을 습득하고 있는지, 그리고 그것에 터 잡아 자신의 의견을 잘 설명하는지를 측정하기 위해 출제된다. 관련 쟁점에 관한 사실관계가 나타나는 사례형 문제와 달리 학생들은 특정 주제에 관한 세부 쟁점을 스스로 파악하고 기억해야 한다. 따라서 출제된 문제에 관한 지식이 부족할 경우, 답안지에서 그 사실이 확연하게 드러난다. 주로 교내 시험에서 학생들이 그 교과목에서 요구하는 정도의 기본 지식을 정확히 습득했는지를 평가하기 위해 출제되곤 한다.

이론형 문제의 예 1

- 절도죄에 있어서 불법영득 의사의 객체.
- 강도가 준강도죄의 주체가 될 수 있는가?
- 공무집행방해죄에 있어서 '직무집행의 적법성'에 관하여 논하라.

이론형 문제는 간단한 사례가 적시된 채 출제되기도 한다. 이 경우에도 출제 의도는 관련 사례에 대한 법리적 지식 및 이해도를 측정하기 위한 것이다.

이론형 문제의 예 2

- '타인의 신용카드 또는 현금카드를 이용하여, 현금자동지급기에 비밀번호를 입력한 후 그 지급기로부터 현금을 인출하는 행위'를 컴퓨터등사용사기죄로 처벌할 수 있는가?

셋째, 변호사시험에는 기록형 문제가 출제된다. 법학전문대학원 제도가 실무 법조인을 양성하는 과정이라는 점을 고려하여, 「변호사시험법」 제8조 제1항은 변호사시험의 논술형 문제에서 로스쿨 졸업생의 실무 능력을 평가할 것을 규정하고 있기 때문이다. 기록형 문제에서는 학생의 법리적 지식뿐만 아니라 소송서류로부터 사실관계 및 법률적 쟁점을 추출·선택하는 능력을 가지고 있는지를 측정하고 소송서류 작성 능력을 평가한다.

따라서 학생들은 로스쿨 재학 중에 실체법적 법리와 절차법적 법리가 연결되는 사례나 판례를 의식적으로 연습하고, 소송자료 및 증거로부터 사실관계 및 법리적인 쟁점을 추출하는 훈련을 해야 한다. 예컨대 등기부등본을 보고 그 소유관계나 저당권자를 파악하는 연습, 계약서를 읽고서 당사자들의 권리의무 관계를 확정하는 연습, 혹은 피의자신문조서의 기재를 보고서 그 범행 당시의 사실관계를 구성한다든지, 증인신문조서나 진술서 등의 기재를 보고서 법리적 쟁점이 포함된 사실관계를 가공하는 연습 등이 필요하다.

학생들로서는 기록형 문제가 다소 까다롭게 느껴질 수도 있으나, 기록형 문제의 특성상 출제할 수 있는 범위가 한정된다는 점, 관련 쟁점이 기록에 나타나 있어 쟁점을 파악하기 쉽다는 점에서는 응시자에게 유리하다.[3]

---

3 변호사시험의 논술형 문제 출제 방향과 관련해서 법무부의 '시험과목별 문제유형 연구위원회'는 실무능력 평가라는 기본 원칙에 입각하여 다음 네 가지 정도를 그 출제 범위에서 배제하기로 논의한 바 있다고 한다. ① 법률문제 해결에 활용되지 않는 학설상 논의, ② 단순한 판례 암기형 문제, ③ 실무 입문자들이 현재 굳이 알 필요가 없는 내용들, ④ 빈번하게 발생하지 않는 사례. 그런데 이러한 출제 원칙에 따르고, 실체법과 절차법적 쟁점이 통합된 문제를 출제하려고 하면 그 출제 범위가 제한될 수밖에 없다고 한다(신동룡, "법학전문대학원 교과과정에 대한 연구", 『법학연구』 제21권 제2호, 연세대학교 법학연구원, 2011, 182-183면 및 187면).

2) 답안지 작성 순서

일반적으로 답안지의 작성 순서는 앞서의 법률문제의 해결 순서와 유사하게, IRAC의 4단계로 구분할 수 있다. 쟁점이 다양하거나 사실관계가 복잡할 경우 구체적인 기술 방식이 달라질 수는 있지만, 큰 틀에서 볼 때 답안지는 이런 단계를 거쳐 작성된다.

답안지의 서론에서 하는 작업은 법률문제의 해결 단계 중에서 구성요건을 찾고, 사실관계 요소와 구성요건 요소를 일응 분해하고 비교하는 작업과 대응한다. 이후 법률적 근거를 찾는 작업은 구성요건을 본격적으로 해석하는 작업과 대응하고, 법률적 근거를 출제 사례에 적용하는 것은 법의 적용 단계와 대응한다.

물론 답안지를 실제 작성하는 학생들이 이 작성 순서 혹은 이 책에서 설명하는 방식을 엄격하게 따라야 하는 것은 아니다. 궁극적으로 답안지의 작성은 학생들의 재량에 맡겨져 있고, 그것은 채점하는 사람이 이해하기 쉬운 방식이면 충분하다. 이 책에서 소개하는 답안지 작성 방법 역시 법학 답안지에 익숙하지 않은 학생들에게 그 일반적 방식을 소개하는 것에 불과하다. 법학 답안지를 작성하는 작업에 어느 정도 익숙해진 학생들은 나름대로의 스타일을 발전시키는 것이 바람직하다. 실제로 좋은 평가를 받은 글은 글쓴이 나름의 스타일이 드러나 있는 것이다.[4]

다음에서는 이 순서에 따라 사례형 문제 중심으로, 어떻게 답안지를 작성하는지를 설명하도록 하겠다. 이론형 문제와 관련하여 특별히 주의해야 할 점은 따로 설명하겠다.

---

4 Charles R. Calleros, 앞의 책, 104면.

3. 쟁점의 파악과 글의 설계

1) 첫인상으로서 서론

답안지를 작성하기 위해서는 그 문제의 쟁점을 파악해야 한다. 여기서 쟁점이란 특정한 법적 근거 또는 법의 적용과 관련된 논쟁적인 질문을 뜻한다. 흔히 시험 문제는 관련 사실관계 및 그에 대한 일반적인 질문으로 이루어진다. 예컨대 '갑甲의 책임에 관해 논하라'든지 '갑甲의 죄책을 논하라'는 내용밖에 없기 때문에, 질문 내용만으로 쟁점을 파악하는 것은 거의 불가능하다. 따라서 학생들은 문제지에 나타난 사실관계를 분석하여 구체적인 쟁점을 추론해내야 한다. 이를 위해서는 먼저 문제지에 기재된 사실관계 및 질문 내용을 전체적으로 읽은 후, 다시 질문 사항과 관련하여 사실관계를 꼼꼼하게 분석하는 것이 쟁점을 파악하고 시간을 절약하는 데 도움이 된다.[5]

답안지의 앞부분에서는 자신의 주장 및 근거되는 권리나 논거의 서술방향 등을 간략하게 나타내야 한다. 이 작업을 통해 학생은 간결하면서도 적정한 답안을 작성할 준비를 한다. 채점자 역시 답안을 작성한 학생이 관련 논점들과 답안의 모습을 전체적으로 조망하고 있다는 인상을 갖는다.

좋은 점수를 얻기 위해서는 답안지의 첫인상이 중요하다. 영화를 볼 때를 생각해보자. 우리는 처음 5분간, 즉 영화의 제목이 나타나는 때부터 최초 5분 동안 그 영화에 대한 판단을 한다. 그때 지루하면 그 이후 100분 내외의 전체 분량은 지루한 것이 되고, 우리들은 그 영화가 빨리 끝나기만을

5 Charles R. Calleros, 앞의 책, 86면, 104-105면; Norman Brand & John O. White, 앞의 책, 44면.

기다린다. 서론을 잘못 작성한 답안지를 읽는 교수들도 마찬가지이다. 재미없는 영화를 싫어하는 학생이라면, 그리고 그런 영화를 보고 나서 다른 사람에게 그 영화를 만든 감독과 제작자, 배우들을 비난하는 사람이라면, 자신의 답안지와 글이 그렇게 되지 않도록 주의해야 한다.

2) 주쟁점 및 세부 쟁점의 파악과 취사선택

가. 구성요건의 파악(법률의 발견)

소송을 제기하려는 변호사는 먼저 자신의 청구를 뒷받침하는 권리를 특정해야 한다.[6] 이것을 위해 변호사는 해당 사례에 적용할 수 있는 법 영역을 단계적으로 찾아 들어가 그 사례와 얻고자 하는 법률효과를 하나하나 비교 검토하는 작업을 한다. 예컨대 먼저 대략적인 분류를 하고(私法, 公法), 이 분류로부터 다시 그다음 단계의 분류(민법, 상법과 경제법, 그다음에 채권법, 물권법, 가족법)로 넘어가서 드디어 해당되는 법 영역에서 얻고자 하는 법률효과가 도출될 수 있는 구성요건을 점검하게 되는 것이다. 답안지의 앞에 나와야 하는 내용도 이와 같다. 즉 답안지 작성은 문제에 적용될 법률 조문을 찾는 것으로부터 시작한다. 다행스럽게도 로스쿨 학생들은 앞에서 설명한 단계들 중 해당되는 법 영역을 찾아가는 앞의 과정을 거치지 않아도 된다. 왜냐하면, 그 시험을 치르는 과목이 바로 학생들이 구성요건을 찾아야 하는 법률 영역이기 때문이다.[7]

그렇다면 문제에 적용할 구성요건은 어떤 방법으로 찾을까? 여기에는

---

6 예컨대 어떤 사고로 사람이 다친 경우에 관련 손해배상 소송을 맡은 변호사는 배상액을 특정해야 할 뿐만 아니라 그 배상을 요구하는 근거가 불법행위에 기한 손해배상 청구권인지 아니면 채무불이행에 기한 손해배상 청구권인지 여부 등을 밝혀야 한다.

7 라인홀트 치펠리우스, 앞의 책, 121-122면; Glanville Williams, 앞의 책, 164면.

많은 연습이 필요하다. 학생들은 판례, 교재, 수업 중 교수의 설명 등을 참고해 다양한 문제 상황을 접하고 연습해야 한다.[8]

> 개개의 사건의 해결은 그 사건에 적합한 것으로 생각되는 규범, 다시 말하면 현안의 사건에 그 규범이 진정으로 해당되는 그러한 규범들을 찾아내는 작업으로부터 시작된다. 다른 관점에서 고찰한다면 구체적인 사건 […]을 일정한 규범의 적용례로서 인식하는 것이 문제가 된다. 整序[정서] 능력 […], 다시 말하면 바르게 연상할 수 있는 재능, 즉 해당 법규범을 的中[적중]하여 포착하는 것은 이미 Kant가 언급했듯이 가르쳐서 되는 것이 아니라 연습을 통해서만 개발될 수 있는 天稟[천품]의 판단력이다. 그것은—우리가 꼭 그 근거를 설명하려 한다면—훌륭한 법률가가 되는 것은 단순한 수업을 통해서가 아니라 반드시 부수되어야 할 실습, 다시 말하면 판단력의 연습을 통해서만 가능하다는 철학적 근거가 될 것이다.
>
> 그런데 이와 같은 整序 능력은 두 개의 방향으로 그 효력을 발전시켜 가고 있다. 이러한 整序 능력은 일면에 있어서는 많은 법 규범들로부터 바로 '해당되는' 법 규범들을 이끌어낼 뿐만 아니라, 타면에 있어서는 그 수많은 구체적 사실관계들로부터 '법적으로 중요한' […] 사실들을 선택하게 하고 기타의 사실을 배제 […]함으로써 법률가에게 관심 있는 바로 그 사건 […]을 드러내도록 해주는 것이다.[9]

---

8 본문에서 인용한 글은, 과장된 표현이 있긴 하지만, 구성요건과 쟁점을 찾는 기술의 중요성 그리고 연습의 필요성을 강조한 것으로 이해할 수 있다. 대부분의 법학 교재와 교수들은 사안으로부터 쟁점을 추출하는 방법을 설명함으로써 학생들이 이를 연습하는 기회를 갖도록 노력한다.

9 라인홀트 치펠리우스, 앞의 책, 123-124면.

어떤 사례에 적용할 수 있는 구성요건이 여럿인 경우에는[10] 적용 가능한 구성요건들에 관한 내용을 모두 서술해야 한다. 이때에는 답안지에서 그 쟁점들을 구분해 설명함으로써 채점자의 이해를 도와야 한다. 또한 문제 자체에서 명백한 상황 설정이나 조건을 제시하지 않고 있을 때에는 경우의 수를 나누어 답안을 기재해야 한다.[11] 다만, 뒤에서 설명하는 바와 같이 어떤 경우에도 사실 문제에 휘말려 법리적 쟁점을 놓치는 일은 없어야 한다.

나. 세부 쟁점의 파악 및 취사선택

문제에 적용할 구성요건(법률 조문)이나 근거되는 권리를 파악한 것만으로 답안지를 작성할 수는 없고, 세부 쟁점을 찾아야 한다. 소송을 예로 들어 설명해보겠다. 손해배상 소송에서 변호사는 상대방에게 불법행위 책임이 있다는 점을 증명해야 한다. 그런데 실제 재판에서 법원은 소송당사자 사이에 다툼이 없는 내용에 관해서는 일반적인 검토만을 할 따름이다. 재판에서 소송당사자들이 치열하게 다투고 법원이 주의 깊게 검토하는 것은 구성요건 요소 중에서 특히 그 사건에서 다투어지는 부분에 국한된다. 답안을 작성하는 경우도 마찬가지이다. 특히 사례형 문제에서는 포괄적 내용보다는 특정한 구성요건 요소나 세부 쟁점을 중요하게 다루어야 하는 경우가 많다. 따라서 답안지를 작성할 때에도 다툼이 있는 세부 쟁점에 집중할 필요가 있다. 이를 위해서는 문제 검토 과정에서 특히 다퉈지는 구성요건 요소 및 세부 쟁점을 파악하기 위해 노력해야 한다. 그리고 이러한 노력을 했다는 점이 답안지의 앞부분에 나타나야 한다.

사례형 문제를 처음 대할 때에는 문제를 주의 깊게 읽고 그와 관련된 쟁

10 예컨대 손해배상 책임을 묻는 경우, 불법행위와 채무불이행 책임 모두에 기초할 수 있다.

11 이것은 김희수 변호사가 답안지 작성 방법을 설명한 것이다.

점을 생각하는 시간을 가져야 한다. 이런 과정을 거치면서 학생들은 문제지에 적힌 각 문장이 내포하는 의미를 되새기고, 그것으로부터 도출될 수 있는 쟁점들을 상상하고, 자신의 답안지를 구상한다. 물론 이를 통해 도출된 모든 쟁점에 관한 설명을 답안지에 담지는 않는다. 학생들은 그 문제로부터 도출될 수 있는 쟁점들 중, 답안지에 써야 할(써야 할 가치가 있는) 일부에 대해서만 설명하는 경우가 대부분이다. 그 취사선택 과정은 답안지에 나타나야 한다. 만약 관련성이 있는 것처럼 보이는 어떤 쟁점에 관해 설명하지 않겠다고 결심했다면, 그 이유를 간단하게라도 서론 부분에 기재해야 한다. 이렇게 하면 채점자는 그 학생이 해당 문제로부터 관련되는 쟁점을 이끌어낼 만큼 충실히 공부했을 뿐만 아니라 세밀한 검토가 필요 없는 부분을 선택하는 능력도 갖추었다고 느끼게 된다.[12]

> 한편 B의 불법행위 책임을 논의하면서 제750조의 요건 중 책임 능력 외에는 그 구비가 명백하다고 하여 기술하지 않은 답안도 많았는데 이것도 부적당하다. 명백하다고 하여도 어떻게 명백한지 설명해주었어야 한다. 채점자는 모든 수험생이 아무것도 모르고 있다는 데서 출발하여 쓰여진 내용에 대하여만 알고 있다고 보고 그에 대하여 평가한다. 따라서 그 '당연하다는 것'에 관하여서도 자세히 쓰여진 답안과 그렇지 않은 답안은 득점에서 크게 차이를 보일 수밖에 없다.[13]

이렇게 함으로써 학생은 문제에서 도출되는 쟁점들을 확인하고 각 쟁점마다 적정한 시간을 안배할 수 있다. 답안지의 서두에서 쟁점들을 확인

12 Stacie I. Strong, 앞의 책, 41면.

13 송덕수, 앞의 책, 553면.

함으로써 학생은 중요한 쟁점에 적정한 시간을 배분하고, 사소한 쟁점에 지나치게 많은 시간을 안배하는 것을 피할 수 있다. 실제로 답안지 작성 과정에서 많은 학생은 사소한 쟁점임에도 불구하고, 단지 자신이 그 쟁점에 관해 많이 알고 있다는 점에 집착하여 지나치게 많은 시간을 들이곤 한다. 그러나 모든 문제에는 상대적으로 중요한 쟁점과 중요하지 않은 쟁점이 있다. 중요한 쟁점에는 많은 시간을 들여야 하고, 그렇지 않은 것에는 적은 시간을 들여야 한다. 서론에서 쟁점을 정리하는 것은 이러한 시간 안배에 도움을 준다.[14]

다. 주의할 점

쟁점을 정확하게 파악하는 과정은 매우 중요하다. 문제를 접했을 때 설령 그것이 전혀 예상하지 못한 것이더라도 당황해서는 안 된다. 학생들은 시험 문제지를 다 읽었는데도 전혀 쟁점이 떠오르지 않는 경험을 하게 된다. 그러나 전혀 공부를 하지 않은 경우가 아닌 한, 자신이 문제로부터 쟁점을 찾을 수 없고 무엇을 적어야 할지 떠오르지 않는다 하더라도, 시험을 포기해서는 안 된다. 사실, 그 시간에 같은 장소에 있는 학생들 대부분이 비슷한 경험을 하고 있을 가능성도 많다. 이런 경우에는 다른 각도에서 문제지를 처음부터 다시 읽거나 그 수업 시간에 다룬 주제 혹은 교수의 설명 등을 생각하며 문제를 읽으면서 쟁점을 발견하려고 노력해야 한다. 문제지를 읽으면서 자신의 머릿속에 떠오르는 여러 법률이나 쟁점들을 일단 메모하는 것도 한 방법이다. 그 가운데에서 어떤 것은 전혀 법률적 쟁점과 관련 없는 것이거나 답안지에 적어서는 안 되는 것일 수도 있지만, 이 방법이 학생의 무의식 속에 있던 법리적 쟁점을 밖으로 끄집어내는 데 도움이

14 송덕수, 앞의 책, 559면.

되기도 한다.[15]

잘 아는 문제가 나온 경우에도 성급하게 쟁점을 정리해서는 안 된다. 선입견을 버리고 세심하게 주의를 기울여 문제를 읽어야 한다. 학생들이 문제의 쟁점을 잘못 파악하게 되는 경우 중 대부분은 의식적으로 혹은 무의식적으로 선입견을 갖고 있는 때이다. 예컨대 예상 문제를 정해 공부를 했는데 그와 비슷한 문제가 나왔을 때 이런 함정에 빠지게 된다. 냉정하게 그리고 천천히 한 번 더 문제를 살펴보고, 도출될 수 있는 모든 쟁점을 예상한 후 자신의 답안지를 작성해야 한다.[16]

문제를 읽을 때는 사실관계에서의 쟁점과 법리적 쟁점을 구별해야 한다. 로스쿨 학생은 법리적 쟁점에만 대답하면 되고, 사실관계 자체에 관한 쟁점에 답할 필요성은 거의 없다.[17] 예컨대 시험 답안지를 작성할 때 로스쿨 학생은 사실관계에 관한 쟁점, 즉 증거 부족으로 인해 그 사실을 증명할 수 없을 때 어떻게 할 것인지 등에 관해 관심을 기울이지 않아도 된다. 그리고 시험 문제지에 기재된 것과 반대되는 사실에 대해 고민할 필요도 없다. 이는 사례형 문제를 풀 때 특히 그러하다. 다만, 기록형 문제의 경우에는 증거 법칙 등의 적용 여부에 의해 사실관계의 인정 여부가 다투어질 수 있다.[18]

문제를 읽은 후 쟁점을 도출할 때에는 창조적이고 넓게 고민해야 한다. 서론에는 작성자의 그와 같은 고민과 사고 과정·결과가 드러나야 한다. 법문서 작업에서 중요한 것은 생각하는 것이다. 쟁점과 그 해결 방법을 생

15 Charles R. Calleros, 앞의 책, 85면; Norman Brand & John O. White, 앞의 책, 45면.

16 송덕수, 앞의 책, 558면.

17 실제 법조인으로서 일을 할 때에는 사실관계의 확정 여부가 중요한 쟁점이 되는 경우가 많다. 이와 관련하여 실무에서는 증거의 신청, 증거력의 보강, 상대방 증거에 대한 탄핵 방법 등이 주요한 관심사이기도 하다.

18 Glanville Williams, 앞의 책, 144면.

예상 문제가 나왔어도 문제를 다시 읽자

예컨대 여러 사람이 범죄 실행 전 단계에서부터 범죄에 관여한 사실관계가 나온 후, 그 범죄에 적용될 수 있는 '공범 유형'이 무엇인지를 묻는 문제가 나왔다고 생각해보자. 이때 그와 비슷한 판례를 잘 알고 있는 학생은 그것이 방조범에 관련된 것이라는 점을 쉽게 알아챌 것이다. 그리고 서론에서 그 점을 지적한 후 곧바로 자신이 공부한 내용을 자신 있게 기재할 것이다. 그러나 이렇게 서론을 작성하면 안 된다. 왜냐하면, 「형법」 제3절은 '공범'이라는 제목 아래 방조범과 교사범과 같은 '협의의 공범'뿐만 아니라 공동정범, 간접정범 등 이른바 정범 유형에 속할 수도 있는 내용을 규정하고 있기 때문이다. 즉 이 문제에 대해서는 공동정범이나 간접정범에 해당하는지 여부도 함께 따져보아야 한다. 특히 우리 「형법」에는 공모공동정범이라는 독특한 판례 법리도 있기 때문에 공모공동정범이 인정되는 경우와 방조범이 인정되는 경우와의 구별이 중요한 쟁점이므로 더욱 그러하다. 아는 문제가 나왔을 때, 더 조심스럽게 법률을 다시 읽고 고민해야 한다.

각하는 데 시간을 써야 한다. 좋은 점수를 받는 답안지는 쟁점과 관련된 법률적 자료가 적절한 논증 과정을 통해 간결하게 표현된 것이라는 점을 잊어서는 안 된다.[19]

쟁점을 파악한 이후에는 답안의 방향과 개략적인 내용을 구상해야 한다. 주요 쟁점 및 세부 쟁점을 파악하고 그 목차와 핵심어 정도를 메모했다면, 그 단계에서 일단 멈추고 한 번 더 문제를 살펴보아야 한다. 시험을 치를 때 대부분의 학생은 시간과 관련하여 심한 압박감에 시달린다. 이런 점

19 Charles R. Calleros, 앞의 책, 91면.

넓게 고민하자

「형법」상 공무집행방해죄에서 '직무집행의 적법성'에 관한 문제가 출제된 경우를 가정해보자. 이것이 문제되는 것은 「형법」 제136조 제1항이 "직무를 집행하는 공무원에 대하여 폭행 또는 협박한 자는 5년 이하의 징역 또는 1천만 원 이하의 벌금에 처한다."라고 규정하고 있을 뿐, 그 직무집행의 적법성을 구성요건으로 명시하고 있지 않기 때문이다. 즉 그럼에도 위법한 공무까지 보호할 필요가 있는지에 의문이 생기게 된다. 출제자는 그 점 때문에 이 문제를 출제하겠다는 생각을 했을 것이다. 따라서 이 문제에 관한 답안의 앞부분에 그런 취지의 내용이 기재되어야 한다. 예컨대 "공무집행방해죄를 규정하는 「형법」 제136조 제1항은 직무의 적법성을 요건으로 하는 문구를 두고 있지 않다. 따라서 직무행위의 적법성이 공무집행방해죄의 성립을 위해 요구되는 것인지, 즉 '직무집행의 적법성의 요부'에 대해 살펴보아야 한다." 라고 기재하면, 채점자는 그 학생이 출제 의도를 정확히 파악하고 있다는 인상을 가지게 된다. 이렇게 하기 위해서는 쟁점을 넓게 고민해야 한다. 즉 이 문제에서 「형법」 제136조의 "직무를 집행하는 공무원"이란 문언에는 위법한 직무를 집행하는 공무원이 포함될 수도 있다는 생각을 하면 출제자의 의도를 쉽게 파악할 수 있다.

때문에 어떤 학생들은 문제의 쟁점을 파악하자마자 답안지 작성을 시작하곤 한다. 그러나 좋은 답안지를 작성하기 위해서는 약간의 재검토가 반드시 필요하다. 따라서 목차 혹은 답안지 전체의 틀에 대한 메모를 마친 후에는 한 번 더 문제를 검토하는 작업을 하는 것이 좋다. 이때에는 자신이 정말 그 문제가 요구하는 대답을 하고 있는지, 다른 쟁점이 있는지 등을 다시 검토해야 한다. 그 쟁점들에 관한 내용을 자신이 채울 수 있는지도 생각해

볼 필요가 있다. 이렇게 자신이 작성할 답안지의 로드맵을 만든 후 답안지를 작성함으로써, 학생들은 시간에 쫓겨 답안지를 작성하면서 흔히 저지르는 실수(예컨대 쟁점을 놓치거나 필요한 법리에 관한 설명을 누락하는 것 등)를 피할 수 있다. 이러한 구상을 끝낸 후 답안을 쓰기 시작하면 그때부터는 거의 쉬지 않고 써야 한다.[20]

3) 서론의 기재 방법

시험에서 좋은 점수를 얻기 위해서는 단순하면서도 쟁점에 관해 집중적인 논의가 표현된 답안지를 작성해야 한다. 답안지는 간결하면서도 정밀하고, 힘을 지닌 글이어야 한다.[21] 이런 글을 작성하기 위해서는 법률, 판례, 교재 등 법학에 관한 넓고 깊이 있는 이해와 지식이 있어야 한다. 이것은 답안지의 본론 부분에서 충분히 드러나야 하는 것이다. 그런데 이러한 내용을 잘 표현하기 위해서는, 그리고 문제가 요구하는 내용을 본론에서 충분히 논의하기 위해서는 해당 문제의 쟁점을 제대로 파악해야 한다. 그리고 그 점이 서론 부분에서 드러나야 좋은 점수를 받을 수 있다.

서론에서 학생은 자신이 파악한 문제의 쟁점을 간결하게 설명해야 한다. 어떤 학생들은 이것이 중요하지 않다고 생각하는 것 같다. 채점자가 문제의 결론과 쟁점을 잘 알고 있다고 생각하기 때문이다. 그래서 형식적으로 서론을 적은 후 곧바로 본론으로 들어가곤 한다. 그러나 자신의 답안

20 송덕수, 앞의 책, 559면; Charles R. Calleros, 앞의 책, 88-89면; Glanville Williams, 앞의 책, 182면; Norman Brand & John O. White, 앞의 책, 47면.

21 답안지에서 긴 문장을 쓰거나 수필처럼 장황하게 쓰는 것은 좋지 않다. 만약 부득이하게 문장이 길어지는 경우에는 쉼표 등을 이용해서 적절히 끊어 읽을 수 있도록 해야 한다. 그렇다고 하여 너무 간략하게 단답식으로만 쓰는 것은 논리적 전개 과정을 평가하고자 하는 출제 의도에 반하므로 그 역시 좋은 점수를 받을 수 없다.

출제자를 칭찬하자[22]

자신이 문제를 출제한다고 가정해보자. 문제를 출제하는 것은 매우 힘든 일이다. 그 분야에서 중요한 쟁점이 무엇인지, 그리고 학생들이 작성한 답안의 변별력을 어떻게 확보할 것인지, 특히 사례형이나 기록형 문제에서는 여러 쟁점과 사실관계를 어떻게 유기적으로 결합시킬 것인지도 함께 고민해야 한다. 서론에서는 그런 출제자의 노고를 칭찬하는 마음이 나타나야 한다. 겉으로 칭찬하라는 뜻이 아니다. 출제자가 의도한 논지와 쟁점을 잘 파악하라는 뜻이다. 학생이 출제자의 의도를 잘 파악하는 것이 결국 출제자를 칭찬하는 것이 되기 때문이다. 모든 사람이 똑같겠지만, 출제자 역시 자신의 생각을 다른 사람이 잘 이해해 줄 때 호의를 갖는다. 그리고 그 의도를 파악한 사람의 실력을 인정할 수밖에 없다. 그런 서론이 될 수 있으려면 문제를 주의 깊게 읽고 출제자의 의도를 정확하게 파악하려는 노력을 해야 한다.

에서 다루는 쟁점이 무엇인지를 간결하고도 적절하게 표현해야 할 책임은 필자筆者인 학생의 책임이다. 다만, 서론을 간결하게 쓰라는 것이 그림이나 도표로 쟁점을 표현하거나, 개조식個條式으로[23] 작성하라는 뜻은 아니다. 완전한 문장으로 쓰고, 자신이 답안지의 본문에서 다루고자 하는 쟁점들이 뚜렷하게 드러나야 한다. 그리고 간결하면서도 읽는 사람이 이해하기 쉽도록 써야 한다.[24]

서론에서는 사례의 사실관계를 간결하게 기재해야 한다. 채점자는 이

22 이것은 성균관대학교 법학전문대학원의 김홍영 교수가 서론의 올바른 작성 방법을 설명할 때 쓰는 표현이다.

23 글을 쓸 때 앞에 번호를 붙여가며 짧게 끊어서 중요한 요점이나 단어를 나열하는 방식.

24 Charles R. Calleros, 앞의 책, 91면; Stacie I. Strong, 앞의 책, 37면.

미 자신이 출제한 문제의 사실관계를 잘 알고 있으므로, 서론에서 다시 문제지의 사실관계를 기계적으로 옮겨 적을 필요는 없다. 서론에서 사실관계를 기재할 때에는 쟁점이나 본론과 관련된 내용을 간결하게 정리하는 것에 그쳐야 한다. 때때로 어떤 학생들은 서론에서 사실관계를 그대로 옮겨 적으면서 자신의 생각을 정리하고 쟁점을 파악하는 시간을 가지려고 하는데, 이는 좋지 않은 습관이다.[25]

서론에서는 본문에서 왜 그러한 내용을 기재하는지를 간결하게 써야 한다. 예컨대 사례와 관련된 것처럼 보이는 A, B, C 쟁점들 중에서 왜 A, B 쟁점만이 해당 문제와 관련된다고 보았는지, 그리고 그 A, B 쟁점을 해결하기 위해서는 세부적으로 어떤 점들을 살펴봐야 하고, 어떤 점에 관해 다툼이 있는지를 지적해야 한다. 따라서 서론에서는 논점을 구체적으로 기술해야 하며 추상적으로 적어서는 안 된다. 다만, 본문에서 얘기할 내용을 지나치게 자세하게 적어서는 안 되며, 어떤 것을 논의하겠다는 정도의 언급에 그쳐야 한다.[26]

예컨대 앞서의 「형법」상 공무집행방해죄에서 '직무집행의 적법성'에 관한 문제의 경우 "공무집행방해죄를 규정하는 「형법」 제136조 제1항은 직무의 적법성을 요건으로 하는 문구를 두고 있지 않다. 따라서 직무행위의 적법성이 공무집행방해죄의 성립을 위해 요구되는 것인지, 즉 '직무집행의 적법성의 요부'에 대해 살펴보아야 한다."라고 주요 쟁점을 설명한 후 "다음으로 직무집행의 적법성이 필요하다면, 적법하기 위한 요건을 검토해보아야 하고, 적법성의 판단은 어떠한 기준으로 할 것인지에 대한 견해 대립이 있으므로, 이에 대해서도 검토가 필요하다. 또, 직무집행의 적법성에 대

25 Charles R. Calleros, 앞의 책, 104면.

26 송덕수, 앞의 책, 561면.

한 착오와 관련하여 적법성의 체계적 지위에 대한 논의도 간단히 살펴보도록 하겠다."라고 기재하면 세부 쟁점까지 적절히 표시했다고 볼 수 있다. 뒤의 내용은 직무집행의 적법성이 필요한 경우에만 관련되는 사항이므로, 그 점을 명시해야 세부 쟁점에 대한 설명이 부드러워진다. 그리고 세부 쟁점을 기재하는 이유(견해 대립, 착오와의 관련성), 즉 왜 자신이 세부 쟁점을 살펴보는지를 설명함으로써 자신이 쟁점들을 정확히 파악하고 있다는 점을 드러낼 수 있다.

문제에서 요구하지 않거나 본문과 관련 없는 내용을 서론에 쓸 필요는 없다. 예컨대 불법행위 책임의 발생 여부가 문제된 사례와 관련하여, 서론에서 불법행위 책임에 관한 역사적 변천 과정을 기재할 필요는 없다. 변호사 중 누구도 불법행위 책임이 문제된 소송에서 이기기 위해 법정에서 불법행위 책임 이론의 변천 과정을 설명하지 않는 것과 같은 이치이다.[27]

서론 부분이 답안지에서 많은 양을 차지해서는 안 된다. 어떤 학생들은 서론에서 1페이지를 넘어서는 분량을 쓰기도 한다. 그런데 이것은 학생 자신이 답안지의 내용을 제대로 이해하지 못했다는 사정을 드러내는 것이다. 자신의 주장과 논거를 잘 이해하고 있는 사람은 그것을 간단하게 요약할 수 있다. 만약 서론에서 중언부언하고 있다면, 채점자는 그 학생이 문제의 출제 의도를 제대로 이해하지 못했다고 의심하게 된다. 따라서 학생들은 자신의 논점을 논리적이면서도 간결하게 표현하는 법을 익혀야 한다. 그러기 위해서는 문제의 쟁점에 주목하는 훈련을 해야 한다.

한편, 서론에 들어갈 내용을 꼭 답안지의 앞부분에 모두 써야 하는 것은 아니다. 예컨대 사례형 문제에서 A와 B 사이의 법률관계, A와 C 사이의 법률관계, B와 C 사이의 법률관계에 대해 각각 살펴보아야 하는 경우에는

27 Stacie I. Strong, 앞의 책, 46면.

답안지의 서론에서 전체적인 쟁점을 소개한 후 그 해당 부분을 시작할 때마다 "문제의 소재" 혹은 특별한 제목을 달지 않은 상태에서 그 아래 본론에 기재될 내용에 대해 간단히 소개해주는 것도 좋은 방법이다. 기억할 점은, 서론은 그 아래 본문에서 나올 내용을 소개하는 글이고, 그런 소개가 필요할 때에 작성하면 된다는 것이다.

다음 예시 답안을 읽어보고 서론의 작성 방법을 생각해보자.

이 기재례는, 앞에서 예시한, 불법파견에 구 「파견법」 제6조 제3항의 적용 여부를 묻는 사례형 문제에 대한 답안들의 서론 부분이다. 둘 다 그 파견근로 관계의 실질을 살펴봐야 한다는 점을 정확하게 지적하고 있고, 내용도 대동소이하다.[28]

• 서론 기재례 1 •

(1) 원고가 「파견근로자보호법」 제2조 제1항상의 "근로자파견"에 해당하는지 여부
 ① A회사 소속 당시(2000. 2. 1. ~ 2001. 1. 31.) 근로의 실질적 성격과 형식
 ② B회사 소속 당시(2001. 2. 1. ~ 2003. 4. 30.) 근로의 실질적 성격과 형식
(2) B회사 소속 당시 계약관계의 실질
(3) 불법파견에도 구 「파견법」 제6조 제3항 적용 여부
(4) 원고가 구 「파견법」상 피고 회사에서 2년을 초과하여 근무하였는지 여부

28 학생의 선호나 구체적 사안에 따라서는 법률 조문의 전체 내용을 인용하지 않고 주요 내용만 인용해도 무방하다.

• 서론 기재례 2 •

구 「파견법」 제6조 제3항은 "사용사업주가 2년을 초과하여 계속적으로 파견근로자를 사용하는 경우에는 2년의 기간이 만료된 날의 다음날부터 파견근로자를 고용한 것으로 본다. 다만, 당해 파견근로자가 명시적인 반대 의사를 표시한 경우를 제외한다."라고 규정하고 있는 바,[29] ① 사용사업주가 파견근로자를 사용하여야 하며(단, 이가 적법한 파견에 한정되는지 다툼이 있음), ② 2년을 초과하는 파견 기간을 그 적용 요건으로 한다.

따라서 문제 사례에 구 「파견법」 제6조 제3항이 적용되는지 살피기 위해서는 ① 우선 "2년을 초과하여" "파견"근로자로 사용하였음을 인정하기 위하여 피고 회사와 B회사 간 업무도급계약이 그 외관상 명칭에도 불구하고 실질적으로 도급이 아닌 파견계약에 해당하는지를 살피고, ② 구 「파견법」 제6조 제3항이 사례 사안과 같은 '불법파견'에도 적용될 수 있는지 보고, ③ 마지막으로 구 「파견법」 제6조 제3항 단서의 적용 여부, 즉 '직접고용 간주에 대한 근로자의 명시적 반대 의사'가 있는지 살펴야 한다.

그런데 기재례 1의 경우 문제의 쟁점은 제대로 파악했지만, 쟁점을 좀 더 구체적으로 표현했으면 더 좋은 답안이 될 수 있었겠다는 아쉬움이 있다. 한편, 기재례 2는 법 규정에 근거하여 쟁점을 추출했다는 느낌을 준다. 서론의 형식 역시 기재례 1보다는 문장으로 기재된 기재례 2가 좀 더 안정되어 있다는 느낌이다.

4. 법률적 논의

두 번째 및 세 번째 단계(법률적 논의 → 적용)는 답안지의 본론에 해당한다. 실제 답안지를 작성할 때 이 단계에 해당하는 부분은 주요 쟁점별로 구분해서 기재하는 경우가 대부분이다. 즉 시험 문제가 단순하고 한 쟁점에 관한 것이라면 그럴 필요가 없으나, 여러 당사자의 책임 관계를 묻거나 다수의 청구권 혹은 쟁점을 묻는 질문이라면, 각 당사자 혹은 청구권·쟁점별로 답안지의 본론 부분을 작성해야 한다.

여기에서는 두 번째 단계(법률적 논의)를 법적 근거의 '서술'과 '평가' 부분으로 나눠 살펴본다.

1) 법적 근거의 서술

가. 법적 근거의 필요성

법학은 학부에서 공부한 일반적인 전공과는 다르다. 법학은 실용 학문으로서의 특징과 학술적인 측면을 함께 가지고 있다. 이렇게 법학이 실용 학문으로서의 성격을 지니고 있기 때문에 법문서에는 법률적 근거가 필요하다. 이것이 다른 전공에서의 글쓰기와 다른 점이다. 법학 분야에서 글을 쓸 때에는 자신의 주장을 증명할 수 있는 관련 법률과 판례·학설 등 법적 근거를 적어야 한다.[29]

예컨대 형법 문제의 답안지에서 관련 법률을 언급하지 않고 관련자의 죄책을 논의할 수 없다. 만약 그렇게 한다면 그것은 죄형법정주의에 어긋나고, 그 답안지는 법문서로서 자격이 없다. 이는 다른 법 분야에서도 마찬

29 Stacie I. Strong, 앞의 책, 54면.

가지이다. 적용 법률이 없는 상태에서 어떤 사람의 책임이나 권리를 거론하는 것은 무의미하다. 로스쿨 학생은 모든 법적 논쟁이 법률과 연결된다는 점을 항상 기억해야 한다. 법적 근거에 기초하지 아니한 채 일반적인 상식에 기대어 답안지를 작성해서는 안 된다.

나. 법적 근거의 종류

법적 근거는 구속적 근거와 설득적 근거로 나눌 수 있다. 구속적 근거(구속력을 가진 법적 근거)로는 흔히 법률과 판례를 든다. 성문법 국가인 한국에서는 법률만이 구속력을 갖는다. 판례는 엄격한 의미에서 법원法源이라고 보기 어렵지만, 법원의 판단을 일정하게 구속한다는 점에서는 구속력을 지니고 있다고 볼 수 있다.[30]

어떤 문제를 접했을 때 학생들은 가장 먼저 관련되는 법률 조항을 찾아야 한다. 흔히 학생들은 법률을 마지막에 살펴보는 것으로 오해하곤 하는데, 법률은 가장 먼저 찾고 가장 먼저 검토해야 할 대상이다.[31] 그런데 앞에서 설명한 바와 같이 법률은 모든 사례에 그대로 적용할 수 있을 정도로 세밀하게 규정되어 있지 않다. 사실상 입법적 공백이 존재하는 경우도 있다. 이런 상황에서 판례는 법률이 구체적 상황에서 어떻게 적용되는지를 설명하고 입법적 공백을 보충하는 역할을 한다. 이 점 역시 판례에 제한적이나마 구속력이 있다고 말하는 근거가 된다.[32]

판례를 무작정 추종해서는 안 된다. 판례는 법 이론에 기반한 것이며 불

---

30 박경신·계승균·손종학·이인호·정연지, 앞의 책, 159면.

31 만약 문제의 핵심이 법률 규정에 존재하는 경우에는 답안지에서 정확하게, 예컨대 "「근로기준법」 제2조 제1항" 등과 같이 표기해야 한다. 법률 명칭을 적을 때 약자를 사용하는 것은 좋지 않은 표기 방법이다.

32 Stacie I. Strong, 앞의 책, 59면.

변의 진리가 아니다. 따라서 답안지에서 판례를 기술할 때에는 학설과 어떤 차이점이 있는지, 판례의 약점과 장점이 무엇인지 등을 고려해야 한다. 그리고 그 타당성 여부에 대해서도 살펴야 한다. 아무런 근거 없이 '판례의 태도가 옳다'고 평하는 것은 좋지 않은 태도이다. 채점자는 학생이 판례를 암기하기보다는 이해하기를 원한다.[33]

설득적 근거(설득력을 지닌 법적 근거)란 법원이나 입법자를 통제하지는 않지만 설득할 수 있는 근거나 일반 원칙들을 의미한다. 여기에는 정책론, 법률 문헌, 입법 자료, 외국의 입법례 등이 포함된다. 다음에서는 이 가운데에서 정책론과 법률 문헌에 대해 살펴보겠다. 『법정보조사』 교재에서는 이를 '무권해석(학리해석)'으로 분류하고 있다.[34]

첫째, 정책론 혹은 정책적 근거란 판례나 법률로부터가 아니라 윤리 혹은 특정한 가치로부터 추론되는 것을 말한다. '공익'이나 '경제적 관점'에서 자신의 주장을 뒷받침하는 것이 그 예이다. 정책론은 일반적인 상식에 호소한다. 따라서 법률이나 판례에 관한 지식이 부족하다고 느끼는 학생들은 정책론에 의존하고 싶다는 유혹에 빠지기 쉽다. 그런데 채점자도 그 점을 잘 알고 있기 때문에 정책론으로 채워진 답안지에 좋은 점수를 주지 않는다.[35]

정책론은 때때로 판결이나 법학 교재에 나타난다.[36] 이 때문에 학생들은 정책적 근거로서 자신의 주장을 뒷받침해도 된다고 오해하곤 한다. 그러나 '정책론'은 '법'이 아니다. 정책론은 입법자가 일정한 결론을 채택하는 이유로서 이용될 뿐이다. 그리고 특정한 결과를 이끌어내는 정책론은 그와 반대되는 결과를 이끌어내는 논의와 맞부딪힌다는 점을 주의해야 한

33 송덕수, 앞의 책, 554면.
34 박경신·계승균·손종학·이인호·정연지, 앞의 책, 102면.
35 Glanville Williams, 앞의 책, 149면; Stacie I. Strong, 앞의 책, 61면.
36 대법원 2007. 9. 21. 선고 2006다9446 판결, 2009. 10. 29. 선고 2008다82582 판결 참조.

다. 예컨대 「노동법」 관련 쟁점을 해결할 때, 어떤 학생이 답안지에서 자신의 결론을 뒷받침하기 위해 '그렇게 해야 근로자를 보호할 수 있다'는 취지의 정책적 의견을 기재했다고 가정해보자. 그 답안을 본 채점자는 왜 그런 사안에서 근로자를 보호해야 하고 기업을 보호하면 안 되는지, 관련 법률이 근로자를 보호하기 위해 제정된 것이라고 볼 수 있는지 등을 고민하게 될 것이다. 실제 재판에서 그런 주장을 했는데, 만약 법관이 기업을 보호하는 것이 장기적으로 일자리를 늘려 근로자의 권익 옹호에 도움이 된다는 가치관을 가지고 있다면, 그 사건에서 변호사는 패소할 수밖에 없다.[37]

다만, 정책론은 답안지 작성자가 자신의 주장을 뒷받침하기 위해 제시한 법률이나 판례, 학설의 정당성을 보강할 수는 있다. 왜냐하면, 정책론은 왜 그 법률이 존재해야 하는지, 그리고 왜 문제된 상황에서 그 법률이 적용되어서는 안 되는지를 설명하는 이유가 되기 때문이다. 이 경우에도 정책론이 법률과 판례에 근거한 법적 논의를 대체해서는 안 된다는 점을 유의해야 한다.[38]

둘째, 설득적 근거의 두 번째 유형은 법률 문헌이다. 앞에서 설명한 바와 같이, 법률 문헌, 특히 그중에서도 법학 교재는 로스쿨 및 변호사 시험에서 매우 중요한 법적 근거이다. 따라서 학생들은 학설의 내용과 대립하는 학설들의 공통점과 차이점, 학설 대립이 일어나는 상황 등을 잘 이해하고 있어야 한다.

다. 법적 근거의 수집과 취사선택

쟁점을 파악한 후에는 그와 관련된 법률과 판례·학설 등을 확인해야 한

37 Stacie I. Strong, 앞의 책, 61면.

38 Stacie I. Strong, 앞의 책, 62면; 신권철, "법정근로관계 설정의 법리", 「노동법연구」 제34호, 서울대학교 노동법연구회, 2013, 179면.

다. 자신의 주장을 뒷받침할 수 있는 법률이나 판례·학설 등을 찾을 수 없다면, 그 결론이 맞더라도 좋은 점수를 얻을 수 없다. 그리고 불필요한 내용을 답안지에 적는 실수를 하지 않기 위해서도 그 작성 초기 단계에서부터 관련되는 법적 자료를 충분히 수집해야 한다. 이런 작업을 해야만 다음 단계에서 그것들을 취사선택하는 것이 가능하다. 즉 여기에서는 가능한 한 다양한 쟁점들을 검토하고, 그에 관한 자료들을 수집해야 한다.[39]

사례형 문제에서 법률과 판례를 찾을 때에는 그 문제의 사실관계를 기억하고 있어야 한다. 문제와 아무 관련이 없는 법률과 판례를 수집하거나 거론해서는 안 된다.[40]

두 번째 단계에서 학생들은 수집한 것들 중에서 문제와 관련 없는 근거나 자료를 버려야 한다.

이렇게 근거의 수집 단계와 취사선택 단계를 구분하는 것이 번거로울 수도 있다. 실제로 바쁘게 답안지를 작성하는 과정에서 취사선택 작업까지 하는 것은 불필요하거나 쉽지 않을 수도 있다. 하지만 이러한 작업 방식에는 몇 가지 장점이 있다. ① 문제로부터 나올 수 있는 모든 쟁점과 자료를 수집함으로써 불충분한 판례나 이론만으로 답안지를 작성하는 것을 방지한다. 통상적으로, 학생들이 문제를 보고서 최초로 떠올린 쟁점이나 자료들은 출제 취지에 맞지 않을 가능성이 많다. ② 학생들은 자신의 주장에 부합하는 근거뿐만 아니라 그에 반대되는 주장에 관해서도 생각할 시간을 가질 수 있다. ③ 법적 근거에 관해 충실히 검토한다는 것은, 결국 그 학생이 사실관계보다는 법리적 쟁점에 집중해서 답안지를 작성한다는 것을 뜻한다. 앞에서도 얘기했듯이 사실관계의 인정 문제는, 법리론과 연결되지

39 Stacie I. Strong, 앞의 책, 67면.

40 Glanville Williams, 앞의 책, 170면; Stacie I. Strong, 앞의 책, 67면.

않는 이상, 일반적으로 로스쿨에서는 다루지 않는 영역이다. 따라서 학생들은 법리적 쟁점에 집중해야 한다.[41]

자료의 취사선택은 로스쿨 학생이 갖추어야 할 판단력을 키우기 위해서도 필요하다. 따라서 취사선택을 거친 답안지는 채점자에게 좋은 인상을 준다.

어떤 학생들은 미리 암기해둔 예상 답안을 그대로 적는 것이 가장 효율적인 답안지 작성 방법이라고 생각한다. 그러나 이런 방법으로는 좋은 점수를 받을 수 없다. 잘 준비된 예상 답안을 옮겨 적는 것은 기억력이 좋다는 점을 드러내는 데에 불과하기 때문이다. 채점자는 기억력보다는 학생의 판단력과 법률적 논의를 진행하는 능력을 테스트하고 싶어 한다. 따라서 학생들이 좋은 점수를 받기 위해서는 스스로 판단하고 결정해야 한다.[42]

라. 법적 근거의 기재 방법

법학 답안지에는 반드시 법적 근거가 서술되어야 한다. 법리적 근거가 없는 경우에는 그 결론이 맞다 하더라도 좋은 점수를 받을 수 없다. 왜냐하면, 그 경우 채점자는 학생이 법률적 논증 과정을 거쳐 그 결론에 이르렀는지, 아니면 단지 운이 좋아서 그런 답을 선택했는지를 확인할 수 없기 때문이다.[43]

법적 근거를 적는 방식은 일반적인 법 원칙에 관한 설명으로 시작해서 답안지의 중요한 내용이 되는, 좀 더 특별한 쟁점이나 조건에 관한 논의로 옮겨가는 것이 좋다. 즉 먼저 주요 쟁점에 관한 일반 법 원칙을 설명하고, 그다음에는 그와 관련된 세부 쟁점에 관한 일반적 설명을 기재한 후 논쟁

41 Stacie I. Strong, 앞의 책, 69면.
42 Stacie I. Strong, 앞의 책, 69면.
43 Glanville Williams, 앞의 책, 149면.

적인 주제로 넘어가 세밀한 분석을 행하는 것이다.[44] 학생들이 쟁점과 관련된 기본적 법 원칙을 도외시한다는 점은 많은 교수가 지적하고 있는 바이기도 하다.[45]

답안지에서 학생들은 필수적이고 기본적인 법리를 잘 이해하고 있다는 점을 드러내야 한다. 로스쿨 교육의 일차적 과제는 기본 법리를 잘 이해하고 있는 법조인을 양성하는 것이다. 로스쿨에서 현안이나 특수한 쟁점에 관한 깊이 있는 지식을 쌓기를 기대하는 경우는 없다. 변호사시험 역시 빈번하게 발생하는 전형적 분쟁 유형을 문제화함으로써 확립된 이론과 판례에 대한 이해 그리고 적용 능력을 평가하고자 한다. 따라서 답안지에 쟁점과 크게 관련이 없는 현안에 관해 기재해놓고 쟁점과 관련된 기본적 법리에 관한 설명은 누락했다면 좋은 점수를 받기 어렵다.[46]

때때로 어느 한 쟁점과 관련해서 앞에서 적은 법리를 다른 쟁점과 관련해서 다시 기재해야 하는 경우가 있다. 이때에는 반복해서 그 내용 전체를 기재하는 것은 적절하지 않다. 시험 시간이 부족하다는 점뿐만 아니라, 나아가 하나의 글에서 동일한 문장이 중복되는 것은 바람직하지 않기 때문이다. 따라서 이 경우에는 앞의 법리를 간략하게 줄이거나 앞부분에서 법리를 설명하면서 약칭을 미리 부기附記해두었다가 뒤에서는 그 약칭을 기

---

44 예컨대, 피의자신문조서의 증거능력 등을 다룰 때에는 일단 전문법칙의 의의 및 인정 근거, 예외 이론과 조문을 적시한 후 본격적으로 피의자신문조서의 문제를 다루는 것이 좋다. 친고죄에서 고소 없는 수사의 경우에는 수사의 조건, 즉 필요성과 상당성 문제를 간략히 언급한 후 본격적인 학설·판례를 논해야 한다. 물론 이 경우에도 너무 큰 줄기에 집착하여 정작 본론 문제에 소홀히 하면 결코 좋은 점수를 받을 수 없다. 답안에서의 적정한 분량 분배는 문제의 핵심을 기억하고 서술하는 것이 기본이다(김희수 변호사의 설명).

45 Stacie I. Strong, 앞의 책, 71면.

46 송덕수, 앞의 책, 548-549면; 진홍기, "변호사시험제도의 현황과 과제", 『법조』 2011년 3월호, 법조협회, 2011, 245면.

법조인의 착각

법조인이 흔히 착각에 빠지는 것이 있다. 그것은 자신들이 다루는 문제가 생활 세계에서 많이 일어나고 있다고 믿는 것이다. 이런 점 때문에 법조인들 중에는 세상사에 대해 냉소적인 태도를 취하거나 일반 사람들을 무시하는 사람이 있다. 그러나 법조인이 다루는 사건들은 매우 예외적인 경우에 불과하다. 대부분의 거래는 우리가 알고 있는 일반 원칙에 따라 순조롭게 진행된다. 그중 일부만이 소송으로 진행될 따름이다. 이런 점 때문에 유능한 법조인이 유능한 입법자가 될 수 없다는 얘기가 나오곤 한다. 이는 로스쿨 학생들도 마찬가지이다. 교재는 원칙적인 내용보다는 예외적이거나 경계선상에 있는 여러 사례와 그것에 적용할 법리에 관한 설명으로 가득 차 있다. 판례도 마찬가지이다. 그런 교재와 판례를 공부한 로스쿨 학생들은 그 예외에만 주목하고 원칙적인 법리를 잊어버리곤 한다. 그러나 원칙과 예외를 구분하는 것을 잊어서는 안 된다. 교재에서 원칙적인 설명을 많이 하지 않는 것은 그것이 법률적으로 다투어지지 않기 때문이지 중요하지 않기 때문은 아니다. 따라서 어떤 주제에 관해 설명할 때에는 그것에 적용되는 법 원칙을 설명한 후, 문제되는 쟁점에 관한 설명으로 이어가야 한다. 예컨대, 「민사법」 시험에서 표현대리에 관한 주제를 다룬다고 생각해보자. 이 경우 표현대리에 관한 설명으로 곧바로 들어가는 것이 적절하지 않을 수 있다. 이때에는 표현대리가 속한 무권대리無權代理에 관한 일반적 설명, 즉 무권대리는 대리권 없이 행한 대리행위를 뜻하고 그것은 무효라는 점을 밝혀야 한다. 그리고 표현대리란 무권대리 가운데에서 예외적으로 본인에게 책임을 부여할 수 있는 경우에 관한 것이란 설명으로 이어져야 한다. 이렇게 작성할 경우 채점자는 그 학생이 대리 제도 전체를 잘 이해하고 있다고 느끼게 된다.

본문의 작성 순서

주요 쟁점에 관한 일반적 법 이론 → 세부 쟁점에 관한 일반적 법 이론 → 논쟁적인 주제에 관한 세밀한 분석

재하는 방식을 사용하는 것이 바람직하다.[47]

법적 근거를 쓰는 과정에서 학설 대립 상황을 설명해야 하는 경우가 자주 있다. 대립하는 견해(학설)를 설명할 때에는 그 상황이 발생한 이유 또는 그 견해들의 구체적 내용을 살펴봐야 하는 이유 등을 간략하게 설명한 후 각 견해의 구체적 내용들을 설명하는 것이 좋다.[48] 대립되는 학설에 대한 설명을 누락하거나 학설 이름 정도만을 기재한 후 자신이 선택한 학설을 설명하는 경우가 있는데, 좋지 않은 방법이다. 채점자들은 로스쿨 학생들이 기존의 법과 판례, 학설들을 열심히 공부하고 제대로 이해하고 있을 것을 1차적으로 요구한다. 따라서 답안지에서는 그런 내용이 드러나야 한다.

답안지에 단순히 소제목만을 나열하는 경우, 학설 등을, 예컨대 '절충설(① + ②)' 등으로 무성의하게 기재하는 경우, 학설에 대한 아무런 설명 없이 그냥 학설 이름만 나열하는 경우, 법률용어를 설명하는데, 예컨대 형식적 진정성립을 설명하는데 '형식적 진정 - 간인·서명·날인'과 같은 방법으로 기재하는 경우 등은 무성의하거나 내용을 알고 있는

47 Charles R. Calleros, 앞의 책, 91면.

48 서론에서 어느 정도 설명이 이루어졌다면 생략하거나 아주 간단히 쓰고 넘어갈 수도 있다.

> 것인지 판단이 어려워 보여 결코 좋은 점수를 받기 어렵다. 아는 내용만큼 적정하게 살을 붙이고, 포장하는 것이 필요하다. 그렇지만 너덜너덜하게 중언부언한 답안지는 또한 좋은 평가를 받지 못한다. 학설도 정확한 학설 명칭을 기재해야 하며, 자신의 이름으로 창작한 학설 이름을 쓴다면 이는 평가받기 어렵다.[49]

법적 근거나 대립되는 견해들을 기재할 때에는 다음 사항들을 주의해야 한다. ① 여기에서는 일반적인 법 원칙뿐만 아니라 세부 쟁점에 관한 학생의 구체적인 지식과 정밀한 분석력이 드러나야 한다. ② 정확한 법적 개념을 사용해야 한다. 이렇게 할 때 그 답안지는 긴장감을 유지하면서 법적 논의를 진행해갈 수 있다. ③ 가능한 한 법적 근거의 출처를 밝힘으로써 글의 엄격성을 유지하도록 노력해야 한다. 판례의 출처를 밝히는 것은 불가능할 수 있다. 판결의 선고 일자와 사건번호를 기억할 수 있는 학생은 없다. 그러나 적어도 근거로 제시되는 법률의 이름과 조문 정도는 구체적으로 표시해야 한다(이는 법전을 지참할 수 있는 경우에 한정된다. 법전을 지참할 수 없다면, 법률 명칭 정도라도 적을 수 있도록 준비해야 한다). 매우 귀찮은 일이긴 하지만 반드시 해야 하는 일이다. ④ 판례나 학설의 내용을 나열하는 것만으로는 아무런 의미가 없다. 판례나 학설이 왜 자신의 주장의 논거가 되는지를 설득력 있게 표현해야 한다.[50]

답안의 양은 어느 정도가 적당할까? 이는 특히 법적 근거를 작성하는 두 번째 단계에서 문제된다. 왜냐하면, 이 부분이 답안지에서 가장 많은 분량을 차지하기 때문이다. 간단히 말하자면, 답안에서는 필요한 내용을 빠뜨

---

49 이것은 김희수 변호사가 답안지 작성 방법을 설명한 것이다.

50 Stacie I. Strong, 앞의 책, 71-72면.

좋은 점수를 받는 답안지에는 다음과 같은 점이 나타난다

- 구체적이고 세밀한 지식: 학생은 그 쟁점에 관한 법률과 판례, 학설을 단순히 소개하는 것에 그쳐서는 안 된다.
- 용어의 정확한 사용: 법문서에는 법률과 판례에서 사용하는 법적 용어가 사용되어야 한다.
- 창조적이고도 논리적인 분석: 학생은 자신의 최종 결론에 부합하는 논의뿐만 아니라 반대되는 논의에 관해서도 모든 법적 근거를 동원하여 분석하고 비판하고 옹호할 수 있어야 한다.
- 판단력: 학생은 자신이 알고 있는 법적 근거와 자료들 가운데에서 어떤 것을 버리고 어떤 것을 취할지를 정확하게 판단해야 한다.

리지 않고 핵심적인 쟁점에 대해 자세히 기술해야 한다. 답안에 필요 없는 내용은 설사 감점 요인이 되는 것이 아니라 하더라도 쓰지 않는 것이 낫다. 때에 따라서는 그 안에 들어있는 틀린 내용 때문에 감점을 당할 수도 있다. 불필요한 내용은 빼고 그 대신에 필요한 내용에 관해 더욱 충실히 답하려고 노력해야 한다. 물론 관련될 가능성이 있는 논점까지 모두 제외하라는 의미는 아니다. 경우에 따라서는 수험생 자신은 약간 관련되었다고 믿는데 실제로는—그래서 채점자에게는—매우 중요한 논점일 수 있다. 따라서 그러한 내용은 제외하지 않아야 한다(다만, 시간 안배를 생각하여 그 양을 다소 줄일 수는 있을 것이다).[51]

51 송덕수, 앞의 책, 561면.

• 법적 근거 기재례 •

3. 불법파견에 「파견법」 제6조 제33항이 적용되는지 여부

(1) 학설의 대립

「파견법」 제6조 제3항은 불법파견에도 적용되는지 여부를 명시하지 않아 판례와 학설이 대립하는데, ① 「파견법」 제5조 제4항이 누구든지 이 법의 적용을 받는다고 하며, 규제 규정 위반 시 형사 제제가 있는 점 등에 비추어 고용간주 규정도 불법파견에 적용된다고 하는 긍정설, ② 「파견법」은 고용시장의 유연화라는 입법취지를 가지며 5조 및 7조의 요건을 통과한 파견만 적용된다고 보는 부정설, ③ 「파견법」은 적법파견만을 대상으로 하므로 불법파견에는 직접 적용할 수 없고 유추 적용만 문제되는데, 효력규정 위반인 5조의 업무 위반 파견은 사법상 효력도 없으므로 유추 적용할 수 없고, 단속규정인 7조의 허가규정 위반의 경우만 유추 적용된다는 견해, ④ 불법파견에는 적용되지 않음을 전제로 어떤 불법파견이든 본래는 직접 고용했어야 할 것을 회피한 것이므로 곧바로 직접고용관계가 성립한다는 견해가 대립한다.

(2) 판례의 태도

최근 대법원은, 4년여의 불법파견으로 근로를 제공한 근로자에의 「파견법」 제6조 제3항의 적용 여부를 다툰 사안에서, 본 규정은 대상 업무일 것이나 허가를 받았을 것 등을 요건으로 하고 있지 않고 사용사업주가 기간 제한을 위반한 데에 따른 효과임을 명시하고 있으므로, 「파견법」이 정의하는 파견이 있고 그것이 2년을 초과하면 곧바로 직접근로관계가 성립한다고 판시하였다(적용긍정설).

(3) 검토 및 사안의 경우

적용부정설은 동 규정이 근로자의 보호를 위한 규정임을 몰각한다는 점에서, 유추적용설은 효력규정과 단속규정의 구별이 명확하지 않다는 점에서, 직접고용관계설은 입법론으로서는 모르되 사용자의 이익을 지나치게 해한다는 점에서 타당하지 않고, 동 규정의 입법 목적을 고려하는 판례와 적용긍정설이 타당하다. 따라서 사안의 경우도 2년의 기간만 초과한다면 도급인과의 계약이 위장도급이자 불법파견계약이더라도 동 규정이 적용될 수 있을 것이다.

2) 법적 근거의 평가

가. 평가 작업의 필요성

답안지에서 학생은 자신이 특정한 법적 근거를 선택한 이유를 설명해야 한다. 그 이유는 다음과 같다.

첫째, 학생이 설명한 법적 근거들은 그 자신이 생각하는 것만큼 명확하지 않은 경우가 대부분이다. 학생들이 자신의 관점을 드러내기 위해 노력했음에도, 채점자들은 그 관점이 답안지의 이면에 숨겨져 있는 경우를 자주 발견한다. 답안지에서는 자신의 입장을 분명하게 표현해야 한다.[52]

둘째, 법학이 응용 학문으로서 성격을 지니는 이상, 로스쿨 학생은 자신이 답안지에서 설명한 법률과 판례에 기초하여 사실관계를 검토할 수 있어야 한다. 비록 로스쿨에서 법 이론을 추상적인 형태로 배운다 하더라도, 그 이론은 실생활과 분리될 수 없기 때문이다. 법조인에게 법학은 추상적 이론에만 머물러 있는 학문이 아니다. 법 이론은 항상 구체적 사건에 적용

52 Stacie I. Strong, 앞의 책, 88면.

된다는 점을 잊어서는 안 된다.[53]

셋째, 대부분의 사례는 서로 다른 여러 관점에 의해 해석될 수 있다. 어떤 학생에게는 너무나 명백하여 오직 하나의 결론만이 나오는 것처럼 보이는 문제라 하더라도, 다른 학생은 그로부터 전혀 다른 결론을 이끌어낼 수 있다. 따라서 답안지를 작성하는 학생은 채점자가 자신이 표현하지도 않은 논증(추론)의 궤적을 따라올 것이라고 기대해서는 안 된다. 삶에서 저지르는 가장 큰 착각은 다른 사람도 자기와 같이 생각할 것이라고 믿는 것이다. 채점자가 학생 자신과 신념·가치관이 동일한 극소수의 사람에 해당하기를 희망하기보다는, 학생 스스로가 답안지를 작성할 때 영향력 있는 법적 근거를 인용하고 채점자를 설득할 수 있는 세밀한 지식과 논리를 이용하는 것이 좋다.[54]

> 법률가는 판단력을 실제로 적용시킬 방법을 필요로 하는 것이다. 이에 관해서는 일차적 접근 방법의 시도로서 다음과 같은 것을 언급할 필요가 있다. 즉, 규범과 사안의 상호적 整序 관계는 일반적으로 여러 단계를 거쳐 계속적인 취사선택을 통하여 실현된다. 다시 말하면 불필요한 규범과 해석 방법과 사실들을 계속적으로 제거해나가는 방법이 그것이다. 대체로 우선적으로 문제되는 것은 검토되어야 할 규범과 법해석의 가능성과 사실관계들을 일단 고려에 넣는 윤곽적 整序 작업이다. 법관이 판단을 하기 위한 이러한 전제들은 먼저 고려의 대상이 되었던 규범들이 '여기에 해당되지 않는' 것으로 인식됨으로써 점차적으로 그 범위가 축소된다. 활용 대상으로 고려된 여러 개의 법해석 가능성 중에

53 Stacie I. Strong, 앞의 책, 88면.

54 Stacie I. Strong, 앞의 책, 88면.

서 해석학적 고려를 통하여 궁극적으로 하나의 가능성만이 선정된다. 그리고 이와 관련하여 잡다한 사실관계에서 '중요한'(다시 말하면 해석 규범에 추리될 수 있는) 사실관계만이 선정된다. 이와 같은 중요한 사실관계의 선정은 해석에 의하여 일방적으로 결정되는 것이 아니라 오히려 해석의 방향이 사실적 상황에 의하여 (유형비교라는 방향을 통해서) 결정되기도 한다.[55]

나. 법적 근거에 대한 평가

이 단계에서 학생들은 앞에서 제시한 여러 법적 근거 중 자신이 어떤 것을 선택했는지를 밝히고 그 논거를 설명해야 한다(특히 이것은 이론형 문제에서 중요한 부분이다). 다만, 해당 쟁점에 관해 견해가 대립하지 않는다면, 이 단계는 생략할 수 있다.

법적 근거를 선택할 때에는 본능이나 상식에만 의존해서는 안 된다. 일반적으로, 법률이나 판례의 결론은 일반인의 상식에 크게 어긋나지 않는다. 그러나 법이 모든 악惡을 벌하는 것은 아니다. 따라서 단지 본인의 마음에 든다는 이유만으로 혹은 자신의 본능에 의존하여 결론을 선택해서는 안 된다. 출제자들은 이런 함정을 문제에 숨기곤 한다.[56]

앞에서 설명한 바와 같이 로스쿨의 시험 답안지에서는 사실관계가 아니라 법리적 쟁점을 다루어야 한다. 사실관계에 관한 쟁점에만 몰두하여 법적 근거에 관해 정밀하게 분석하지 않는다면, 그 답안지는 '무엇이 법인지'에 관한 설명이 빠져 있다고 평가받을 수 있다. 때때로 학생들은 '무엇이 법인지'는 너무나 명백하기 때문에 별도의 설명이 필요하지 않다고 생

55 라인홀트 치펠리우스, 앞의 책, 124-125면.

56 Stacie I. Strong, 앞의 책, 86면.

각하기도 한다. 그러나 채점자는 그 학생의 마음을 읽을 수 없다. 채점자는 답안지에 적혀 있지 않은 내용에 근거하여 점수를 줄 수 없다. 따라서 학생은 '법'을 사례에 적용하기 이전에 자신이 어떤 '법'을 선택했는지를 명확하게 표시해야 한다.[57]

여기에서는 자신의 주장에 반대되는 견해를 검토하고 반박해야 한다. 그 주요한 방법은 반대 견해가 법률 규정에 비추어 성립할 수 없다거나 논리적이지 않다는 점 등을 밝히는 것이다. 학생들은 반대 견해가 사례에 적용되어서는 안 되는 이유와 논거를 간단하게라도 표현할 수 있어야 한다. 근거 없이 다른 견해를 비난하는 것은 가능한 한 피해야 한다.

다. 평가 단계의 기재 방법

법적 근거를 평가할 때 학생들은 그 여러 개의 법적 근거 중 자신이 어떤 것을 선택했는지 그리고 그렇게 선택한 이유는 무엇인지를 써야 한다. 그 이유를 많이 써야 하는 것은 아니다. 왜 자신이 이런 견해를 배척했는지 등을 간단하게 설명하고, 자신이 특정 견해를 지지하는 이유를 간단히 써도 된다. 다만, 그 내용에는 학설이나 법적 근거들의 대립되는 상황을 제대로 이해하고 있다는 점이 드러나야 한다. 실제 답안지의 전체 분량에서 이 부분은 매우 적은 양인 경우가 많다. 대부분은 매우 간단하게 자신의 견해를 설명하는 정도에 그친다. 다만, 어떤 경우든 자신이 왜 여러 견해 중 그것을 선택했는지가 짧게라도 드러나야 한다.

57 Stacie I. Strong, 앞의 책, 87면.

5. 사안에의 적용

법적 근거를 선택한 후 학생들은 문제지에 기재된 사실관계를 답안 내용으로 포함시키는 작업을 한다. 이를 위해서는 법적 논의에 기초하여 사례를 분석하고 평가해야 한다. 이는 특히 사례형 문제에 답하기 위해 필요하다. 이 단계에서 학생은 나름대로의 법적 판단력을 이용하여 법학적 지식들을 문제 상황에 적절히 적용할 수 있는지를 보여줘야 한다.[58]

이는 법조인들이 매번 하는 일이다. 실무에서 법조인들은 일반적인 법이론을 논의하는 것이 아니라 구체적 사건이나 사실관계에 대해 어떤 법을 어떻게 적용할 것인지를 판단해야 한다. 예컨대 변호사가 의뢰인으로부터 질의를 받았다고 가정해보자. 의뢰인은 문제되는 사실관계를 설명한 후 그에 관한 법률적 의견을 물을 것이다. 이때 변호사가 해야 할 일은 단지 그와 관련된 법률과 판례, 학설 등을 소개하는 데 그치는 것이 아니다. 변호사는 자신이 왜 그 법적 근거를 선택했는지, 그리고 그러한 법적 근거들이 어떻게 그 사실관계에 적용되는지를 설명해야 한다. 변호사는 어떤 법을 그 문제에 적용할지뿐만 아니라 어떻게 적용할지도 설명해야 한다. 답안지 작성의 세 번째 단계가 그런 작업을 하는 것이다.[59]

법적 근거를 문제의 사례에 적용하는 작업은 답안지 작성에 반드시 필요한 과정이다. 여기에서 학생들은 법률, 판례, 학설 등과 같은 법적 근거들이 문제의 사례에 어떻게 적용되는지, 왜 적용되어야 하는지를 설명해야 한다. 이때 법률, 판례의 모든 내용을 인용할 필요는 없다. 사실관계도 마찬가지여서 문제에 나온 사례 중 관련되는 중요 부분을 기재하는 것으로 충분하

---

58 Stacie I. Strong, 앞의 책, 88면.

59 Stacie I. Strong, 앞의 책, 81면.

다. 이 단계에서 학생들은 문제의 사례와 그와 관련되는 법적 근거를 연결한다. 이를 통해 학생들은 그다음 단계인 결론 부분에서 나오게 될 자신의 주장을 정당화하는 준비를 하게 된다.[60]

> 이론의 검토와 사안의 적용은 분리되어야 한다. 이것은 넓게 보면 위 아홉째의 사항에 포함될 수도 있으나 중요하여 따로 분리하였다. 답안 가운데에는 이론을 검토하면서 아주 간단히 사안을 검토하거나 사안 검토를 하는 듯 마는 듯 흐지부지하게 한 것도 있다. 이러한 답안은 사안 검토의 빈약성과 타당성 여부는 차치하고라도 섞여 있는 점에서 우선 문제가 있다. 이론상 어느 것이 어떤 이유로 옳은지와, 그 이론에 의한 결과가 어떻게 되는지는 분리되어 단계적으로 논의되어야 한다.
>
> [⋯] 사례 문제에서는 이론의 사안에의 적용이 중요하다. 따라서 그에 관하여 상세하고도 구체적으로 기술해주어야 한다. 사례 문제는 단순히 얼마나 이론을 잘 알고 있느냐를 평가하기 위한 것이 아니다. 그보다는 그 이론을 실제 사안에 어떻게 적용하는지 그 과정을 더욱 자세히 보고자 한다. 따라서 그에 관한 능력을 충분히 보여줄 수 있도록 하여야 한다. 그리고 그때 상식적인 기술은 피하여야 하고, 법적인 판단에 따른 정확한 기술이 될 수 있도록 하여야 한다.[61]

학생들은 앞에서 설명한 법적 근거를 문제된 사례에 어떻게 적용할 수 있는지, 혹은 왜 적용할 수 없는지를 적어야 한다. 여기에서 학생들은 자신이 소개하는 법률과 판례, 학설 등과 문제에서 거론되는 사례의 관련성을

60 Stacie I. Strong, 앞의 책, 90면.

61 송덕수, 앞의 책, 560-561면.

• 사안 적용 기재례 •

II. 피고 회사와 B회사 간 계약의 실질적 성질 파악

만약 피고 회사와 B회사의 계약이 적법한 업무도급계약이라면 피고 회사는 A회사와 체결한 근로자 파견계약에 의해 단 1년 동안만 원고를 파견근로자로 사용한 것이므로 2년 초과의 파견 사용을 적용 요건으로 하는 구 「파견법」 제6조 제3항은 사례에 적용될 수 없게 된다. 그러나 계약은 그 외관상 작출이 아니라 실질에 따라 판단하여야 한다. 따라서 "업무도급계약"이란 계약의 형식 명칭에도 불구하고 피고 회사와 B회사 간 계약의 실질적 내용이 파견계약이라면 이는 파견계약이고 피고 회사는 2001. 2. 1. 이후 2003. 5.경까지도, 즉 2년을 초과하여 원고를 파견근로자로 사용하였다고 볼 수 있다[A회사와의 계약: 1년 / B회사와의 계약: (2001. 2. 1. ~ 2003. 5.경) 2년 3개월 ⇒ 총 약 3년 3개월]

(1) 파견과 도급의 구별 기준

「파견법」상 '근로자파견' 정의 규정(「파견법」 제2조 제1호) 및 「민법」상 '도급'의 정의(「민법」 제664조) 등을 토대로 판단하건대, 파견과 도급은 근로자에 대한 지휘감독권이 도급에서는 사용자인 수급인에게 있는 반면, 근로자파견에서는 사용자가 아닌 제3자(사용사업주)에게 지휘감독권이 있다는 점에서 구별된다. 물론 이론상 간명함과 달리 현실에서는 도급상 불가피하게 수반되는 도급인의 지시·감독과 파견상 '업무지휘감독'의 구별이 난해하고, 이를 해결하기 위해 학설은 물론 행정지침상 구체적 기준이 제시되기도 한다(이는 결국 "작업배치·변경결정권, 업무지시·감독권, 근태관리권 및 징계권 등의 소재"를 기초로 한 당해 근로자에 대해 제3자의 지휘·명령의 유무의 판단이다).

(2) 적용
사례에서 원고에 대한 근무 시 작업관리나 근태관리, 근무평가표 등이 피고 회사의 직원에 의해 이루어진 점 등을 고려할 때 피고 회사를 단순히 도급인이라 할 수 없고, 피고 회사와 B회사 간 업무도급계약은 그 명칭에도 불구하고 실질상 파견계약이며 따라서 원고는 파견근로자로서 2년을 초과해 피고 회사에 근로를 제공하였다.

나타내야 한다. 학생들은 어떤 이론을 쓰면, 그로부터 결론이 자동적으로 도출된다고 생각한다. 그러나 모든 법문서가 그러하듯이, 답안지에도 '이론과 사실을 연결하는 어떤 것'이 있어야 한다. 이는 마치 뼈와 뼈를 연결하는 관절 혹은 근육이 있어야만 몸이 움직일 수 있는 것과 같다. 법학 시험에서 학생이 과정을 생략한 채 결론만을 제시한다면, 그 학생은 좋은 점수를 받을 수 없다. 그것이 정답일 경우도 마찬가지이다. 학생들은 자신의 최종 결론에 이르게 된 과정이 그 결론 자체보다 중요하다는 점을 항상 명심해야 한다.[62]

6. 결론

앞의 단계들 모두 중요하지만, 결론이 없는 답안지는 생각할 수 없다.

결론 부분에서 학생들은 법관처럼 행동해야 한다. 소송에서 법관은 누구의 주장이 옳은지, 누구의 주장이 잘못된 것인지를 판단한다. 변호사들

62 Stacie I. Strong, 앞의 책, 84면.

역시 법원이나 의뢰인으로부터 명확한 결론을 요구받는다. 때때로 그것은 의뢰인이 듣고 싶어 하는 결과와 다를 때도 있지만, 변호사들은 자신이 파악한 사실과 법에 의거하여 판단해야 한다. 따라서 로스쿨 학생이 결론을 쓸 때에도 어떤 주장을 지지할지를 분명하게 밝혀야 한다.[63]

결론에서 무엇을 쓰느냐는 앞에서의 논의 내용과 연결된다. 본문에서 몇 가지 쟁점에 관해 충분히 논의한 이상 결론에서 이를 중복 설명할 필요는 없다. 여기에서 할 일은 느슨하게 잠정적 판단을 했던 내용을 더욱 뚜렷하게 하고, 사례에 적용되는 법적 논의와 관련하여 최종적인 결론을 내리는 것이다. 최종적 결론을 명확하게 하기 위해 필요한 범위를 제외하고는 더 이상의 논의를 진행해서는 안 된다.[64]

물론 학생들은 이미 본문에서 자신들의 생각을 밝힌 바 있다. 그러나 그렇다 하더라도 학생들은 결론에서 해당 문제에 관한 해결 방법을 압축적으로 표현해야 한다. 답안지의 마지막에서 오로지 본인의 생각에 따라 사례에 적용될 결론을 기재해야 한다. 흔히 실무가들은 "그렇다면 원고의 청구는 기각되어야 마땅합니다." 혹은 "위와 같은 점에 비추어볼 때 피고의 항소는 기각되어야 합니다." 등과 같은 간단한 문장으로 소송서류를 끝맺는다. 답안지에서는 이 정도로 간명하지는 않더라도 사례에 최종적으로 적용될 법리를 간결하게 표현해야 한다. 다만, 본문에서 매우 복잡한 법리 논쟁이 진행되면 부득이하게 그 결론도 길어질 수 있다.[65]

만약 학생이 답안지에서 명확하게 본인의 의견을 드러내지 않는다면,

---

63 Stacie I. Strong, 앞의 책, 100면, 103면. 물론 결론에는 부분적으로는 입법론적 생각이 포함될 수 있고, 이때 학생은 입법자, 즉 국회의원처럼 생각해야 한다. 하지만 로스쿨 학생의 일차적 임무는 법에 관한 정확한 해석 방법을 공부하는 것이다. 따라서 그 답안지에서도 법 해석을 담당하는 법관처럼 행동하는 것이 중요하다.

64 Stacie I. Strong, 앞의 책, 100면.

65 Stacie I. Strong, 앞의 책, 100-101면.

채점자는 그 학생이 법적 판단을 할 능력이 없다고 생각할 수 있다. 또한 법조인에게 반드시 필요한 해결 방안에 대한 결단력이 결여되었다고 느낄 수도 있다. 나아가 관련된 법률문제에 관한 적절한 답변을 구성하는 방법을 알지 못한다고 생각할 수도 있다. '결론'이란 채점자가 읽는 마지막 문장이다. 이를 분명하게 작성하여 채점자에게 좋은 인상을 주어야 한다.[66]

사례형 문제를 풀 때에는 각 질문의 항목마다 이론 등 법적 근거를 설시하고, 사실관계에 따라 정확한 결론을 표기해야 한다. 문제의 질문이 여러 개인 경우, 각 질문에 대한 대답을 할 때에는 '결론'이란 말보다는 '소결'이나 '검토' 등과 같은 제목을 써서, 최종적인 결론 부분과 혼동되지 않도록 해야 한다. 그리고 관련 질문에 대한 답안을 모두 작성한 이후 마지막의 전체 결론 부분에서 최종적으로 앞의 논의를 요약하는 내용을 기재하면, 채점자가 좀 더 쉽게 답안의 내용을 이해할 수 있다(대부분 앞의 결론 내용을 더욱 축약하는 방식이 될 것이다).[67]

• 결론 기재례 •

따라서 원고에게는 구 「파견법」 제6조 제3항이 적용되고, 피고 회사와의 관계에서 직접고용된 것으로 간주된다.

---

66 Stacie I. Strong, 앞의 책, 104면.

67 이것은 김희수 변호사가 답안지 작성 방법을 설명한 것이다.

7. 이론형 문제의 답안지 작성

1) 이론형 문제의 특성

사례형 문제는 학생의 사실관계를 분석하는 능력, 법률적 쟁점을 파악하는 능력, 관련되는 법 근거들을 논의하는 능력, 법률적 관점에서 사실관계를 평가하는 능력 및 관련 분쟁에 관해 논리적인 결론에 도달할 수 있는지를 평가하는 것을 목적으로 한다. 이론형 문제 역시 그 목적은 사례형 문제와 비슷하고, 다만 각 요소에 관한 평가 방식과 비중 등에서 약간의 차이가 있다. 즉 이론형 문제는 사실관계를 분석하는 대신, 다툼이 있는 법률적 논의 내용을 설명하고 분석할 것을 요구한다. 따라서 로스쿨 학생들은 여전히 관련되는 법률적 쟁점과 법적 근거를 파악할 필요가 있다. 다만, 사례형 문제에서와 같이 문제에 대한 해석 차이로 인해 그 쟁점이 다양하게 나타나는 경우는 상정하기 어렵다. 따라서 채점자의 입장에서는 사례형에 비해 점수를 매기기 쉽다는 장점이 있다.[68]

이론형 문제의 가장 중요한 목적은 학생들에게 법률 이론 등을 정교하게 논의할 기회를 주는 것이다. 따라서 학생들은 자신의 결론을 뒷받침하고 논의를 진행하기 위해 좀 더 적극적으로 이론적 논의(예컨대 학설)를 사용해야 한다. 즉 이론형 문제가 사례형 문제에 비해 좀 더 학술적이다. 따라서 이론형 문제에 대비하기 위해서는 법학 교재와 논문 등을 깊이 있게 읽을 필요가 있다.[69]

이론형 문제를 해결하기 위해서는 특정한 견해만을 공부해서는 안 된

68 Stacie I. Strong, 앞의 책, 112면.

69 Stacie I. Strong, 앞의 책, 113-114면.

다. 이론형 문제의 답안지에는 학생 본인이 지지하는 견해뿐만 아니라 그에 반대되는 견해도 상세하게 나타나야 한다. 다만, 이것이 반드시 중립적 견해를 취해야 한다는 의미는 아니다. 학생들은 답안지의 논의 과정에서 자신의 입장을 유지하고 자기의 견해를 방어해야 한다.[70]

이론형 문제의 답안지에서는 관련 법률에 관한 입법론이나 그 연혁을 설명해야 하는 경우가 자주 있다. 이때에는 그것을 기재하는 특별한 이유를 답안지에 간략하게 기재하는 것이 바람직하다. 이 경우에도 입법론이나 그 연혁에 관한 설명에 지나치게 논의가 집중되지 않도록 주의해야 한다. 이는, 특히 개인적으로 관련 자료를 많이 읽은 문제가 나왔을 때 학생들이 흔히 저지르는 실수이다. 법학은 분석에 관한 것이지 암기를 하는 학문이 아니다. 이론형 문제의 답안지에서도 학생들은 암기력이 아닌 분석 능력을 드러내야 한다.[71]

2) 답안지 작성 시 주의 사항

이론형 문제의 답안지도 사례형 문제의 경우와 비슷한 방식으로 작성된다. 주의해야 할 점은 답안지에 자신이 알고 있는 모든 정보를 기재하지 않아도 된다는 것이다. 이론형 문제는 그 특성상 학생에게 많은 재량권을 부여한다. 학생은 문제와 관련되는 모든 내용을 적을 수 있다. 따라서 학생들은 흔히 자신이 알고 있는 모든 것을 적기 위해 서두르곤 한다. 그러나 좋은 점수를 얻고 싶다면, 답안지 안에 모든 것을 적고 싶다는 유혹을 뿌리치고, 문제와 관련된 핵심적인 내용을 적어야 한다. 이것은 특히 자신이 잘

---

70 Stacie I. Strong, 앞의 책, 114면.

71 Glanville Williams, 앞의 책, 170면; Stacie I. Strong, 앞의 책, 118면.

알고 있는 주제와 관련된 질문을 접한 학생들이 주의해야 할 점이다. 처음 떠오른 생각이 가장 좋은 생각이 아닐 수도 있음을 항상 기억하는 것이 좋다.[72]

앞에서 설명한 것처럼 이론형 문제의 답안지는 사례형 문제의 답안지보다 좀 더 학술적일 수 있다. 그러나 그 경우에도 법학을 공부하는 것이 단지 법률적 내용을 습득하는 것이 아니라 학습한 법률적 내용을 실제 문제에 적용하고 특정한 결론을 이끌어내기 위한 것이고, 그 과정에서 자신의 판단력을 사용해야 한다는 점을 기억해야 한다. 이론형 문제의 이면에도 실제의 법률적 분쟁이 자리 잡고 있다.[73]

이론형 문제 답안지의 최종 목적 역시 읽는 사람을 설득하는 것이다. 따라서 학생들은 자신의 생각을 읽는 이에게 충분히 표현해야 한다. 자신의 생각이 옳다는 점을 설득하는 데 필요하다면, 그 결론이 조금 길더라도 무방하다. 다만, 이때에도 해당 문제에서 논의 범위를 제한하고 있다면, 그 지시에 따라야 한다. 본인이 생각하기에 꼭 필요하다고 생각된다면, 문제지에서 정한 논의 내용과 비교하거나 부연하는 방식으로 서술하는 정도에 그쳐야 한다.[74]

---

72 Stacie I. Strong, 앞의 책, 120면.

73 Stacie I. Strong, 앞의 책, 122면.

74 Glanville Williams, 앞의 책, 170면; Stacie I. Strong, 앞의 책, 126면.

6장

의견서의 작성

1. 학습의 필요성

의견서란 변호사가 의뢰인 또는 동료 변호사의 질의에 대한 자신의 법률적 답변을 기재한 서면이다.[1] 통상적으로 의견서에는 그 질의의 기초가 된 사실관계의 요지, 주요한 질의 사항, 질의 사항에 대한 변호사의 의견 또는 답변, 변호사의 기명날인이 포함된다. 그 밖에도 법률사무소의 일반적인 기재례 등에 따라 작성 일자, 수신(참조)인, 발신인, 제목 등을 적는다.

의견서 작성 업무는 모든 변호사가 하는 일이다. 변호사의 일이 법정 변론 또는 의뢰인과 상담하는 것뿐이라고 생각해서는 안 된다. 변호사가 하는 업무의 상당 부분은 사무실에서 자료를 찾고 서류를 검토하며 글을 쓰

1 법원이나 검찰 등에서도 '보고서' 등의 명칭으로 의견서를 작성하는 경우가 있다. 그 작성 방법은 법률사무소의 그것과 대동소이하므로, 여기에서 별도로 설명하지는 않겠다.

는 작업이다. 이렇게 사무실 안에서 하는 일을 '서류 작업paperwork'이라고 부르기도 한다. 의견서는 이러한 서류 작업의 대표적 예이다.[2]

법정 변론과 서류 작업은 그 요구되는 기술 혹은 능력에서 차이가 있다. 법정 변론은 법관과 상대방 변호사 등을 직접 상대하는 일이다. 따라서 변호사가 법정 변론을 잘하기 위해서는 대인 관계 기술과 의사 표현 기술을 갖추어야 한다. 여기에는 흔히 구두 변론 및 의사소통 기술, 순발력 있게 판단하고 말할 수 있는 능력, 효율적인 질문 기법 등이 포함된다. 그리고 조정이나 화해 절차와 관련하여 협상 기술 등이 포함되기도 한다. 반면에, 서류 작업에서 변호사는 글쓰기 능력과 사고 능력 등을 이용한다. 여기에는 사실 관련 자료를 처리하는 능력, 법률 정보 조사 능력, 서면 작성 능력 및 효과적으로 의뢰인에게 조언을 할 수 있는 능력 등이 포함된다.[3]

한편, 법정 변론과 서류 작업은 법률사무라는 점에서 공통점을 지닌다. 두 작업 모두 변호사가 자신의 말을 청취하는 이, 혹은 글을 읽는 이를 항상 의식하고 있어야 한다. 또한 법률적 추론 능력, 사실 관련 자료의 처리 능력 및 서면 작성 능력은 구두 변론에서도 중요하다.[4] 설득력 있는 의견서를 쓸 수 있는 변호사가 좋은 구두 변론도 할 수 있다. 결국 의견서 작성 방법을 배운다는 것은 법조 실무에서 필요한 법률적 사고의 방법과 자질, 기술 등을 배우는 것이다.[5]

흔히 생각하는 것과는 달리 변호사가 의견서의 형식으로만 법적 조언을 하는 것은 아니다. 법적 조언은 의견서, 이메일, 메모, 구두 답변 등 다

---

2 Allison Wolfgarten, *Opinion Writing*, Oxford University Press, 2008, 26면.

3 Allison Wolfgarten, 앞의 책, 26면.

4 변호사를 비롯한 법조인들의 말을 들어보면, 상당수가 문어체의 말투라는 것을 쉽게 알 수 있다. 이는 사건에 관해 말을 할 때, 간단한 의견서를 머릿속에서 상상하거나 작성하는 연습을 해왔기 때문이다.

5 Allison Wolfgarten, 앞의 책, 26면.

이메일 작업 시 주의 사항[6]

변호사는 이메일을 통해 편리하고 신속하게 서류 작업을 처리할 수 있다. 그런데 사적인 이메일에서 편하게 문장을 쓰는 습관 때문에 업무와 관련된 이메일을 작성할 때 실수를 하는 경우가 종종 있다. 변호사는 업무용 이메일에서 자신이 의도하지 않은 의견이나 내용이 포함되지 않도록 주의해야 한다. 이를 위해서는 다음의 사항을 유념하는 것이 좋다.

- 사적인 이메일은 집이나 사무실 밖에서 작성하고, 업무용 이메일은 사무실에서 쓰는 습관을 갖는다.
- 업무용 이메일에서는 사무실의 명칭과 자신의 이름을 정확하게 기재한다.
- 업무용 이메일에서는, 가능하다면 포털 사이트의 도메인보다는 법률사무소의 도메인 주소를 이용하는 것이 좀 더 전문가라는 인상을 준다.
- 의뢰인 등으로부터 업무와 관련된 이메일이 오면 적어도 24시간 이내에는 답장을 해야 한다. 그에 관한 답변을 즉시 하기 어렵다면, 자신이 관련된 작업을 진행하고 있고 언제까지 답변을 할 수 있다는 내용을 알려야 한다.
- 업무용 이메일은 삭제하지 않고 모아둔다.
- 편지를 쓸 때 갖추어야 할 일반적인 예절을 잊어서는 안 된다.
- 기본적인 문법과 맞춤법에 어긋나지 않도록 주의해야 한다.
- 의뢰인이 자신의 이메일을 받았는지를 확인한다.

6 Amanda Martinsek, 앞의 책, 81-82면.

양한 형식으로 이루어진다. 의견서는 법률적 조언이 이루어지는 여러 형식 중 하나이고, 가장 전형적인 경우일 뿐이다. 그런데 법률사무소나 법조인의 입장에서 의견서 방식에 의한 서류 작업에는 여러 장점이 있다. 의견서를 쓰는 것은 변호사나 로스쿨 학생들이 법률사무소에서 서류 작업 과정을 익히고 법문서 작성 능력을 키우는 데 도움이 된다. 왜냐하면 의견서는 소송서류에 비해 그 형식이 자유롭고, 법률 정보를 조사하는 작업이 항상 선행하며, 객관적(설명적) 글쓰기로서의 성격을 띠어 업무 긴장도가 덜하기 때문이다. 또한 이메일이나 메모 등을 통한 법적 조언보다, 상대적으로 검토 과정이 길어 실수할 가능성도 낮다.[7]

2. 의견서 작업의 내용

1) 의견서 작업의 목적

의견서를 작성하는 목적은 의뢰인 또는 동료 변호사의 질문에 답하는 것이다. 이러한 의견서의 목적은 다시 몇 가지로 나눠 생각할 수 있다.[8]

첫째, 의견서는 그 작성 당시 변호사가 파악한 의뢰인 등의 상황에 대한 잠정적 판단으로서의 성격을 띤다. 이때 변호사는 가능한 한 중립적 입장에서 상황을 판단해야 한다. 즉, 의견서는 객관적 글쓰기의 대표적 예이다. 만약 그 사건이 재판으로 발전될 경우, 변호사는 의뢰인의 승소를 위해 최선을 다해야 한다. 하지만 의견서를 작성할 때 변호사는 이러한 의무에

7 윤지현, 앞의 글, 315-316면.

8 Allison Wolfgarten, 앞의 책, 36면.

서 벗어나 있다. 변호사가 의뢰인의 관점에서만 사건을 바라보고 의견서를 작성한다면 의뢰인을 잘못된 방향으로 이끌 수 있다. 의견서를 작성할 때에 변호사는 승소할 수 있는 방안도 고려해야 하지만, 그보다 먼저 냉정하고 엄밀하게 의뢰인 측의 장단점을 판단하여 그 결과를 정확하게 예측해야 한다.[9]

둘째, 의견서는 의뢰인에게 현재 상황을 알려주고 그 상황에서 해야 할 일을 조언하는 역할을 한다. 변호사는 의견서에서 의뢰인의 문제 상황에 대한 해결 방안을 제시한다. 그리고 변호사는 의뢰인이 묻는 일련의 질문에 답변을 한다. 즉 의견서는 논쟁을 하기 위한 서면이 아니다. 의견서에서 변호사는 의뢰인의 편에 서서 그 사건을 변론하거나 무언가를 증명하는 일을 하는 것이 아니다. 변호사는 의견서를 통해 의뢰인의 입장에서, 혹은 그 반대 입장에서 사건을 검토하고 그에 대해 논의하는 작업을 한다.[10]

셋째, 의견서는 의뢰인이 향후 무엇을 할 것인지에 관해 적절하게 판단할 수 있도록 현재 상황을 이해시키는 것을 목적으로 한다. 따라서 의견서는 명료해야 하며, 읽기 편하고 이해하기 쉬워야 한다. 또한 변호사가 무엇을 생각하고 있는지가 분명하게 나타나야 한다. 의견서는 논리적이어야 한다. 적절한 근거가 없다면 그 의견서는 완벽한 것이라고 하기 어렵다. 의견서에서 변호사는 사건의 향후 진행 방향에 대해서도 살펴야 하고, 그와 관련하여 의뢰인이 해야 할 바를 알려줄 수 있어야 한다.[11]

다만, 의견서에서 의뢰인에게 무엇을 하라고 지시하는 일이 없도록 주의해야 한다. 변호사는 의뢰인의 현재 상황에 대해 설명하고 앞으로 해야 할 일에 대해 조언할 수 있다. 또한 그 사건에 관해 어떤 조치를 취할 것인

9 Allison Wolfgarten, 앞의 책, 37면; Norman Brand & John O. White, 앞의 책, 63면.

10 Allison Wolfgarten, 앞의 책, 36-37면.

11 Allison Wolfgarten, 앞의 책, 37면.

지에 관해 알릴 수도 있다. 그러나 변호사가 의뢰인에게 소송을 제기하거나 포기할 것인지 여부, 혹은 계약을 체결할 것인지 여부, 형사 법정에서 자신이 무죄라고 답변할 것인지 여부 등을 지시할 수는 없다. 그러한 판단은 의뢰인이 해야 할 몫이다. 의견서 작성과 관련된 변호사의 임무는 의뢰인을 위해 결정을 하는 것이 아니라, 의뢰인에게 정보를 제공하고 올바른 결정을 하는 데 필요한 조언을 하는 것이다.[12]

2) 작업의 개요

변호사는 다른 사람의 요청에 따라 의견서를 작성하게 된다. 의뢰인으로부터 직접 의견서를 작성해 달라는 요청을 받는 경우도 있고, 동료 변호사로부터 같은 요청을 받기도 한다. 이 경우 서류를 통해 사실관계 및 질의사항을 알려주거나, 전화 통화나 면담에서 구두로 사건 경위 및 질의 사항을 설명해주곤 한다.[13]

이러한 요청을 받은 경우에는 언제까지 해당 작업을 마쳐야 하는지를 먼저 확인해야 한다. 그리고, 예컨대 제공받은 자료가 불충분하여 작업 시한까지 의견서를 작성하는 것이 곤란한다면, 그 기한을 연장할 수 있는지를 협의하는 것도 가능하다. 다만, 이러한 협의가 때때로 상대방에게 의견서 작성 기한을 불필요하게 연장한다는 인상을 줄 수 있다는 점을 주의해

12 Allison Wolfgarten, 앞의 책, 37면.

13 한편, 동료 변호사가 의견서를 요청하는 경우는 몇 가지 유형으로 나눌 수 있다. 전형적인 것은 특정 사건이나 분쟁에 대해 검토하고 의견서나 보고서 형식의 문서를 작성해달라는 것이다. 그 밖에도 자신의 의견서를 제공하면서 다른 시각에서 사건을 검토하고 판례나 문헌 등을 보완해줄 것을 요청할 수도 있다. 때때로 특정 분야의 전문 변호사에게 그 분야에 관해 법률적 의견을 보완해달라고 요청하는 경우도 있다(Allison Wolfgarten, 앞의 책, 27면).

야 한다.

서면으로 의견서 작성을 요청받은 경우에는 거기에 법적 검토가 필요한 사항들이 기재된 질의서 및 관련 서류(예컨대 종전 소송기록 및 의견서, 계약서, 등기부등본, 진술서, 전문가 의견 등)가 포함되어 있는 경우가 대부분이다. 이때에는 그 자료를 살펴본 후 보완할 점이 있으면 의뢰인 등에게 추가 자료를 요청해야 한다. 구두로 요청을 받는 경우에도 질의 사항이나 사건 개요를 서면으로 받지 못할 뿐이지 관련 서류가 필요한 것은 마찬가지이다. 따라서 그 경우에도 즉시 팩스나 이메일 등의 방법으로 관련 자료를 보내줄 것을 요청해야 한다.

자료들을 검토할 때는 의뢰인이나 동료 변호사가 제공한 것에만 의존해서는 안 된다. 의견서를 작성하는 변호사 스스로 관련 자료를 찾는 노력을 해야 한다. 예컨대 의견서 작성을 요청한 회사와 관련된 기사문을 검색하여 그 작업에 필요한 배경 지식을 얻는다든지, 필요한 경우에는 해당 사안과 관련된 전문 지식을 다룬 서적이나 논문을 스스로 찾는 노력이 요구된다. 의견서 작성에 필요한 모든 자료나 정보를 의뢰인이나 동료 변호사에게 의존하는 태도로는 좋은 서면을 작성할 수 없고, 업무 처리에 소극적이라는 인상을 줄 수 있다.[14]

질의 사항은 포괄적인 하나의 질문일 수도 있고(예컨대 의뢰인이 승소할 수 있는지), 일련의 질문들이 열거되어 있는 경우(예컨대 의뢰인은 계약상 손해배상 책임을 부담하는지, 부담한다면 상대방의 과실은 몇 퍼센트로 산정될 것인지, 손익 상계할 만한 사정이 있는지, 최종적인 손해액은

14 인터넷 서핑을 통해서는 사건의 배경지식을 얻는 정도에 그쳐야 하며, 그것을 통해 법률 정보를 얻고 이를 이용하는 것은 조심해야 한다. 법률 정보는 법제처나 법원, LX와 같은 공식적인 사이트 및 전자 자료를 이용해서 그 내용을 확인해야 한다(Amanda Martinsek, 앞의 책, 83면).

얼마인지 등)일 수도 있다. 어떤 것이든 그 요청을 받은 변호사는 이러한 질문들에 답변해야 한다. 그리고 이 답변은 질문한 사람이 궁금해하는 내용이어야 한다.[15]

앞에서 설명했듯이, 의견서는 법률적 질문에 대한 변호사의 답변이다. 따라서 의견서에는 변호사의 법적 조언이 있어야 한다. 이는 단순히 변호사가 어떤 일을 했다거나 의뢰인에게 어떤 조치를 하라고 알려주는 것만으로는 충분하지 않다. 법률적 조언은 의견서 작성 과정에서 변호사가 수행하는 법률적 추론 과정 및 글쓰기 작업과 본질적으로 관련되어 있다. 따라서 좋은 의견서를 작성하기 위해서는 그 마음가짐, 즉 법률적 사고 과정과 글쓰기 과정에 관해 이해할 필요가 있다.[16]

3) 의견서 작업과 변호사 윤리

법조인의 법문서 작업은 윤리적 규범에 의해 제한받는다. 의견서 작업의 경우도 마찬가지이다.[17]

첫째, 변호사는 고도의 법률 지식과 경험을 갖춘 전문가이다. 따라서 의견서 작업과 관련해서 변호사는 사회 일반인에게 요구되는 주의 의무보다 더 무겁고 높은 수준의 주의 의무를 이행해야 한다. 변호사가 의뢰인에게 제공하는 법률 정보는 변호사에 대한 의뢰인의 신뢰에 상응하는 정밀·정확한 것이어야 하고, 그 법적 조언은 당시의 객관적 법 상태에 비추어 합리적이고 납득할 수 있는 것이어야 한다.[18]

---

15 Allison Wolfgarten, 앞의 책, 27면.

16 Allison Wolfgarten, 앞의 책, 28면.

17 Linda H. Edward, 앞의 책, 8-9면.

18 도재형, 『법조윤리 입문』, 이화여자대학교출판부, 2010, 88-89면.

둘째, 변호사는 의뢰인을 위해 성실하게 일해야 한다. 「변호사윤리규약」 제13조 제1항은 "변호사는 의뢰인에게 항상 친절하고 성실하여야 한다."라고 규정하고 있다. 변호사는 송무뿐만 아니라 의견서 작업과 관련해서도 성실 의무를 부담한다. 다만, 의뢰인이 요구하는 모든 업무를 성실하게 처리해야 하는 것은 아니며 범죄행위 등 위법행위에 협조해서는 안 된다. 따라서 의견서 작업이 의뢰인의 위법행위를 돕는 것이라고 판단된 때에는 즉시 중단해야 한다(「변호사윤리규약」 제11조 제1항).

셋째, 「변호사법」 제26조는 "변호사 또는 변호사이었던 자는 그 직무상 알게 된 비밀을 누설하여서는 아니 된다."라고 규정하고, 「변호사윤리규약」 제18조 제1항은 "변호사는 직무상 알게 된 의뢰인의 비밀을 누설하거나 부당하게 이용하지 아니한다."라고 규정하고 있다. 한편, 「형법」 제317조는 변호사나 그 직무상 보조자 또는 그 직에 있던 자가 업무 처리 중 지득한 타인의 비밀을 누설하는 행위를 처벌하고 있다. 따라서 변호사는 의견서 작업과 관련해 취득한 의뢰인의 비밀을 누설해서는 안 될 의무를 부담한다.

넷째, 「변호사법」 제31조 제1항 제1호는 변호사가 "당사자 한쪽으로부터 상의를 받아 그 수임을 승낙한 사건의 상대방이 위임하는 사건"에 관한 직무를 수행하는 것을 금지하고 있다. 이 조항은 소송 사건뿐만 아니라 자문사건 중에서 대립하는 당사자가 구체적으로 특정되는 경우에도 적용된다. 따라서 변호사는 이해가 충돌하는 당사자 양쪽으로부터 의견서 작업을 수임해서는 안 된다.[19]

마지막으로, 의견서 작업에서 변호사가 법학 문헌의 내용을 옮겨 적을 때 그 출처의 인용과 관련된 문제이다. 실무 관행상 의견서 혹은 소송서류

19 도재형, 앞의 책, 112면.

에서 법학 문헌의 내용을 인용할 때 그 출처를 기재하지 않고, 그렇다 하여 이를 표절로 보지 않는다. 의견서 혹은 소송서류에서 출처를 인용하는 경우는 법률을 인용할 때 그 법률 명칭과 해당 조문을 표시하는 것과, 판례를 인용할 때 그 사건번호를 표시하는 것 두 가지 정도가 대표적이다. 다만, 문헌의 내용이 일반적인 법리와 달라서 특별히 인용하는 경우에는 출처를 표시하기도 한다. 이러한 출처는 변호사가 주장하는 법리에 대한 증거와 비슷하게 취급된다. 이때에도 엄격한 문헌 인용법을 사용하기보다는 간단하게 '필자 성명, 논문명(단행본일 경우에는 기재할 필요가 없다), 책자(학술지)명, 발행 연도, 해당 면수'를 기재하고, 반복해서 인용할 때는 '필자 성명, 앞의 글(책), 해당 면수'를 표시하는 정도에 그친다(이 책에서도 같은 인용 방법을 사용했다).

3. 사건에 대한 실제적 접근

1) 실제적 접근 태도

로스쿨 학생들이 법학 공부를 할 때에는, 그것이 이론 과목인지 혹은 실무 과목인지 여부와는 상관없이, 학술적 자세를 유지해야 한다. 학술적 접근 태도란 법의 내용 자체에 관심을 갖는 것을 뜻한다. 예컨대 법률 지식을 쌓고 그것을 이해하기 위해 노력하거나, 법이 무엇인지 혹은 법이 어떠해야 하는지에 관심을 가질 경우 그 접근 방식을 학술적인 것이라고 말할 수 있다. 로스쿨에서 배우는 것의 대부분은 법이 무엇인지에 관한 것이고, 그 시험 역시 학생이 법을 알고 있는지를 평가하는 것이다. 법조인이 되기 위해서는 법리를 습득하고 이해하는 것이 가장 우선적으로 필

요하기 때문이다.[20]

하지만 실무 법조인들이 사건을 다룰 때는 이와 다르다. 실무 법조인은 자신이 무엇을 아는지보다는 '무엇을 하는지'에 더 관심을 가진다.[21] 이런 점에서 법조인들의 태도는 학술적이기보다는 실제적이다. 실제적인 접근 방식은 문제를 해결하거나 다른 사람에게 조언을 하고, 다음 단계에서 무엇을 할 것인지를 판단하는 데 관심을 갖는다. 실무가는 언제나 특정한 결론에 이르고자 하고, 그 문제에 대해 가장 좋은 답을 얻으려고 애쓴다. 실무가의 관점에서 법은 어떤 문제에 대한 답을 내는 데 도움이 될 때에만 의미가 있다. 실무가는 법 그 자체보다는 의뢰인에게 더 집중한다. 따라서 실무 법조인이 되기를 원한다면, 법률문제에 대한 실제적 접근 태도를 갖추어야 한다.[22]

어떤 마음가짐이 실제적 접근 태도로서 가장 바람직할까? 여기에 대한 정답은 없다. 실제적 접근 태도란 것이 법조인 스스로 체득하고 발전시켜야 하는 것이라는 점을 고려할 때, 그것을 일률적으로 규정하는 것은 바람직하지도 않다. 다만, 로스쿨 학생들이 실무 법조인으로서 바람직한 마음가짐을 갖추는 데 도움이 될 만한 것으로 다음과 같은 몇 가지를 얘기할 수는 있다. ① 법률문제에 부딪혔을 때 '나는 실제 사건을 다루고 있다'고 생각한다. ② 실제적 접근 방식에서는 법 자체보다는 사실관계가 좀 더 본질적인 관련성을 갖는다는 점을 인식한다. ③ 법은 어떤 목적을 달성하기 위한 수단이다. ④ 질문에 답해야 한다는 것을 잊어서는 안 된다. 다음에서

---

20 Allison Wolfgarten, 앞의 책, 28면.

21 사실, 실무에서는 시험 시간과 달리 교재와 판례를 언제든지 볼 수 있다. 그리고 의뢰인들도 기본적인 내용은 알고 법률사무소에 오는 경우가 많다. 따라서 변호사의 전문성은 기본 법리에 대한 이해와 법률적 자료, 절차 등과 관련된 지식과 경험을 어떻게 활용하는지와 연결되어 있다.

22 Allison Wolfgarten, 앞의 책, 28면.

는 이 네 가지 점에 관해 좀 더 구체적으로 살펴보겠다.[23]

2) 사건의 실제성

실무에서 접하는 모든 사건은 실제 상황이다. 따라서 실무 법조인이 되고자 하는 학생들은 로스쿨에서 경험하는 모든 사례를 실제 사건인 것처럼 다루어야 한다. 로스쿨이나 교재에서 제공하는 사례들 중 일부는 가공된 것이고 때때로 실제 사건보다 쟁점 등을 단순하게 만든 것일 수 있다. 하지만 학생들은 이를 실제 사건처럼 생각하고 처리해야 한다. 이렇게 공부하는 것은 법학 교재의 내용이나 판례를 이해하는 데에도 도움이 된다.

실무에서는 항상 진짜 의뢰인이 존재한다. 의뢰인의 문제를 해결하기 위해서는 그 사람이 실제로 원하는 것 혹은 조언을 구하는 것에 관심을 가지고 사건에 접근해야 한다.[24]

의뢰인은 변호사가 어떤 법률적 지식을 펼칠 수 있는지를 보기 위해 법률사무소에 오는 것이 아니다. 의뢰인은 자신에게 닥친 문제의 해결 방안을 찾기 위해 법률사무소에 온다. 의뢰인은 법이 무엇을 규정하고 있는지보다는, 그 법이 자신의 문제와 어떤 관련성을 가지고 있는지를 궁금해한다. 의뢰인은 자신의 법률적 위치와 자신이 해야 할 일을 알고 싶어 한다. 우리가 병원에 갈 때를 생각해보자. 우리는 담당 의사의 의학적 지식의 양과 질을 묻지 않는다. 우리는 자신의 병을 치료할 수 있는지, 그렇게 하려면 무엇을 해야 하는지를 질문할 따름이다. 의뢰인이 변호사에게 묻는 것도 이와 같다.[25]

---

23 Allison Wolfgarten, 앞의 책, 28-29면.

24 Allison Wolfgarten, 앞의 책, 29면.

25 Allison Wolfgarten, 앞의 책, 29면.

그렇다면, 법조인이 해결해야 할 실제 문제는 어디에 있을까? 그것은 '사실' 그 자체에 놓여 있다. 문제가 실제로 존재하고 발생하는 곳은 법이 아니라 사실이기 때문이다. 즉 사실만이 실제성을 갖는다.[26]

3) 사실에 기초한 접근 방식

변호사가 사건을 다루거나 의뢰인에게 조언을 할 때, 혹은 의견서를 작성할 때 그 출발점은 항상 '사실'이어야 한다. 변호사는 해당 사안의 사실관계에 기초해서 쟁점을 끌어내고, 그 사실관계에 터 잡아 법률 정보를 조사하고 법리를 검토한다. 그리고 자신이 파악한 법률 정보에 비추어, 부족한 사실 관련 정보가 있다면, 이를 보충한 후 다시 법률 정보를 확인하고 법리를 검토한다. 변호사는 이런 작업을 의견서 작업의 초기 단계에서 반복하게 된다. 이 과정을 거치면서 쟁점은 뚜렷해진다.[27]

로스쿨에서 시험 문제를 풀 때, 학생들은 흔히 '이 사례는 불법행위 책임에 관한 것일까, 아니면 채무불이행 책임에 관한 것일까?' 혹은 '이 사례의 법적 쟁점은 무엇일까?'라는 질문으로부터 답을 찾기 시작한다. 이것은 사실에 관한 질문이라기보다는 법적 질문이다. 반면에, 자문 요청서를 처음 본 실무 법조인들의 마음속에 떠오르는 것은 '의뢰인에게 무슨 일이 일어났을까?', '어떤 상황일까?', '의뢰인은 무엇을 원할까?', '변호사인 나는 뭘 해야 할까?', '내가 어떤 조언을 할 수 있을까?' 등의 질문이다. 이러한 질문들은 사실과 관련되어 있다. 사실관계는 가장 본질적인 것이다. 왜냐하면, 거기에서 문제들이 발생하고 그 문제를 해결하기 위해 답변해야 하

26 Allison Wolfgarten, 앞의 책, 29면; Norman Brand & John O. White, 앞의 책, 64-65면.

27 Allison Wolfgarten, 앞의 책, 29면.

는 법률적 질문들이 생성되기 때문이다.[28]

4) 법의 도구적 성격

법은 매우 중요한 수단이지만, 법 자체가 목적이 될 수는 없다. 법은 변호사가 문제의 해결 방안을 찾기 위해 적절한 곳에서 사용하고 참조하는 것이다. 법은 변호사가 사실관계를 구성하는 도구이다. 변호사는 법을 통해 사실관계를 조직하고 분석한다. 변호사는 법을 이용하여 해당 사실관계에 관한 자신의 법률적 의견을 형성하고 그 질문에 답변한다.[29]

변호사는 법적 의견을 형성하기 위한 근거로서 사실관계를 이용하는 것이 아니라, 사실관계에 관한 의견을 형성하기 위해 법을 이용한다. 예컨대 어떤 회사가 변호사에게 자신이 행한 정리해고의 유효성에 관해 질의했는데, 그 변호사가 정리해고와 관련된 대법원 판례를 검토한 후 "위 판례는 타당합니다."라고 의견서를 끝맺었다고 가정해보자. 이것은 의뢰인에게 아무 의미가 없다. 의뢰인이 원하는 의견의 모습은 "위 판례에 비추어 볼 때, 귀사가 행한 정리해고는 정당 요건을 모두 갖추어 유효합니다. 따라서 그 무효 여부를 다투는 해고자의 주장은 법적 근거가 없고 승소 가능성도 낮습니다."라는 것이다. 의뢰인의 질문은 법이 아니라 해당 사건의 사실관계에서 발생하기 때문에 그 답변 역시 법이 아니라 사실관계에 대해 이루어져야 한다.[30]

사실에 집중하지 않는 변호사는 마치 환자의 증상에 대한 처방은 하지 않은 채 환자에게 질병의 원인과 증상 등을 얘기해주곤 돌려보내는 의사

---

28 Allison Wolfgarten, 앞의 책, 29면.

29 Allison Wolfgarten, 앞의 책, 29면.

30 Allison Wolfgarten, 앞의 책, 30면.

와 같다. 만약 의사가 당신에게 "선생님은 결핵에 걸렸고, 앞으로 수개월 동안 이러이러한 과정을 거치면서 악화될 것입니다. 결핵의 발병 원인에 대해서는 여러 견해가 대립합니다."라고 말하곤 진료실을 나가라고 한다면, 아무리 그 의사가 결핵과 관련하여 많은 공부를 했더라도 그를 좋게 평가할 수는 없을 것이다. 법조인도 마찬가지이다. 법조인의 법은 의뢰인이 법률사무소에 찾아온 목적을 이루는 데 사용되어야 한다.[31]

5) 질문에 대한 답변

법적 의견을 요청한다는 것은 변호사가 답해야 하는 일련의 질문 사항을 제시한다는 뜻이다. 그런데 자문 요청서에 답변하는 것은 쉬운 작업이 아니다. 변호사가 자문 요청서에 기재된 질문에 대해 긍정 또는 부정의 답변을 손쉽게 낼 수 있는 경우는 많지 않다. 하지만 법조인들은 "이 사안에 대해 아무런 의견을 드릴 수 없습니다."라는 식의 답변을 할 수 없다. 즉 자문 요청에 대해 명확한 법적 의견을 제공하는 것은 매우 어려운 일임에도 불구하고, 변호사들은 그 질문에 답해야 한다. 실무 법조인은 자신이 할 수 있는 한 분명하고 완벽하게 모든 질문에 답해야 한다. 이것은 그 질문에 대한 답이 명확할 때뿐만 아니라 불명확한 경우에도 마찬가지이다. 또한 그 질문이 법에 관한 것인지, 사실관계에 관한 것인지를 불문한다.[32]

---

31 Allison Wolfgarten, 앞의 책, 30면.

32 물론 로스쿨에서 학업을 수행하는 동안 사실관계에 관해 묻거나 그 해결 능력을 판단하는 시험을 치르지는 않는다. 하지만 실무가들은 이러한 질문, 즉 '누가 교통사고를 일으킨 운전자일까?' 혹은 '관련 증거에 비추어볼 때 의뢰인이 주장하는 사실이 인정될 수 있을까?' 등의 질문에도 답해야 한다.

4. 의견서 작업의 단계

변호사는 몇 가지 단계를 거쳐 의견서를 완성하게 된다. 다음에서는 이러한 단계에 따라 의견서 작업을 설명한다. 그런데 이러한 단계 구분이 반드시 어느 한 단계를 완수한 이후에만 그다음 단계로 이행할 수 있다는 것을 의미하지는 않는다. 즉 때때로 앞 단계를 이행하는 과정 중에 그다음 단계를 고민하거나 다시 앞쪽으로 가서 그 과정을 반복할 수도 있다. 실제 일부 변호사들은 질의 사항을 검토하는 단계에서부터 법률 정보를 조사하고 자신이 쓸 답변 내용을 구상하며 초고를 작성하기 시작한다. 그리고 법률 정보를 조사하거나 답변을 작성하는 단계에서 다시 질의 사항으로 돌아가 자신이 쟁점을 제대로 파악했는지를 확인하는 경우도 많다. 그 작업 과정은 순환하며 검토와 재검토, 재재검토, 글쓰기와 퇴고 과정이 반복된다. 이러한 순환적 글쓰기를 통해서 변호사는 자신의 오류를 정정하고 글의 정밀함을 추구할 수 있다.[33]

1) 자문 요청서의 검토

변호사는 상대방이 무엇을 알고 싶어 하는지를 정확히 이해해야 한다. 의뢰인과 면담을 할 때에는 그 의뢰인의 얘기를 자세히 듣고 필요한 질문을 하여 정보를 보충해야 한다. 상대방의 얘기를 충실하게 듣지 않는 변호사는 좋은 해결 방안을 얻을 수 없다.

---

33 Allison Wolfgarten, 앞의 책, 31면; Norman Brand & John O. White, 앞의 책, 64면; John C. Dernbach, Richard V. Singleton II, Cathleen S. Wharton, John M. Ruhtenberg, & Catherine J. Wasson(이하 'John C. Dernbach 외'라고 함), *A Practical Guide to Legal Writing & Legal Method*, Third Edition, Aspen Publisher, 2007, 168-169면.

변호사는 질문 내용을 꼼꼼히 검토해야 한다. 자문 요청서를 읽을 때에는 질문의 취지, 요청 사항, 사건의 내용, 기본적 사실관계 및 의뢰인이 원하는 게 무엇인지를 정확하게 알려고 노력해야 한다. 또한 자문 요청서를 검토하면서, 변호사는 질문의 답을 찾기 위해 고민하고 사실관계를 이해하며 재구성하는 과정을 함께 수행하게 된다.[34]

법률이나 판례에 의해 쉽게 답이 도출되는 것이라 하더라도, 주의 깊게 질문을 읽고 사실관계를 다시 검토해야 한다. 간단해 보이는 질문 속에 뜻밖의 쟁점이 숨어있는 경우가 있기 때문이다. 서면에 나타난, 혹은 구두로 요청한 질의 사항이 완전하지 않다는 점도 항상 기억하고 있어야 한다. 때로는 의뢰인의 질문 사항이 실제 질문하려고 하는 내용과 일치하지 않는 경우도 있다. 이는 의뢰인이 법률 전문가가 아니기 때문에 일어나는 일이다. 특정 법 분야의 전문 지식이 없는 동료 변호사의 경우에도 비슷한 실수를 할 수 있다.

이와 같은 작업을 통해 변호사는 의뢰인 등이 답변을 요구하는 최종적인 내용이 무엇인지를 정확하게 파악할 수 있다. 앞에서 설명한 바와 같이, 의뢰인은 법에 대해 궁금해하는 것이 아니다. 즉 의뢰인은 판례에서 말하는 해고의 정당사유가 무엇인지, 혹은 교통사고에 의한 불법행위 책임에서 운전자의 과실 내용이 무엇인지와 같은 것을 묻는 것이 아니다(물론 변호사는 자신의 의견을 형성하는 과정에서 이런 내용을 검토하게 된다). 의뢰인은 그러한 법이 실제 사건을 겪고 있는 자신에게 어떻게 적용되는지

---

34 이것이 자문 요청서의 모든 내용을 꼼꼼하게 읽어야 한다는 것을 뜻하지는 않는다. 실무에서 접하는 자문 요청서는 한두 페이지로 오는 경우도 있지만, 수백 페이지의 분량인 경우도 많다. 그 수백 페이지의 내용을 꼼꼼하게 읽는 것은, 그 절반이 사건과 크게 관련이 없거나 앞의 내용과 중복된다는 것을 발견하는 것을 별론으로 한다면, 그렇게 생산적이지 않은 경우도 많다(Allison Wolfgarten, 앞의 책, 31면).

에 관심을 가진다. 변호사는 의뢰인의 그러한 질문에 답해야 한다. 따라서 변호사는 의뢰인이 원하는 내용을 파악해야만 의견서를 작성할 수 있다.[35]

한편, 변호사는 동료 변호사가 작성한 사실관계나 질문 사항, 혹은 일차 검토 의견이 해당 사건의 쟁점을 잘 나타내고 있다고 느낄 때가 있다. 이 경우 의견서를 작성하는 변호사의 생각은 그 동료 변호사의 법률적 견해에 영향을 받게 된다. 하지만 동료 변호사의 관점이나 의견이 절대적인 것이 아니라는 점을 잊지 말아야 한다. 의견서를 작성하는 변호사가 해당 사건을 다른 관점에서 바라볼 때에만, 그들이 놓친 중요한 쟁점을 찾을 수 있기 때문이다. 의견서를 작성할 때는 열린 마음으로 사건을 검토해야 하고, 선배나 동료 변호사의 관점에 전적으로 의존해서는 안 된다.[36]

2) 사실관계의 재구성

의견서를 작성하는 과정에서 변호사는 사실 관련 정보를 처리하게 된다. 사실 관련 자료를 다루는 과정은 변호사 업무의 중요한 부분이다. 따라서 실무가라면 그 처리 기술을 갖추고 있어야 한다.[37]

변호사는 사실 관련 자료를 정확하게 이해하고 있어야 한다. 이는 변호사가 사실을 잘 기억해야 한다는 뜻이 아니라, 그 정보들을 잘 정리하고 재구성하고 있어야 한다는 것을 의미한다. 이런 작업을 하는 방법에는 여러 가지가 있다. 메모를 하거나 시간 순서대로 배열하는 것, 차트를 만들거나 그림을 그리는 방식 등 각자에게 가장 좋은 방법이면 무엇이든 가능하다.[38]

---

35 Allison Wolfgarten, 앞의 책, 31-32면.

36 Allison Wolfgarten, 앞의 책, 32면.

37 Allison Wolfgarten, 앞의 책, 32면.

38 Allison Wolfgarten, 앞의 책, 32면.

판례 지식의 유용성

변호사가 판례를 잘 이해하고 이를 체계적으로 분석할 수 있다면, 의견서 작성 업무를 경감하는 데 도움이 된다. 판례에는 다양한 사실관계에 관한 법원의 판단이 기재되어 있다. 따라서 판례를 많이 알고 있다는 것은 다양한 사실관계에 어떤 법이 적용되는지를 알고 있음을 뜻한다. 자문 요청 사안 중 몇몇은 판례를 아는 것만으로 관련 쟁점 중 많은 부분을 해결할 수 있는 것이다. 그렇지 않다 하더라도 판례를 통해 구체적인 분쟁 관계를 간접적으로라도 많이 접하는 것은 의견서 작업의 대상이 된 분쟁 내용을 이해하는 데 도움이 된다.
이 점에서 판례를 법률 분쟁의 박제품이라고 비유할 수 있다. 판례를 보면서 그 사건의 전체 진행 과정을 이해할 수는 없지만, 최소한 그 사건의 시작(사실관계)과 결과(법 판단)는 짐작할 수 있기 때문이다. 마치 생물학자가 표본과 박제품, 혹은 도록을 보고 자신의 지식을 쌓는 것처럼 법률가도 비슷한 훈련을 할 필요가 있다.

의견서에 기재하는 사실관계는 법률적으로 중요한 사실과 그 배경이 되는 사실로 구분할 수 있다. 그런데 무엇이 법률적으로 중요한지, 무엇이 그 배경 사실인지 여부를 판단하는 것은 쉽지 않다. 무엇이 필요 없는 것인지를 분간하는 것도 마찬가지이다. 왜냐하면, 이런 구분을 하기 위해서는 법적 쟁점과 법리에 대한 분석이 필수적인데, 변호사가 이것을 의견서 작업 초기에 할 수는 없기 때문이다. 결국 사실관계의 재구성은 의견서 작업 초기뿐만 아니라 법리 검토 과정에서도 진행해야 하는 순환적 작업이다.[39]

---

39 Mary B. Ray & Barbara J. Cox, *Beyond The Basics: A Text for Advanced Legal Writing*, Second Edition, Thomson West, 2003, 151면.

이 작업을 통해 변호사는 자문 요청서에 있는 서류의 내용 중 어떤 부분은 자신이 답해야 하는 질의 사항과는 관련이 없다는 것을 발견한다. 또한 질문에 답하기 위해 꼭 필요한 정보나 서류들이 자문 요청서에 누락되어 있다는 것도 발견하곤 한다. 이 경우 변호사는 누락 부분을 특정하고, 의뢰인에게 추가 정보를 요청해야 한다.[40]

3) 법적인 틀의 구성

변호사는 법을 이용하여 사실관계를 구성하고 사건과 관련된 쟁점들을 특정하고 이들을 배치한다. 의견서를 작성하기 위해서는 먼저 변호사가 사건에 관한 기본적 시각 및 법적 의견의 기본 틀을 형성해야 한다. 이 틀은 일련의 쟁점들로 이루어진다. 그 쟁점들은 단계별로 제기되는 질문을 요약한 것이다. 변호사는 법률 정보에 관한 조사를 통해 쟁점과 질문을 적절하게 배치함으로써 의뢰인의 요구에 부합하는 답을 찾을 수 있다. 흔히 질의 사항의 답을 얻기 위해 법을 이용한다고 생각하지만, 이는 이러한 틀이 만들어지고 난 후에 하는 일이다.[41]

즉 변호사는 사고의 틀을 구성하기 위해 법을 이용한다. 이때 변호사는 그 법을 이미 알고 있을 수도 있고, 혹은 새롭게 조사해야 할 때도 있다. 후자의 경우, 즉 법률 정보의 조사가 필요하다는 것은 변호사가 많은 판례와 교재, 법률을 읽어야 한다는 뜻이기도 하다. 이러한 조사 과정을 통해 변호사는 자신이 구성하려고 하는 일련의 쟁점뿐만 아니라 그 쟁점에 관한 답도 함께 찾을 수 있다. 다만, 논리적으로는 이 경우에도 그 쟁점들을 특정

40 Allison Wolfgarten, 앞의 책, 32면.

41 Allison Wolfgarten, 앞의 책, 32면.

하는 작업이 선행한다.[42]

법률 정보를 조사할 때에는 다음과 같은 점을 주의해야 한다. ① 자료를 충분히 섭렵해야 한다. 자료 조사를 충분히 해야만 해당 쟁점에 대한 깊이 있고 폭넓은 지식을 바탕으로 자신의 생각을 전개할 수 있다. 그리고 기존의 법률, 판례, 문헌을 검토함으로써 자신의 생각을 새롭게 구성할 수 있다. ② 자료를 취사선택해야 한다. 수집한 모든 자료의 내용을 의견서에 포함해서는 안 된다. 법률 정보는 의견서가 다루는 쟁점을 해결하기 위해 필요한 것만 선택되어야 한다. 불필요한 자료를 버리지 못하면 글의 통일성과 깊이를 갖출 수 없다.[43]

법률 정보를 조사할 때에는 해당 사건의 사실관계를 항상 의식해야 한다. 여기서 사실관계란 단순한 사실 혹은 사실 관련 정보가 아니라, 변호사가 검토하고 재구성한 것을 의미한다. 자신이 답을 찾고 있는 문제가 무엇인지를 모르는 상태에서 법률 정보 조사 작업을 해서는 안 된다. 법률 정보 조사 작업에는 목적이나 방향성이 있어야 한다. 예컨대 산업재해를 이유로 한 불법행위 관련 판례를 찾는 과정에서, 변호사의 마음속에는 '의뢰인(근로자)이 승소하기 위해서는 어떤 법률 조항에 근거해 청구권을 구성해야 할까?'라는 질문이 있어야 한다. 이런 질문이 없는 상태에서의 조사는 오랜 시간이 소요되고 어수선하게 진행된다.[44]

쟁점을 특정하고 사고의 틀을 구성하는 작업은 변호사가 사실을 재구성하는 데에도 도움이 된다. 이 작업을 통해 변호사는 어떤 사실이 사건과 관련되는 것인지, 그리고 여러 정보 중에서 어떤 것이 상대적으로 더 중요

42 Allison Wolfgarten, 앞의 책, 33면.

43 이화여자대학교 교양국어편찬위원회, 앞의 책, 39면.

44 Allison Wolfgarten, 앞의 책, 33면.

한 것인지를 알 수 있다.[45]

변호사는 의뢰인의 사건에 관한 구체적인 쟁점들을 특정해야 할 뿐만 아니라, 답변을 해야 하는 질문들을 특정해야 한다. 그 질문 중 어떤 것은 자문 요청서에 이미 표시되어 있지만, 어떤 것들은 거기에 없는 경우도 있다. 이렇게 숨겨진 질문을 찾기 위해서는 변호사가 자문 요청서의 질문을 하나씩 읽으면서 각 질문의 다음 단계에서 할 일이 무엇인지를 스스로에게 물어보는 것이 필요하다. 예컨대 자문 요청서에 상대방에게 손해배상 책임이 인정될 수 있는지를 묻는 질문이 있을 때, 변호사는 그 질문을 읽은 후 '그 책임은 계약 책임인지 아니면 불법행위 책임인지'를 스스로에게 물어야 한다. 그리고 이런 질문이 자문 요청서에 있다면, 다시 그다음 단계를 살펴보아야 한다. 이런 과정을 거쳐 숨어있는 쟁점도 반드시 특정하고 답변할 일련의 질문들 속에 적절히 배치해야 한다.[46]

해당 사건에 관한 쟁점 등이 적절하게 구성되었다고 생각된다면, 이를 상대방의 입장에서 검토해야 한다. 상대방의 관점에서 사건을 검토하지 않았다면, 아직 그 사건을 충분히 살펴보았다고 보기는 어렵다. 이런 작업을 하는 과정에서 그 전에 생각하지도 못한 쟁점들이 나타나곤 하기 때문이다.[47]

이렇게 전체적 틀을 구성한 이후에는 다시 사건 정보들을 전체적으로 살펴보면서 누락된 쟁점이 없는지를 점검해보는 것이 바람직하다.

---

45 Allison Wolfgarten, 앞의 책, 33면.

46 Allison Wolfgarten, 앞의 책, 33-34면.

47 Allison Wolfgarten, 앞의 책, 34면.

4) 질의에 대한 답변의 형성

변호사는 일련의 쟁점과 연결된 모든 질문에 답해야 한다. 질문의 답이 확실할 때도 있지만,[48] 그런 경우는 흔하지 않다. 질문에 관한 답이 명확한 경우에는 의뢰인이 비용을 지불해가며 법률적 의견을 물을 이유도 없다. 대부분의 경우에는 확실한 답을 구할 수 없다고 생각하는 것이 오히려 더 정확하다. 이렇게 사실관계 등이 불확실한 상황에서 어떤 결론을 구해야 할 때, 변호사는 자신의 판단력을 이용하여 그 법적 의견을 형성하게 된다. 이러한 점 때문에 로스쿨 학생들에게 자신의 법률적 판단력을 개발하고 연습할 것을 요구하며, 그런 내용이 포함된 답안지에 좋은 평가를 하는 것이다.[49]

변호사는 사실관계에 대한 법의 적용 문제뿐만 아니라 법 그 자체에 대해서도 자신의 법률적 의견을 제시해야 한다. 변호사는 사실관계 또는 법, 혹은 이 둘이 섞여 있는 쟁점에 관해 법률적 의견을 형성한다. 때때로 법률 정보를 조사하는 과정에서 답을 찾아낼 수도 있다. 그러나 대부분의 경우 변호사는 자신의 결론이 불확실한 상황에서 법과 사실이 허용하는 범위에 한해 스스로의 결론에 도달해야만 한다. 이렇게 자신의 의견을 형성할 때 변호사는 판단력을 사용한다.[50]

---

48 이는 사실관계 및 그에 대한 적용 법률이 확실하여 의문이 없거나 오직 하나의 법률적 의견만이 있는 상황에서 가능하다. 예컨대 어떤 계약서의 체결 사실에 관해 당사자들 사이에서 아무런 다툼이 없는 경우에 그 계약이 유효하다는 것은 너무나 분명하다. 이런 상황에서 변호사가 '그 계약 체결이 유효하다고 볼 여지가 있다'거나 '추후 재판 과정에서 법원이 그 계약 체결을 유효한 것으로 볼 가능성이 높다'는 의견을 내어서는 안 된다(Allison Wolfgarten, 앞의 책, 34면).

49 Allison Wolfgarten, 앞의 책, 34-35면.

50 Allison Wolfgarten, 앞의 책, 35면.

쟁점을 파악한 이후 법률적 의견을 형성하는 과정은, 답안지와 마찬가지로, 사안에 적용할 수 있는 법을 설명하는 부분과 그 법을 해당 사안에 적용하는 부분으로 구분된다. 이렇게 법에 관한 설명과 그 적용 과정을 구분함으로써 변호사는 법에 관한 해석 작업을 넓고 치밀하게 할 수 있다. 이렇게 하면 의뢰인이 변호사의 결론을 좀 더 쉽게 이해할 수 있다. 여기서 법에 관해 치밀한 설명을 해야 한다는 것은 학술적 태도로 접근하라는 뜻이 아니다. 이때에도 변호사는 사안의 사실관계를 염두에 두고 법을 찾고, 그 의미를 설명해야 한다.[51]

의견을 쓸 때 상대방의 입장에서 자신의 의견을 검토하는 과정은 필수적이다. 변호사가 질의 사항이나 서류 등에 나타난 사실관계를 검토하고 자신의 판단력을 활용한다고 하여 모든 쟁점에 옳게 답할 수는 없다. 좋은 답변을 하기 위해서는 판단력 외에도 추리력 또는 상대방의 입장에서 사건을 살펴보는 상상력 등이 변호사에게 필요하다. 의견서의 독자는 변호사의 의견 외에 다른 견해가 있는지를, 그리고 그것을 어떻게 반박할 수 있는지를 궁금해한다. 의뢰인의 주장에 비추어 승소 가능성이 높다고 하여 그 사건의 승소를 담보할 수 있는 것은 아니다. 왜냐하면, 상대방의 관점에서 그 사건의 승소 가능성이 높을 수도 있기 때문이다. 많은 소송 사건에서 사실관계의 진위 여부가 다투어지는데, 이 경우 재판에서 어떤 결과가 나올지를 예측하는 것은 쉽지 않다. 때때로 의뢰인이 신뢰한 증언이 허위이거나 혹은 중요한 증거 서류가 위조되었다는 점이 재판 과정에서 밝혀지는 경우도 있다. 따라서 상대방의 입장에서 사건을 검토하고 관련 쟁점을 상상하며 그에 관해서도 판단하는 것은 반드시 필요한 작업이다.[52]

---

51 Linda H. Edward, 앞의 책, 85-86면.

52 Allison Wolfgarten, 앞의 책, 35면; Linda H. Edward, 앞의 책, 96면.

법률적 답변의 구조

1. 쟁점의 서술
2. 적용할 수 있는 법(법률, 판례 등)에 대한 설명
3. 그 법이 사안에 적용되는지에 대한 판단
4. 변호사의 결론

답변을 형성하는 과정에서 변호사는 때때로 정책적 검토 작업을 하기도 한다. 특정 쟁점에 관해 판례 법리가 변화하는 추세에 있을 때 그 원인을 파악해야 한다거나, 향후 판례 법리의 변화 가능성을 예측해야 할 때가 있기 때문이다. 이는 의견서가 해당 사건에 대한 미래의 판결 내용을 예측하는 역할도 해야 하기 때문이다. 법률뿐만 아니라 판례 역시 당대의 사회·경제적 환경으로부터 영향을 받는다. 때때로 판결서에는 이와 관련한 법관의 고민이 나타나기도 한다. 다음에서 인용한 내용은 노동조합이 사용자의 구조조정 결정에 대해 반대하는 파업을 할 수 있는지에 대해 다투어진 판결에서 발췌한 것이다. 여기에서 대법원은 그 파업이 제한적으로 가능하다는 기존 입장에서 원칙적으로 금지된다는 입장으로 변경한 이유를 경제적 관점에서 설명하고 있다. 이것을 살펴보면, 의견서 작업에서 정책적 접근 방식의 필요성을 어느 정도 이해할 수 있을 것이다.[53]

> 경영권과 노동3권이 서로 충돌하는 경우 이를 조화시키는 한계를 설정함에 있어서는 기업의 경제상의 창의와 투자 의욕을 훼손시키지 않

53 Allison Wolfgarten, 앞의 책, 36면.

고 오히려 이를 증진시키며 기업의 경쟁력을 강화하는 방향으로 해결책을 찾아야 함을 유의하여야 한다. 왜냐하면 기업이 쇠퇴하고 투자가 줄어들면 근로의 기회가 감소되고 실업이 증가하게 되는 반면, 기업이 잘되고 새로운 투자가 일어나면 근로자의 지위도 향상되고 새로운 고용도 창출되어 결과적으로 기업과 근로자가 다 함께 승자가 될 수 있기 때문이다. 그리고 이러한 문제의 해결을 위해서는 추상적인 이론에만 의존하여서는 아니 되고 시대의 현실을 잘 살펴 그 현실에 적합한 해결책이 모색되어야 한다.

이러한 관점에 서서 오늘의 우리나라가 처하고 있는 경제 현실과 오늘의 우리나라 노동쟁의의 현장에서 드러나는 여러 가지 문제점 등을 참작하면, 구조조정이나 합병 등 기업의 경쟁력을 강화하기 위한 경영주체의 경영상 조치에 대하여는 원칙적으로 노동쟁의의 대상이 될 수 없다고 해석하여 기업의 경쟁력 강화를 촉진시키는 것이 옳다. 물론 이렇게 해석할 경우 우선은 그 기업에 소속된 근로자들의 노동3권이 제한되는 것은 사실이나 이는 과도기적인 현상에 불과하고, 기업이 경쟁력을 회복하고 투자가 일어나면 더 많은 고용이 창출되고 근로자의 지위가 향상될 수 있으므로 거시적으로 보면 이러한 해석이 오히려 전체 근로자들에게 이익이 되고 국가경제를 발전시키는 길이 된다.[54]

의견서에서 변호사는 의뢰인의 사건 혹은 질문에 대한 법률적 의견(예상)만을 기술해서는 안 된다. 변호사는 의뢰인이 무엇을 해야 하는지 혹은 무엇을 할 수 있는지를 조언해야 한다. 의뢰인은 해결 방법뿐만 아니라 어떻게 그 해결 방법에 접근하고 이용할 수 있는지를 알고 싶어 한다. 의뢰인

54 대법원 2003. 7. 22. 선고 2002도7225 판결.

이 원하는 것은 실제적인 조언이다. 의뢰인에게 어떤 단계와 방식 혹은 수단을 통해 그 문제의 해결 방안에 도달할 수 있는지를 알려주는 것은 의견서에서 중요한 부분이다.

5. 의견서의 기재 방법

1) 의견서의 일반적 기재 방법

의견서를 쓰는 것과 관련하여 엄격한 방식이나 공식이 있는 것은 아니다. 변호사는 자신이 원하는 바에 따라 의견서를 작성할 수 있다. 모든 변호사는 의견서와 관련하여, 다소의 차이가 있긴 하지만, 나름대로의 스타일을 가지고 있다.[55] 그럼에도 불구하고, 또한 좋은 의견서와 나쁜 의견서가 존재한다는 점도 분명하다. 좋은 의견서란 명료한 구조를 가지고 있고, 논리적이며, 그 논의 순서는 읽는 사람이 이해하기 쉽고 분명하다. 이런 사항들을 주의하며 의견서를 쓰는 과정을 반복하면서 변호사들은 자기 나름대로의 스타일을 발전시킨다.[56]

의견서를 작성하기 전에, 먼저 글의 개략적인 계획을 짜야 한다. 이 일은 법률 정보 조사 작업과 동시에 이루어지는 경우가 많다. 혹은 쟁점을 분

55 흔히 실무수습 학생들이 겪는 혼란은 의견서 작성 방법에 관해 여러 변호사로부터 상반된 평가 혹은 충고를 받는다는 것이다. 똑같은 의견서에 대해 어떤 변호사는 좋은 평가를 내리고 어떤 평가는 단점을 지적하곤 한다. 이는 당연한 것이다. 어떤 식으로 의견서를 쓰든, 거기에 대해 '나라면 그걸 그렇게 쓰진 않겠다'라고 얘기하는 변호사가 있을 것이다. 변호사로서 일하는 동안에도 여러 변호사로부터 모순되는 충고를 듣게 되는 경우가 많다. 그러한 지적을 받아들여 나름대로 소화하여 자신의 스타일을 만드는 것은 그 변호사의 책임이다.

56 Allison Wolfgarten, 앞의 책, 38면.

석하고 고민하는 과정에서 할 수도 있다. 글의 골격을 짠 후 의견서를 작성하면, 그렇지 않은 경우보다 좀 더 빠르게 일을 진행할 수 있다.[57]

글의 골격을 짜는 방식은 변호사의 개인적 성향과 습관에 따라 차이가 있다. 어떤 변호사는 핵심어 위주로 개요를 작성하고, 어떤 변호사는 쟁점별로 제목을 다는 방식을 이용하기도 한다. 어떤 변호사는 그림을 그리기도 하고, 어떤 변호사는 표를 만들기도 한다. 때로는 이런 과정을 거치지 않은 채 곧바로 의견서를 작성하면서 여러 차례의 검토와 퇴고 과정을 통해 글을 다듬는 변호사도 있다. 어떤 것이 최선이라고 말하기는 어렵고, 스스로에게 편하고 효율적인 방식을 택하는 것으로 충분하다. 이때 주의할 것은 글의 골격을 짜기 위해 지나치게 많은 시간을 소비해서는 안 된다는 점이다.

계획을 짠 후에는 의견서를 작성한다. 그 내용을 기재하는 과정은 변호사마다 차이가 있다. 어떤 변호사는 원래 계획하고 배열한 순서에 따라 쟁점별로 의견서의 초고 내용을 차례차례 채워나가고, 어떤 변호사는 쟁점들을 옮겨가며 초고를 작성하기도 한다. 그 어떤 경우든 자신이 작성한 초고를 여러 차례 검토해야 한다.

다음에서 말하는 의견서의 기재 방법은 기본적인 것을 설명하는 것일 뿐이다. 그 구조 역시 비교적 법문서로서 안정성을 가지고 있다는 장점은 있지만, 독창성은 부족하다. 다만, 로스쿨 학생들이 이러한 구조를 따라 글을 써보는 것은 의견서의 구조를 익히는 연습이 될 수는 있다.[58]

57 Allison Wolfgarten, 앞의 책, 38-39면.

58 Allison Wolfgarten, 앞의 책, 38면.

• 사건과 수신인 등의 기재례 •

수신 주식회사 고민
참조 총무부 총무과 인사 담당
제목 2011. 1. 10.자 징계 관련 질의(총무11-11)에 관한 답변

가. 사건과 수신인 등의 특정

의견서를 작성할 때는 그 의견서와 관련된 제목을 쓰고, 의견서를 받는 수신인 등을 표시해야 한다. 사건 제목은 주로 의견서 내용을 축약하여 사용한다(예컨대 "2011. 1. 1.자 단체교섭 응낙의무 관련 질의에 대한 의견").

의견서 작성·발송 일자를 의견서의 앞 부분에 기재하는 경우도 있다.

나. 서론

의견서의 서론에는 해당 사건이 무엇에 관한 것이고 그 글의 목적이 무엇인지가 나타나야 한다. 여기에서 변호사는 기본적 사실관계 및 중요 쟁점, 주요한 질의 사항 등을 특정한다. 다시 말해, 서론에서는 의견서 전체의 쟁점, 즉 주제가 드러난다. 그런데 주제란 글쓴이의 관점에서 내용을 구체화하고 심화시킨 것을 말한다. 따라서 변호사가 서론에서 주제를 정한다는 것은 자신이 집중적으로 살필 대상을 설정하고 글을 쓰는 목적과 의의를 분명히 한다는 것을 의미한다.[59]

만약 의견서에서 다루는 사실관계 또는 법률적 쟁점이 복잡하거나 다

---

59 이화여자대학교 교양국어편찬위원회, 앞의 책, 36면; Allison Wolfgarten, 앞의 책, 39면.

양하다면, 그 결론에 이르는 추론 과정에 관해 간략한 소개를 하는 것도 좋다. 이는 의견서를 읽는 독자가 어떤 경로를 통해 결론까지 이르는지를 미리 알려 그 이해를 돕기 위한 것이다.[60]

> 쟁점을 정리한 후에도, 역시 서두에서 앞으로 전개하여 나갈 추론 과정의 대략을 미리 밝혀두는 것이 독자의 이해에 많은 도움을 줄 수 있다. 예를 들자면, 필자가 부여한 첫 번째 실습 과제의 사실관계의 기본적 내용은 미성년자가 거리에 주차되어 있던 타인의 자동차를 부수었다는 것이었는데, 이 경우 메모나 의견서의 서두에서, 논의의 순서가 (i) 먼저 자동차를 부순 데 대한 민사책임, (ii) 형사책임의 내용을 아울러 분석하고 나서, (iii) 나아가 이와 같은 법률효과의 내용을 전제로 하여 의뢰인(이 사안의 경우에는 미성년자의 친권자)이 구체적으로 취하여야 할 행동의 내용을 살펴보는 것으로 진행된다는 것을 미리 밝혀줄 경우, 독자는 긴 문서를 읽어나가면서도 스스로 자신이 전체 법적 추론 과정 중 어디에 위치하고 있는지를 수시로 점검할 수 있고, 이는 곧 문장 전체가 논리적으로 잘 짜여 있다는 느낌(문장의 작성자에 대한 신뢰로 이어질 수도 있을 것이다)을 읽는 사람에게 줄 수 있다는 장점도 아울러 가지게 되는 것이다.[61]

사실관계를 기술할 때에는 그 세부 내용까지 분석하고 법적 근거와의 관련성을 고민해야 한다. 질의서의 사실관계를 의견서에 그대로 옮겨적거나 시간 순서대로 나열하는 것은 변호사들이 흔히 범하는 실수이다. 의견

60 John C. Dernbach 외, 앞의 책, 171면.

61 윤지현, 앞의 글, 318면.

• 서론 기재례 •

1. 사실관계 및 질의의 요지
귀사는 20인의 근로자를 사용하는 사업장으로서, 교재 개발 프로젝트 팀원인 갑은 11년간 귀사의 직원으로 근무하고 있습니다. 갑은 2011. 1. 4. 회사 회의실에서 회의 중 팀원인 병의 얼굴을 구타하고, 같은 날 회식 장소에서 다시 병에게 술을 끼얹고, 팀장인 을의 멱살을 잡고 욕설을 하였습니다. 위 사건과 관련하여 귀사는 아래 사항에 대해 저희 사무실의 의견을 요청하였습니다.
1) 갑의 욕설 및 폭행이 귀사의 취업규칙상 징계 사유에 해당하는지 여부
2) 위 징계 사유를 이유로 갑을 적법하게 해고할 수 있는지 여부
아래에서는 귀사의 질의 사항을 중심으로 저희 사무실의 의견을 개진토록 하겠습니다.

서의 서론에서는 조사 과정을 통해 확인된 사실 중에서 질의 사항 및 본론에 나올 의견과 관련된 내용만을 간결하게 기재해야 한다. 왜냐하면, 그 의견서를 읽는 의뢰인이나 동료 변호사는 이미 사실관계를 잘 알고 있기 때문이다.[62]

사실관계에 불명확한 점이 있다면, 그 한계를 미리 지적해두는 것도 좋다. 특히 향후 소송으로 이어질 것으로 예상되는 사건이나 사실관계에 관해 관련 당사자 사이에 다툼이 있는 경우에 이런 기재 방식이 적절할 수 있다. 예컨대 "귀하가 저희 사무실에 알려주신 사실관계에 따른다면" 혹은 "귀사가 제공한 단체협약서, 2011. 1. 1.자 단체교섭 요구서 등 관련 서류

62 Allison Wolfgarten, 앞의 책, 41면; Mary & Ray B. Barbara J. Cox, 앞의 책, 150면.

에 비추어볼 때 사건 경위는 아래와 같습니다." 등의 기재를 통해 변호사 자신이 파악한 사실관계가 제한적인 자료에 기초한 것이라는 점을 표시할 수 있다.

대부분의 변호사는 자신의 결론을 의견서의 마지막 부분에서 제시한다. 따라서 로스쿨 학생들이 의견서를 작성할 때에도 서론 부분에 해당 사건의 전체적 의견이나 결론을 기재할 필요는 없다. 이것이 현재 한국의 법률사무소에서 하는 일반적인 의견서 작성 방법이다.

다만, 요즈음 몇몇 법률사무소에서는 변호사에게 의견서의 서론 부분에서 해당 사건에 관한 전체적 의견을 제시할 것을 권유하고 있다. 이렇게 하면, 의뢰인이 변호사의 의견을 좀 더 명확하게 이해할 수 있다. 의견서의 전체 결론이 서론에서 기술될 경우, 읽는 사람은 그 추론 과정을 좇아가기만 하면 되기 때문이다. 나아가 이 방법은 변호사가 의견서의 골격을 짜는 단계에서부터 자신의 의견을 형성할 기회를 제공하고, 그 의견을 정하지 않은 상태에서 글쓰기를 시작하는 것을 막을 수 있다.[63]

다. 본론

의견서의 본론에서 변호사는 자신의 결론이 나오게 된 추론 과정을 기술한다. 이를 위해 변호사는 논리적 순서에 따라 쟁점들을 배열하고, 각 쟁점에 관한 자신의 의견 및 근거를 설명한다. 이때 모든 쟁점에 관해 자신의 의견을 기술해야 한다. 쟁점을 빠뜨리거나 그 결론을 읽는 사람의 직관에 맡겨서는 안 된다. 또한 의견서의 내용은 명료해야 한다. 만약 그 내용이 명료하지 않다면, 이는 변호사가 해당 사안의 사실관계와 법리를 제대로

63 Allison Wolfgarten, 앞의 책, 40면.

이해하고 있지 않다는 것을 뜻한다.[64]

법률적 추론 과정을 기술하는 것은 의견서의 대부분을 차지한다. 복잡한 쟁점들이 섞여 있거나 관련 법적 근거들이 많은 경우, 이 내용은 장황하고 지루한 것이 되기 쉽다. 따라서 변호사는 의뢰인이나 동료 변호사가 자신의 추론 과정을 따라오기 쉽도록 의견서를 구성해야 한다. 의견서를 읽는 사람은 그다음에 무슨 내용이 나오는지, 그 논의가 어떤 단계를 거쳐 진행되고 관련 단계를 좇아가면 종국적으로 어디에 닿는지를 알고 있어야 한다. 이때 각 쟁점 및 세부 쟁점별로 제목(부제)을 기재하고 관련 문단의 앞쪽에 자신의 의견이나 해당 주제를 기술하면, 독자의 이해를 도울 수 있다. 제목(부제)은 글을 읽는 사람에게 각 단계에서 무엇을 다루고 있는지를 알려준다. 그리고 변호사에게는 그 주제와 관련해서 무엇을 말해야 하는지를 알려주는 기능도 수행한다.[65]

사안에 대해 적용할 수 있는 법리를 설명할 때에는 법률에 관한 설명 외에도 다음과 같은 점을 적어야 한다. ① 법원이 그 법리에 관해 어떻게 설명하고 있는지를 기재한다. ② 법원이 그 법리를 어떻게 적용하고 있는지를 기재한다. ③ 법원이 어떤 경우에 그 법리를 적용하지 않는지에 관한 정보가 나타나야 한다. ④ 그 법리와 관련해서 법원이 강조하고 있는 요소가 나타나야 한다. ⑤ 그 법리를 뒷받침하는 정책적 근거가 있다면, 함께 기재한다.[66]

이때 변호사는 사안의 사실관계를 염두에 두고 법리를 설명해야 한다. 사실과 관련 없는 내용을 기술하는 것은 의견서 작성 과정에서 변호사들

---

64 Allison Wolfgarten, 앞의 책, 40면; John C. Dernbach 외, 앞의 책, 171면; Norman Brand & John O. White, 앞의 책, 69-70면.

65 Allison Wolfgarten, 앞의 책, 41면.

66 Linda H. Edward, 앞의 책, 89면.

이 자주 하는 실수이다. 대표적인 예는 다음과 같다. ① 의견서에 법학 교재에 나오는 일반적 내용을 설명하는 것은 적절하지 않다. 예컨대 불법행위 책임과 관련해 과실의 의미를 장황하게 설명하는 것은 법률 전문가인 변호사가 할 바가 아니다. 변호사는 항상 그 의견서의 작성 목적을 고려해 필요한 정보만을 제공해야 한다. ② 자신이 조사한 모든 판례 내용을 나열하는 것도 피해야 한다. 변호사는 의견서를 작성하는 과정에서 많은 판례를 조사하고 읽은 후에야, 특정 사실관계와 관련된 법률적 결론에 도달하곤 한다. 그러나 그렇다고 하여 변호사가 읽은 모든 판례를 적시할 필요는 없다. 판례에 관한 일반적인 검토 작업은 사고 과정의 한 부분이긴 하지만, 변호사의 의견 중 한 부분은 아니기 때문이다. 의견서에 변호사가 조사한 법률 정보를 적어서는 안 된다. 의견서는 법률 정보 조사를 통해 변호사가 도달한 결론 및 그 근거를 기술하는 것이다. ③ 해당 사실관계에 적용되지 않는 것이 명백한 판례를 기재해서는 안 된다. 아무도 해당 사안에 적용할 생각이 없는 판례를 의견서에서 검토할 필요는 없기 때문이다.[67]

관련 없는 내용을 기술하는 것은 추론 과정의 명확성을 해친다. 변호사의 추론 과정은 완벽해야 하고 관련된 모든 것이 포함되어야 한다. 또한 가능한 한 간결해야 하고 의견서와 관련 없는 내용이 포함되어서는 안 된다. 관련성 여부는 그것이 변호사의 의견의 한 부분인지, 그것이 추론 과정을 진행하는 데 필요한 단계인지, 혹은 그것이 의뢰인에게 제공하려고 하는 조언과 관련된 것인지 등 세 가지 관점에서 검토해 판단한다. 요컨대 변호사의 추론 과정은 명확하고 날카로워야 하며 핵심적이어야 하는바, 관련성 유무를 따지는 것은 그러한 추론 과정을 이루기 위해 필요하다.[68]

---

67 윤지현, 앞의 글, 325면; Allison Wolfgarten, 앞의 책, 41-42면; Norman Brand & John O. White, 앞의 책, 66면.

68 Allison Wolfgarten, 앞의 책, 41-42면.

의견서에서 변호사는 자신이 설명한 법리, 즉 법을 사안에 적용할 수 있는지 답변하고, 어떻게 그 결론이 도출되는지를 설명한다. 즉 변호사의 의견에는 근거도 함께 기재해야 한다. 이는 전체 결론뿐만 아니라 각 세부 쟁점에 관한 결론에 대해서도 마찬가지이다. 만약 해당 사안과 비슷한 판례가 있다면 그 유사성을, 다른 판례가 있다면 그 차이점을 지적한 후 그것이 변호사의 결론을 어떻게 뒷받침하는지를 설명할 수도 있다. 이러한 논증 방식 중 대표적인 것은 판례의 사실관계를 분해한 후 의뢰인의 사실관계를 여기에 대입함으로써 변호사의 의견을 뒷받침하는 것이다(유추적 논증).[69]

마지막으로, 변호사는 자신의 결론을 분명하게 기재해야 한다. 의견서의 결론을 적는 가장 일반적인 방법은 문단의 첫 부분을 '결국', '결론적으로', '그렇다면', '위에서 살펴본 바에 의하면' 등의 문언으로 시작하는 것이다. 만약 의견서의 서론 부분에서 변호사의 전반적 견해를 기재하지 않았다면, 그 마지막 부분에서 의견서를 작성한 변호사의 전반적 의견 혹은 결론을 알 수 있어야 한다. 여기에서 변호사는 자신의 의견을 마무리 짓는다. 흔히 변호사들은 그 이전 단계에서 기술한 자신의 의견 및 조언을 요약하는 방식으로 결론을 기재한다.

이렇게 결론을 기재할 단계에 이르렀을 때 변호사는 마지막으로 자신의 추론 과정에 혹시 공백이 있지 않은지, 혹은 그 추론의 일부를 독자의 직관에 맡긴 것은 아닌지를 살펴봐야 한다. '생각건대' 혹은 '결국'이라는 단어를 쓴 후 자신의 결론을 적는 것은 어렵지 않다. 의견서 작업에서 힘든 것은 치밀한 논증 구조를 만들고 채우는 일이다.[70]

69 Linda H. Edward, 앞의 책, 104-105면.

70 Norman Brand & John O. White, 앞의 책, 70면.

• 변호사 의견의 기재례 •

(2) 해고의 정당성 판단 기준

판례에 의하면, 「근로기준법」 제23조 제1항 소정의 정당한 해고 이유는 '사회통념상 고용계약을 계속할 수 없을 정도로 근로자에게 책임이 있는 사유가 있다든지 부득이한 경영상의 필요가 있는 경우'를 뜻합니다. 그리고 사회통념상 당해 근로자와 고용관계를 계속할 수 없을 정도인지 여부는 당해 사용자의 사업의 목적과 성격, 사업장의 여건, 당해 근로자의 지위 및 담당 직무의 내용, 비위행위의 동기와 경위, 근로자의 비위행위가 기업 질서에 미칠 영향, 과거의 근무 태도 등 여러 가지 사정들을 종합적으로 검토하여 판단하고 있습니다(대법원 1998. 11. 10. 선고 97누18189 판결).

(3) 갑에 대한 해고처분의 정당성 여부 검토

갑의 병에 대한 폭행이 업무시간 중에 이루어진 회의석상에서 행해진 점, 팀장인 을이 주의를 주었음에도 다시 병을 폭행하고 나아가 팀장인 을까지 폭행한 점, 갑이 이전에도 상사를 폭행한 전력이 있는 점 등을 고려할 때 갑의 비위행위의 정도는 중하다고 보여집니다.

그러나 갑이 11년간 귀사에 근무하며 기여한 정도, 을이 외부로부터 영입된 자로서 갑의 을에 대한 반발심에 참작할 사정이 있는 점, 을이 갑의 폭행으로 인해 상해를 입지는 않은 점, 갑이 시말서 등을 통하여 반성한다는 의사를 표시하고 있는 점 등을 고려할 때, 귀사가 갑에 대하여 정직 등 다른 징계처분을 할 수 있음에도 갑을 해고하는 것은 징계재량권의 남용에 해당하여 무효라고 판단될 수 있습니다.

예로 든 기재례는 판례에서 판시하는 사실관계와 해당 사안의 사실관계를 대비하는 유추적 논증 과정을 통해 변호사의 의견을 뒷받침하는 논거를 적절하게 제시하고 있다. 그러나 이 기재례에서 법적 근거를 사안에 적용하는 과정에 전혀 결점이 없다고 평가하기는 어렵다. 왜냐하면, 판례에서 징계해고의 정당성을 판단하는 요소들에는 "사업의 목적과 성격, 사업장의 여건, 당해 근로자의 지위 및 담당 직무의 내용" 등이 포함되어 있는데, 기재례에서 변호사는 비위행위의 동기와 경위, 근로자의 비위행위의 성질에만 주목하고 있기 때문이다. 만약 여기에서 기업 쪽의 사정을 함께 고려한 점이 나타났다면, 그 의견은 좀 더 객관적이라는 인상을 줄 수 있었을 것이다. 이렇듯 법적 근거를 찾고 그것을 사안에 적용하는 과정은 법조인으로서 치밀함과 판례의 취지를 정확하게 분석하는 노력이 필요한 작업이다.

라. 작성일, 기명날인

의견서의 끝부분에는 그 작성 일자를 쓰고, 줄을 바꿔 변호사의 성명을 기재한 후 도장을 날인하거나 서명한다.

2) 의견서 작성 시 주의 사항

가. 본론 작성 시 유의 사항

첫째, 해당 사건과 관련된 당사자의 책임에 관해 설명할 때에는 먼저 당사자의 책임 유무를 살피고, 그다음에 책임의 정도(혹은 양)를 검토한다. 예컨대 특정 사안과 관련해 소송이 제기될 가능성이 있는 갑甲과 을乙의 책임 여부에 관한 의견서에서 변호사는 갑甲, 을乙의 책임 유무에 대해 먼저 판단한 후 그다음 단계에서 각자의 책임의 정도를 살펴보아야 한다. 왜냐하면, 어떤 사람에게 책임이 없다면 책임의 정도를 살필 필요가 없고, 따라서 그 책임 유무를 먼저 검토하는 것이 효율적이기 때문이다(관련자가 단지 두 명이 아니라 수십 명이라고 가정한다면, 그 효율성을 좀 더 쉽게 이해할 수 있을 것이다).[71]

둘째, 추론 과정에서는 증거의 유무도 검토해야 한다. 즉 특정 사실관계를 전제하고 의견서를 작성할 때 변호사는 그 전제 사실을 증명할 증거가 있는지도 살펴보고, 실제 재판이 진행될 경우 증명이 가능한지를 고민해야 한다. 의뢰인이 자신의 주장을 뒷받침할 만한 아무런 증거가 없는 상태인데도, 변호사가 그 주장 사실만을 가지고서 승소를 자신한다거나 관련 법적 의견을 기술하는 것은 적절하지 않다. 이런 경우에는 어떤 증거가 누락되어 있고, 어떤 경로를 통해 획득할 수 있는지도 의견서에 기재하는 것이 좋다.[72]

셋째, 때때로 관련 절차를 기술해야 할 수 있다. 예컨대 관련 소송에서 청구 기간의 제약이 있다거나 전심 절차를 거쳐야만 하는 경우에는 그런 내용도 의견서에 포함해야 한다.[73]

나. 의견의 기술

변호사는 의견서에서 자신의 법률적 의견을 명료하게 기술해야 한다. 이때에는 법률 전문가로서 판단해야 한다. 특히 결론에서는 판례 법리의 단순한 반복이나 비법률가적인 감상 등이 있어서는 안 되며, 법률적 판단이 간결하게 표현되어야 한다. 또한 소송서류를 작성할 때 사용하는 논쟁적 혹은 설득적 글쓰기 방식을 이용해서는 안 된다.[74]

---

71 Allison Wolfgarten, 앞의 책, 42면.

72 Allison Wolfgarten, 앞의 책, 43면.

73 Allison Wolfgarten, 앞의 책, 43면.

74 Norman Brand & John O. White, 앞의 책, 64면.

변호사는 명확한 답 혹은 확실한 결론을 이끌어낼 수 없는 질의 사항에 관해 의견서를 작성해야 하는 경우가 많다. 이때 변호사는 판단력을 이용하여 자신의 의견을 형성한 후, 불확실한 상황에서 그 답변을 의뢰인 등에게 제공한다. 대부분의 사람은 그 변호사의 의견이 도출 가능한 여러 견해 중 하나라는 걸 알고 있고, 따라서 그 답변에 결점이 전혀 없을 것을 기대하지는 않는다.[75] 따라서 의견서를 작성할 때 지나치게 단정적인 표현을 사용해서는 안 된다. 예컨대 "이 사건은 승소할 가능성이 높습니다."라고 표현하면 충분한 경우에 "이 사건은 반드시 승소할 것입니다."라는 표현을 사용해서는 안 된다. 또한 지나치게 불확실성을 강조하는 표현을 사용하는 것도 올바르지 않다. 예컨대 "이 사건이 재판에 이를 경우, 그 사실관계의 증명 여부에 따라 승소가 좌우될 것입니다."라는 표현은 전혀 무용하다. 요컨대 변호사는 답변 과정에서 확실성과 불확실성을 적절하게 조화해야 한다.[76]

다. 판례의 인용

변호사가 읽은 모든 판결을 의견서에 기재하려고 해서는 안 된다. 해당 사안과 관련성을 갖는 판례만을 적시해야 한다. 의견서에 기재된 모든 의견마다 판례로 뒷받침해야 하는 것도 아니다. 변호사의 의견이 일반적 법리에 터 잡아 형성되는 경우도 있기 때문이다. 의견서 중에는 판례를 전혀 언급하지 않는 것도 있다. 관련되는 판례가 없다면, 적어서는 안 된다.[77]

여러 판결을 찾았는데, 그 판결서들의 판시 내용에 별다른 차이가 없다면, 최근 선고된 대법원 판결들을 인용하면 된다. 만약 최근 선고된 대법원

75 일부 의뢰인이 특정 사안과 관련해서 여러 곳의 법률사무소에게 동시에 의견서를 요청하는 것도 이런 이유 때문이다.

76 윤지현, 앞의 글, 323면; Allison Wolfgarten, 앞의 책, 45면.

77 Allison Wolfgarten, 앞의 책, 46면.

판결이 없다면, 과거 선고된 대법원 판결을 인용해도 무방하다. 어떤 경우에도 그 판결이 선고될 당시의 법률과 현재 법률에 차이가 없는지는 반드시 확인해야 한다. 관련되는 대법원 판결이 없을 때는 부득이하게 하급심 판결을 조사해야 한다. 이때는 다양한 정보 검색 방법을 활용해야 한다(이상의 판례 인용 방식은 소송서류의 경우에도 동일하다). 그리고 하급심 판결을 인용할 때에는 그 효력이 제한적이라는 점을 명시할 필요가 있다.

판례는 법률적 근거로서 기능할 수 있는 곳, 변호사의 추론 과정의 일부를 구성하는 곳, 혹은 변호사가 결론을 도출하는 데 도움이 될 수 있는 곳에서 인용되어야 한다. 단지 변호사가 그 판례를 알고 있다는 점을 보여주기 위해 인용해서는 안 된다.[78]

판례를 인용할 때에는 판결서 전체를 읽어본 후 변호사 자신의 의견에 관한 근거로 삼을 수 있는지를 검토해야 한다. 판결 요지만을 읽고 판례를 근거로 사용하는 것은 삼가야 한다. 의견서나 소송서류 등을 작성할 때 교재나 논문 내용을 참고하면서 거기에서 인용된 판례를 함께 기재하는 경우가 있다. 이때에는 무작정 교재나 논문에 기재된 사건번호를 옮겨 적어서는 안 되며 반드시 그 판결의 존재 여부를 확인해야 한다. 왜냐하면, 때때로 교재나 논문에서 사건번호를 잘못 기재하는 경우가 있기 때문이다. 또한 판결의 전체 내용을 확인함으로써 변호사 나름대로의 기준에 따라 판결을 이해하고 분류하고, 해당 사건과의 관련성을 찾아야 한다.

라. 자료가 부족한 경우

변호사가 의견서 작업에 필요한 모든 정보를 갖춘 질의서를 받는 경우는 많지 않다. 사실관계와 관련하여 변호사가 원하는 정보와 의뢰인이 갖

78 Allison Wolfgarten, 앞의 책, 46면.

고 있는 정보 사이에는 격차가 있을 수밖에 없다. 그렇다고 하여 변호사가 이를 이유로 해당 쟁점에 관한 의견을 생략할 수는 없다.[79]

이런 경우 변호사는 자신이 가지고 있는 모든 정보를 이용하여 조언을 해야 한다. 변호사가 가지고 있는 정보가 적으면 적을수록, 그 의견서의 양이 늘어나곤 한다. 왜냐하면 그러한 경우 변호사는 모든 경우의 수를 감안하여 사안을 상상하고 그에 관한 법률적 검토를 해야 하기 때문이다.[80]

때때로 질의 사항을 검토하는 과정에서 의뢰인이나 동료 변호사에게 그 의미나 사실관계를 확인하는 것이 필요할 수도 있다. 만약 그 사실관계의 여하에 따라 자신의 의견이 변경될 수 있다면, 사실 여부를 확인한 후 의견서를 작성하는 것이 바람직하다. 만약 그렇지 않다면, 굳이 확인 작업을 할 필요는 없다.[81]

마. 의견서의 문체

의견서를 작성할 때에는 의뢰인이나 동료 변호사를 존중하는 태도를 유지해야 한다. 따라서 의견서는 평어체가 아닌 경어체로 작성되는 것이 일반적이다. 의뢰인이 거짓말을 하고 있다고 생각하거나 무작정 그에 관해 도덕적 판단을 하려고 해서는 안 된다. 의뢰인의 진술이 의심스러울 경우에는 그 증거 여부를 확인하는 것이 우선되어야 한다. 동료 변호사가 질의 사항을 부정확하게 기재했다고 하여 이를 지적하거나 비판하는 것도 삼가야 하고, 전문가로서 대우해야 함을 잊어서는 안 된다.[82]

소속 법률사무소에서 일반적으로 사용하는 서식이 있다면, 그에 맞추어

79 Allison Wolfgarten, 앞의 책, 46면.
80 Allison Wolfgarten, 앞의 책, 46-47면.
81 Allison Wolfgarten, 앞의 책, 47면.
82 Allison Wolfgarten, 앞의 책, 48면.

의견서를 작성하는 것이 좋다. 컴퓨터로 의견서를 작성할 때에는 불필요한 편집을 하지 않는 것이 일반적이다. 하나의 의견서에서는 통상적으로 한 종류의 글씨체만을 사용한다. 글자를 굵게 편집하거나 밑줄을 친다고 하여 그 글의 설득력이 올라가는 것이 아니라는 것도 유념해야 한다. 글의 설득력은 글의 체계와 쟁점의 올바른 배열, 내용의 정밀함 등에 달려 있다.

7장

소송서류 작업의 이해

1. 소송서류 작업의 의의

실무에서 변호사가 하는 업무는 다양하다. 「변호사법」에 의하면, 변호사는 거의 모든 법률적 사무를 수행할 수 있다. 그런데 그중에서 가장 중요한 업무 영역은 소송이다. 실제 많은 변호사가 소송 업무를 수행한다.[1]

소송 업무를 대리할 때 변호사는 자신이 처한 시간적·물리적 조건에서 법률 전문가로서 성실하게 일해야 한다. 변호사는 고도의 법률 지식과 경험을 갖춘 전문가이므로, 사회 일반인에게 요구되는 것보다 더 무겁고 높은 수준의 주의 의무를 이행해야 한다. 따라서 변호사는 수임 사건의 사실관계를 정확히 분석·종합하여 법적 쟁점을 추론한 후 치밀하게 법률 지식을 전개해야 한다. 이를 위해서는 변호사가 해당 법률문제에 관한 법률, 판

1 도재형, 앞의 책, 213면; 진홍기, 앞의 글, 250면.

례, 법 이론을 이해하고, 법문서 작성에 관한 기본적 능력 및 변론 기술을 갖춰야 한다.[2]

변호사가 소송 업무를 수행하기 위해서는 소송서류의 작성에 필요한 기본 능력을 갖고 있어야 한다. 이는 단지 글을 잘 쓰는 것을 의미하지 않는다. 모든 법문서가 그렇듯이 변호사가 소송서류를 제대로 작성하기 위해서는 그 서류가 어떤 절차에서 어떻게 활용되는지, 그 절차에서 해당 변호사에게 요구하는 역할이 무엇인지, 누가 그 소송서류를 읽는지 등을 알고 있어야 한다. 그리고 소송서류는 의견서와 달리 재판 절차에서 논쟁의 수단으로 활용되고, 대립적인 상대방 또는 그 대리인인 변호사가 그 내용을 읽으며, 법관의 판단 대상이 된다는 점을 주의해야 한다.

소송서류를 작성하는 과정은 변호사가 해당 사건을 이해하고 분석하는 과정이기도 하다. 변호사는 소송서류 작업을 염두에 두고 사건을 검토할 때, 그 사건의 쟁점이나 법리, 해야 할 작업 내용들을 좀 더 뚜렷하게 알 수 있다.

소송서류를 제대로 작성하는 것은 그 변호사에 대한 평가와 직접 연결된다. 어떤 변호사는 이길 사건은 이기고 질 사건은 지게 될 뿐이며 소송의 승패에서 변호사의 역할은 작다고 말하기도 한다. 소송에서 이긴 변호사가 겸양의 마음으로 이런 얘기를 할 수는 있다. 많은 경우 이 표현이 틀렸다고 하기는 어렵다. 그러나 이를 소송에서 변호사의 개인적 능력이나 성실성이 승패의 변수가 아니라는 뜻으로 받아들여서는 안 된다. 이념적으로 볼 때, 형사재판에서 변호인이 법관에게 유죄에 관해 1%의 의심만을 불러 일으켜도 그 피고인은 무죄 판결을 받을 수 있다. 민사소송에서도 마찬가지이다. 상대방보다 1%라도 더 신빙성이 있는 증거를 제출하거나 좀 더

2 도재형, 앞의 책, 213면.

우월한 법리를 주장하면 승소가 가능하다. 이러한 변호사의 능력과 성실함은 소송서류를 통해서도 발휘되어야 한다.

2. 소송서류 작업의 목적과 그 독자

변호사는 의뢰인의 승소를 위해 소송서류를 작성한다. 따라서 그 글쓰기는 논쟁적이고 설득적이어야 한다. 이는 또한 적대적 상대방이 존재하는 작업이다. 변호사는 자신의 주장을 해야 할 뿐만 아니라 상대방의 주장을 반박해야 한다. 상대방은 언제나 변호사가 작성한 소송서류의 허점을 발견하려고 노력한다. 따라서 그 글쓰기는 치밀하고 오류가 없어야 한다.

소송서류는 의견서와 두 가지 점에서 다르다. ① 소송서류의 결론은 항상 '의뢰인의 승소'라는 내용으로 확정되어 있다. 변호사는 소송서류에서 그 결론을 뒷받침할 수 있는 다양한 방법을 기술해야 한다. ② 의견서와 달리 소송서류는 논쟁적이다. 소송서류에서 변호사는 법관에게 의뢰인이 주장하는 법리나 사실관계가 타당하다는 점을 설득해야 한다(설득적 글쓰기). 예컨대 소송서류를 작성할 때 변호사는 의뢰인의 잘못 및 법리적 약점을 미리 알리거나 지나치게 솔직하게 접근할 필요는 없다. 의견서는 의뢰인의 상황에 관해 법률적 설명 혹은 예견을 하는 것이므로 그 장단점을 솔직하게 거론해야 하지만, 소송서류는 그렇지 않다는 것이다. 이는 또한 소송에서 의뢰인의 약점을 주장할 책임이 원칙적으로 상대방에게 있고, 그 의뢰인의 대리인이나 변호인에게는 없기 때문이기도 하다.[3]

---

3 John C. Dernbach 외, 앞의 책, 235-236면; Norman Brand & John O. White, 앞의 책, 81면.

소송서류의 주요한 독자는 법관이다. 변호사는 소송서류를 통해 법관을 설득함으로써 승소라는 글쓰기의 목적을 달성할 수 있다. 그런데 법관은 변호사와 마찬가지로 전문적으로 훈련된 법조인이고, 법리에 관한 기본적 이해를 갖추고 있다. 따라서 변호사는 소송서류에서 일반적 법리에 관해 장황하게 설명하기보다는 사건의 쟁점과 관련된 법리를 직접 다루어야 한다. 「민사소송규칙」 제4조 제1항이 "소송서류는 간결한 문장으로 분명하게 작성하여야 한다."라고 규정한 것도 같은 취지이다.[4]

독자로서 법관이 지닌 특징으로는 다음과 같은 점을 들 수 있다. ① 법관은 판례의 구속력을 인정하고 그에 따라 판단하려는 경향이 강하다. 따라서 변호사가 법관을 설득하기 위해서는 법률과 판례에서 자신의 논거를 찾아야 한다. ② 법관은 법률 전문가로서의 정체성이 강하다. 따라서 감정적인 문언이나 언동보다는 법리적 논쟁을 통해 법관을 설득하기 위해 노력해야 한다. ③ 법관은 변호사의 주장에는 법률적 근거가 있다고 예상한다. 따라서 변호사는 소송서류에 나타난 자신의 주장에 대한 논거를 제시할 수 있어야 한다.[5]

소송서류는 법관이 그 추론 과정을 따라오기 쉽도록 작성해야 한다. 그러기 위해서는 소송서류에 변호사의 법률적 주장과 사실관계가 간결하고 일관되게 나타나야 한다. 그리고 그 구조는 법조인의 일반적인 사고 과정에 부합해야 한다. 법적 논의가 무질서하게 나열되거나 사실관계가 정리되어 있지 않은 소송서류는 소송의 승패에 나쁜 영향을 미친다.[6]

소송서류의 내용은 신뢰할 수 있어야 한다. 변호사는 어떤 경우에도 소송서류에 허위 사실을 기재해서는 안 된다. 또한 해당 사안에 적용되는 법

---

4 Linda H. Edward, 앞의 책, 257면.

5 Norman Brand & John O. White, 앞의 책, 86면.

6 John C. Dernbach 외, 앞의 책, 245면.

률적 쟁점을 회피하거나 사실관계를 왜곡해서도 안 된다. 변호사는 설득의 과정을 통해 자신의 목적을 달성하기 위해 노력해야 한다. 이것이 그 소송서류의 신빙성을 높이는 길이기도 하다.[7]

3. 분쟁 해결 수단으로서 소송의 선택

의뢰인은 자신의 분쟁을 해결하기 위해 변호사에게 사건을 의뢰한다. 그런데 많은 경우 의뢰인은 분쟁을 해결할 수 있는 적절한 법적 수단을 알지 못하기 때문에 그 선택을 변호사에게 맡기거나 변호사의 조언에 의지한다. 이 경우 변호사는 관련 사실 및 증거 자료 등을 토대로 의뢰인의 분쟁을 효율적으로 해결할 수 있는 법률적 수단이 무엇인지를 검토하고 의뢰인의 동의를 얻은 후 그 절차를 밟아야 한다.[8]

의뢰인이 변호사에게 소송을 맡기겠다는 의사를 밝힌 경우에도, 소송 외의 방법으로 분쟁을 해결할 수 있는지를 먼저 검토하는 것이 바람직하다. 만약 당사자 사이의 화해 등이 가능하다면, 변호사가 화해를 주선하거나 법원에 조정 신청을 하는 것이 바람직하다. 소송은 그 승패 여부를 떠나 의뢰인에게 물질적·정신적 타격을 주는 것이므로 항상 최종적인 선택지로 생각해야 한다. 그렇다고 하여 변호사가 소송을 두려워하거나 그 절차에 뛰어드는 것을 주저할 필요는 없다. 다만, 소송에서의 승리만이 법률 분쟁에서 최고의 해결 방법은 아니라는 점을 잊지 말아야 한다.

소송은 상대방을 적대적 관계에 놓고 법률 전문가인 법관의 판단에 의

7 John C. Dernbach 외, 앞의 책, 245면.

8 사법연수원, 『민사실무 I』, 2009, 15-16면.

해 분쟁을 해결하는 과정이다. 소송은 변호사가 수행해야 할 업무 중 가장 핵심적이고 전문성을 띤 영역이며, 고도의 주의력과 세심한 준비가 필요한 영역이기도 하다. 따라서 변호사가 소송 업무를 대리하기 위해서는 소송 절차에 대한 이해와 전문가다운 집중력·판단력 등이 필요하다.[9]

소송 업무를 잘 수행하기 위해서는 의뢰인과의 성실한 면담과 준비 작업이 필수적이다. 그런데 의뢰인이 항상 자신의 상황을 잘 설명할 것을 기대하기는 어렵다. 그로 인해 변호사는 사건의 사실관계 및 쟁점을 파악하는 데 많은 시간을 소비하곤 한다. 변호사는 의뢰인의 요령 없는 설명을 자연스러운 것으로 여겨야 한다. 환자가 의사 앞에서 자신의 증상을 제대로 설명하는 경우가 많지 않은 것과 같은 이치이다. 변호사는 어떤 경우에든 친절하게 상담해야 한다. 만약 의뢰인이 누락한 자료나 확인이 필요한 사항이 있는 경우에는 추후 면담 일정을 정하는 것이 좋다.[10] 상담에서 의뢰인은 자신에게 불리한 내용을 알리지 않는 경우가 있다. 의뢰인이 불리한 내용을 의식적으로 숨기는 경우도 있지만, 그 대부분은 무의식적으로 불리한 내용을 기억하지 못하는 경우이다. 따라서 변호사는 상담 과정에서 상대방의 관점에 따라 사실관계를 검토하고, 의뢰인과 함께 상대방의 제기 가능한 반론을 점검하고 대응책을 준비하는 것이 필요하다.

한편, 변호사에게 처음 사건이 의뢰될 때에는 각 사건이 「민법」, 「상법」 혹은 「민사소송법」의 독특한 쟁점만을 '꼬리표처럼' 달고 오는 것이 아니다. 따라서 변호사는 사건의 내용을 분석하여 의뢰인이 원하는 결과

---

9 사법연수원, 『민사실무 I 』, 13면.

10 상담자가 가져온 서류의 원본은 법률사무소가 보관하지 않는 것이 바람직하다. 다음 상담을 위해 혹은 기록을 위해 필요하다면 사본을 작성하여 보관하는 것으로 충분하다. 때때로 원본의 소재 여부를 두고 상담자와 변호사 사이에 분쟁이 발생하는 경우가 있기 때문이다(사법연수원, 『민사실무 I 』, 8면).

에 이르기 위해 가장 적절한 법리를 모색하고 그 구성요건에 맞게 사실관계를 다듬어 주장·증명해야 한다. 동일한 사실관계하에서도, 변호사에 따라 주장하는 법리적 틀은 다를 수 있다.[11]

이렇게 당사자의 주장을 정리하고 소송을 준비하는 과정에서 변호사는 상대방이 다툴 만한 사항이 무엇인지, 상대방이 제기할 가능성이 있는 항변(재항변) 사유로는 어떠한 것들이 있으며, 그 요건사실을 증명할 수 있는지 등을 살펴야 한다. 특히 상대방이 다툴 경우 이를 증명할 증거방법이 있는지(무엇인지)도 검토해야 한다. 문서는 원본의 존재 여부를 확인해야 하며, 증인을 직접 면담하여 사실관계를 재확인하고 필요한 경우에는 진술서를 미리 받아두어야 한다. 만약 미리 확보해야 할 증거가 있다면, 의뢰인의 협조를 구해야 한다. 「민사소송규칙」 제69조의2 역시 "당사자는 주장과 입증을 충실히 할 수 있도록 사전에 사실관계와 증거를 상세히 조사하여야 한다."라고 규정하고 있다.[12]

4. 설득적 글쓰기

의견서 작업과 달리 소송서류 작업은 설득적 글쓰기 과정이다. 민사소송에서 설득적 글쓰기는 준비서면의 교환 과정에 가장 많이 사용된다. 형사소송에서는 변론의 전체 과정에서 설득적 글쓰기가 사용된다. 흔히 생각하는 것과 달리, 소송에서 다루는 사실관계는 유동적이고 법률의 적용 여부는 모호하다. 결국 소송에서 법조인은 글쓰기를 통해 법관이 자신의 결론을 받아들이도록 설득해야 한다. 따라서 좋은 법조인이 되기 위해서

11 진홍기, 앞의 글, 249면 각주 36.

12 사법연수원, 『민사실무 I』, 13-14면.

는 설득적 글쓰기에 익숙해져야 한다.

설득적 글쓰기에서 법조인이 사용하는 논증 수단은 법리 중심적인 것과 서술적인 것으로 구분할 수 있다.

첫째, 법리 중심적 논증rule-based reasoning 방식이다. 그 전형적 예로는 삼단논법三段論法을 들 수 있다. 앞에서 살펴본 바와 같이 법조인의 일반적 논증 과정은 쟁점의 파악, 법리의 설명 및 평가, 적용, 결론 등과 같은 4단계를 통해 이루어진다. 즉 특정 사안에 적용될 법을 발견하고 이를 적용함으로써 그 결론을 이끌어내는 것이다.[13]

이를 응용한 것으로는 유추적 논증analogical reasoning 방식이 있다. 예컨대 특정 사안에 적용할 수 있는 판례를 설명하고, 판례에서 판시한 사실관계와 그 사안의 사실관계를 비교하고 공통점을 드러냄으로써 법관이 그 판례를 해당 사안에 적용하도록 설득하는 방식이다. 반대의 방식도 가능하다. 즉 특정 사안에 적용될 수 있는 판례를 설명한 후 그 사실관계와 사안의 사실관계의 차이점을 비교함으로써 사안에 관련 법률이 적용될 수 없다는 점을 밝히는 것이다. 이미 설명한 바와 같이, 성문법은 완벽하지 않고 많은 경우 판례에 의해 보충된다. 이 점에서 유추적 논증 방식은 실무에서 효과적인 설득 수단으로 취급된다.[14]

법리 중심적 논증 방식은 재판에서 변호사들이 가장 많이 사용하고, 학생들이 로스쿨 재학 기간에 공부하는 것이기도 하다. 사실, 로스쿨 학생들은 그 3년의 재학 기간에 법의 내용 및 그것을 사례에 적용하는 훈련을 한다. 그 주요한 내용은 앞에서 설명한 바 있으므로, 여기에서 다시 다루지는 않겠다.

---

13 Linda H. Edward, 앞의 책, 4면.

14 Linda H. Edward, 앞의 책, 5-6면; Norman Brand & John O. White, 앞의 책, 87-88면.

둘째, 서술narrative 방식 역시 법조인의 중요한 논증 수단이다. 이를 스토리텔링 방식의 설득 방법이라고 말할 수도 있을 것이다.

서술을 통한 글쓰기는 배경, 갈등, 인물, 관점, 주제 및 구성 등과 같은 요소를 통해 이루어진다. ① 배경setting은 사실 관련 배경과 법리적 배경으로 구분할 수 있다. 사실 관련 배경은 해당 사건의 발생 경위 등을 이해하는 데 도움이 되는 사실 정보를 뜻하고, 법리적 배경은 그 사건에 적용할 법리를 이해하는 데 도움이 되는 관련 법률 정보를 뜻한다.[15] ② 갈등은 해당 사건의 다툼이 일어나는 지점 혹은 주제를 의미한다. 변호사는 소송서류에서 그 법리적 배경 혹은 사실관계와 관련된 갈등 상황을 분명하게 서술해야 한다. ③ 인물은 의뢰인을 뜻한다. 변호사는 법관의 공감을 이끌어낼 수 있도록 그 당사자의 행위를 서술해야 한다. ④ 소송서류에서 변호사는 제삼자적 관점에서 객관성을 유지해야 한다. ⑤ 변호사는 소송서류에서 다루고자 하는 주제, 예컨대 형사사건에서는 그 변론의 방향을 명료하게 서술해야 한다. ⑥ 구성plot이란 앞에서 살펴본 서술의 요소들을 엮는 틀을 의미한다. 변호사는 소송서류에서 앞서 언급한 요소들을 적절히 배치함으로써 자신의 주장이 법리적으로 수용 가능하다는 점을 드러내야 한다.[16]

---

15 흔히 소송서류에서는 해당 사건에 적용될 수 있는 법리만 다루는 경우가 많다. 이는 법관이나 변호사, 검사 등 법조인이 법리에 관한 기본 지식을 이미 갖추고 있다는 점을 전제한 것이다. 그러나 때때로 전문적인 법 분야에서는 해당 사건에 적용할 법리 외에 그 배경이 되는 법리를 설명할 필요가 있다. 왜냐하면, 그 사건을 다루는 법관이나 상대방 변호사가 그 분야에 관한 법리적 지식을 갖추고 있지 않은 경우가 있기 때문이다. 예컨대 특정 법 분야에 관해 아무런 지식이 없는 법관이 그와 관련된 전담 재판부에 배치되곤 한다. 이런 경우 소송서류에서 법리적 배경에 관한 설명을 소홀히 하면, 법관이 법리를 오해한 채 엉뚱한 판결을 선고하기도 한다. 이때 변호사가 그 잘못을 교정하는 데는 많은 수고와 시간이 소요된다. 변호사는 법리적 배경 지식에 대한 설명을 통해 이런 결과를 방지할 필요가 있다.

16 Kenneth D. Chestek, "The Plot Thickens: The Appellate Brief as Story", *The Journal of*

서술 방식은 의뢰인을 중심에 둔다는 점에서 법이 중요한 역할을 하는 법리 중심적 논증 방식과 구별된다. 법리 중심적 논증 방식은 가장 강력한 설득 수단임에도 불구하고, 한 가지 약점을 가지고 있다. 그것은 그 논증 과정에 사람이 빠져 있다는 점이다. 즉 논증의 2단계에서 법을 발견하고 해석하는 것뿐만 아니라 1단계에서 발견하는 쟁점 역시 법률적 쟁점을 뜻한다. 3단계에서 법을 적용할 때 사람이 드러나는 경우도 있지만 그것 역시 법률의 적용 대상에 불과하다. 4단계에서도 법의 적용 결과만이 나타난다. 이러한 법리적 논증 방식은 민사법(재산법) 분야에서는 매우 핵심적이고 강력한 논증 수단이지만, 사람에 대한 전인격적 판단이 행해지는 법 분야(예컨대 형사법)에서는 제한적인 효과를 발휘한다. 서술 방식은 이러한 법리적 논증을 보완하기 위해, 혹은 그 자체가 중요한 논증 수단인 사건(예컨대 형사사건에서 죄를 자백하면서 정상 변론을 할 때)에서 이용된다.[17]

서술을 통한 논증은 독자의 공감을 이끌어내는 데 도움이 된다. 흔히 소송서류는 법에 관해서만 다루어야 하고, 법률적 추론 과정을 엄격하게 따라야 한다고 생각한다. 물론 법률적 쟁점 파악에 실패하고, 자신의 결론을 제대로 논증하지 못하거나 사실관계를 증명하지 못한다면, 어떤 경우에도 소송에서 이길 수 없다. 그러나 변호사가 소송서류에서 관련 사실관계를 적절히 배치하여 서술할 수 있다면, 그 소송서류의 설득력이 더 좋아진다는 점을 부인할 수 없다. 법관이 사건의 경위나 당사자의 처지에 공감할 때, 그 사건의 내용과 주장에 더 관심을 가지기 때문이다.[18]

---

the Legal Writing Institute, Vol. 14, No. 1, 2008, 137-147면.

17 Kenneth D. Chestek, 앞의 글, 129면.

18 Kenneth D. Chestek, 앞의 글, 133-136면.

> 원심이 적법하게 확정한 사실관계에 의하더라도 원고는 소외회사의 노동조합 위원장인 위 김○○의 업무수행 태도에 대하여 평소 개인적인 불만을 가지고 있던 터에 마침 그가 조합원들에게 작성 배포한 유인물의 내용을 트집잡아 갑자기 회사 구내에 있는 위 노동조합 위원장 사무실에 침입하여 자기보다 16세나 연상이고 회사 근무경력이 10년이나 많은 위원장인 위 김○○에 대하여 폭언하면서 탁자 위에 뛰어올라 발로 그의 턱을 차 쓰러뜨리고 주먹으로 얼굴을 때리는 등으로 폭행을 가하여 그에게 약 3주간의 치료를 요하는 상해를 입히고 그로 인하여 형사 처벌까지 받은 것임이 분명한바, 이와 같은 원고의 이 사건 비행의 동기 및 그 구체적인 경위 내지 결과와 그 밖에 기록에 나타난 원고의 사후 태도 등 제반 사정에 비추어볼 때 비행근로자인 원고에게는 다른 특별한 사정이 없는 한 사회통념상 고용계약을 계속 존속시킬 수 없을 정도의 책임 있는 사유가 존재하는 경우에 해당한다고 보아야 옳을 것이다.[19]

이 인용 내용은 노동조합 위원장을 폭행한 근로자에 대한 징계해고가 정당하다고 판시한 대법원 판결서 중 일부이다. 이것은 변호사가 작성한 소송서류는 아니지만, 서술을 통한 논증 방식의 장점이 잘 드러난다. 이 판결의 논증 과정에서 법관은 해고된 근로자가 노조 사무실에 '침입'했다는 점, 노조 위원장이 연장자이고 선배라는 점, '탁자 위에 뛰어올라 발로 차고 주먹으로 얼굴을 때렸다'는 점, 그로 인해 '형사처벌'을 받았다는 점 등을 강조하고 있다. 그런데 만약 해고가 정당하지 않다는 입장에 서 있었다면, 그 법관은 해고된 근로자와 노조 위원장 사이에 갈등이 생긴 경위를 좀

19 대법원 1992. 3. 13. 선고 91다39559 판결.

더 자세히 서술함으로써 그 폭행 동기에 참작할 점을 찾거나, 노조 위원장이 만나주지 않아서 부득이하게 노조 사무실로 찾아갔다는 설명을 추가하거나, 폭행의 구체적 방법을 묘사하지 않거나, 형사처벌이라는 모호한 말 대신 '벌금형' 등의 약한 어감의 용어를 선택할 수 있었을 것이다. 여기에서 보는 바와 같이 소송서류에서 사실적·법리적 배경을 어떻게 서술할 것인지, 그 주인공을 어떤 성격으로 묘사할 것인지, 그리고 사건의 진행 과정을 어떤 줄거리와 구성으로 엮는지에 따라 그 사건은 전혀 다른 성격의 것으로 파악될 수 있다. 이렇듯 실무 법조인들은 서술 형식의 글쓰기를 자신의 결론을 뒷받침하는 논증 수단으로 자주 사용한다.

그러나 학생들이 로스쿨의 정규 교육과정에서 서술 방식의 논증법을 배울 기회는 거의 없다. 따라서 로스쿨 학생들은 판례 혹은 서식집 등을 통해서 얻는 기재례를 모범으로 삼아 서술 방식의 글쓰기를 익혀야 한다. 여가 시간에 좋은 소설이나 에세이 등을 읽음으로써 서술적 글쓰기 방식을 간접적으로 배울 수도 있을 것이다. 법조인을 비롯한 많은 법률가도 이런 방법을 이용해서 글쓰기를 익히고 있다.

한편, 이러한 설명만으로는 실제 사건에서 어떤 논증 방식을 선택하고 어떻게 자신의 추론 과정을 진행할지를 알기는 어렵다. 그것은 구체적 사실관계 및 관련 법리와 쟁점 등을 검토한 후 선택해야 한다. 이때는 상대방의 반박 수단이나 태도 등도 고려할 필요가 있다. 이 과정에서 변호사가 잊어서는 안 되는 것은 자신이 작성하고 있는 소송서류의 모든 내용이 설득적 글쓰기의 목적을 달성해야 한다는 점이다. 즉 논증 방식으로서 어떤 것을 택하든, 소송서류에 기재되는 모든 내용은 의뢰인의 승소라는 수임 목적에 맞게 서술되고 구성되어야 하며, 그와 관련 없는 내용은 빠져야 한다. 소송서류의 모든 내용은 '설득'이라는 글쓰기의 목적에 합치해야 한다.[20]

5. 소송서류의 형식과 분량

한국 법원은 소송서류와 관련해 엄격한 형식이나 분량을 요구하지는 않는다. 다만, 소송의 원활한 진행과 소송기록의 편철을 위해 약간의 필요적 기재사항과 서식 등을 지킬 것을 요구할 뿐이다. 따라서 변호사들은 자신이 속한 법률사무소의 작성 관행에 따라 소송서류를 작성하는 것으로 충분하다. 다음은 소송서류의 기재사항 등에 관한 「민사소송규칙」의 규정이다.

> 「민사소송규칙」 제2조(법원에 제출하는 서면의 기재사항) ① 당사자 또는 대리인이 법원에 제출하는 서면에는 특별한 규정이 없으면 다음 각호의 사항을 적고 당사자 또는 대리인이 기명날인 또는 서명하여야 한다.
>
> 1. 사건의 표시
> 2. 서면을 제출하는 당사자와 대리인의 이름·주소와 연락처(전화번호·팩시밀리번호 또는 전자우편주소 등을 말한다. 다음부터 같다)
> 3. 덧붙인 서류의 표시
> 4. 작성한 날짜
> 5. 법원의 표시
>
> ② 당사자 또는 대리인이 제출한 서면에 적은 주소 또는 연락처에 변동 사항이 없는 때에는 그 이후에 제출하는 서면에는 주소 또는 연락처를 적지 아니하여도 된다.

20 Norman Brand & John O. White, 앞의 책, 85면.

「민사소송규칙」 제4조(소송서류의 작성 방법 등) ① 소송서류는 간결한 문장으로 분명하게 작성하여야 한다.

② 소송서류는 특별한 사정이 없으면 다음 양식에 따라 세워서 작성하여야 한다.

1. 용지는 A4(가로 210mm×세로 297mm) 크기로 하고, 위로부터 45mm, 왼쪽 및 오른쪽으로부터 각각 20mm, 아래로부터 30mm(장수 표시 제외)의 여백을 둔다.
2. 글자크기는 12포인트(가로 4.2mm×세로 4.2mm) 이상으로 하고, 줄간격은 200% 또는 1.5줄 이상으로 한다.

③ 법원은 제출자의 의견을 들어 변론기일 또는 변론준비기일에서 진술되지 아니하거나 불필요한 소송서류를 돌려주거나 폐기할 수 있다.

소송서류의 분량은 해당 사건의 내용 및 재판 절차와 관련된 제반 사정을 감안하여 적절해야 한다. 그리고 소송서류의 작업에서 추구하는 치밀함과 간결성이라는 두 가지 가치를 조화하는 것이어야 한다. 변호사는 소송서류의 초고를 작성한 이후에는 자신이 다루고자 하는 쟁점에 관해 적정한 양을 썼는지를 살펴야 한다.

소송서류의 적정한 양이 어느 정도인지에 대한 정답은 없다. 때때로 소송서류의 분량은 개별 변호사의 변론 스타일에 좌우되기도 한다. 굳이 얘기하자면, 1페이지의 서면을 써야 할 경우에는 1페이지의 서면을 써야 하고, 30페이지의 서면을 써야 하면 30페이지의 서면을 써야 한다. 예컨대 법률적인 쟁점에 대해 간단히 지적하는 준비서면은 길 필요가 없다. 원고의 대여금 청구에 대해 피고가 변제 항변을 하면서 관련 영수증을 증거로 제출하고, 그 영수증의 진정 성립이 증인에 의해 증명되었다면, 변제 항변을 위한 준비서면은 1페이지로 충분하다. 즉 '피고는 언제, 어디에서, 얼마를 변제했다'는 취지만 기재하면 된다. 반면에 복잡한 증거 관계를 다투고, 상대방 쪽 증인이나 서증의 신빙성을 다투는 준비서면은 여러 가지 근거가 제시되어야 하므로 그 양이 많아질 수밖에 없다. 법리적인 쟁점에 관해 치열하게 다투는 경우도 마찬가지이다. 중요한 점은 '쓸 게 많을 때는 많이 쓰고 쓸 게 적을 때는 적게 써야 한다'는 것이다.[21]

만약 소송서류, 특히 그중에서도 준비서면의 양이 상대방의 그것에 비해 지나치게 짧다면, 그것은 변호사가 쟁점에 관해 제대로 분석하지 못했거나 부적절한 사고 및 추론 과정을 거쳤기 때문일 가능성이 높다. 즉 소송서류가 짧은 것은 변호사가 사안에 피상적으로 접근함으로써 그 서면에서 말해야 할 것을 하지 않았거나 쟁점을 파악하는 데 실패했기 때문이다. 반면에, 준비서면이나 변론요지서 등의 분량이 지나치게 긴 것은 변호사가 쟁점에 아카데미컬하게 접근하고, 그로 인해 그 서류에 학술적 내용이 너무 많이 들어갔기 때문이다. 혹은 판례 등 법적 근거를 기계적으로 나열하거나 법률적인 검토 과정을 거치지 않은 채 사실관계를 인용함으로써 간결한 글쓰기에 실패할 때도 비슷한 결과가 초래된다.

6. 소송 업무와 변호사 윤리[22]

소송 업무와 관련된 변호사의 윤리적 의무는 의뢰인에 대한 것과 상대방에 대한 것, 법원에 대한 것 등 세 가지로 구분할 수 있다.

---

21 서면의 양이 많고 복잡한 쟁점을 다루고 있다면, 서면의 본문과는 별도로 한두 페이지 정도의 요약본을 함께 제출함으로써 상대방 및 법관의 이해를 돕는 것도 좋은 방법이다. 때때로 당사자의 주장이 복잡할 경우 법관이 주장을 요약할 것을 요청하는 경우도 있다.

22 이 부분은 도재형, 앞의 책, 214면, 217-218면과 225-231면의 내용을 요약한 것이다. 해당 부분에서 인용한 참고 문헌의 출처는 생략했다.

1) 의뢰인에 대한 윤리

변호사가 소송 업무를 대리하는 경우에도 의견서 작업 때와 동일하게 의뢰인에 대해 성실의무를 부담한다. 또한 직무상 알게 된 비밀을 누설해서는 안 되며 이익충돌회피의무를 부담하는 것도 마찬가지이다. 기타 소송 업무와 관련해서 의뢰인에 대해 부담하는 의무 중 주의해야 할 점은 다음과 같다.

변호사는 수임한 법률사무를 위임의 본지에 따라 처리해야 한다(「민법」 제681조). '위임의 본지'란 의뢰인이 법률사무의 처리를 위탁하게 된 목적과 취지를 말한다. 의뢰인은 법적 지식과 경험이 부족하므로, 일반적으로 위임의 본지는 변호사와 의뢰인 간의 상담·협의 과정을 통해 드러나게 된다. 변호사는 의뢰인의 특별한 지시가 있으면 그에 따르고, 특별한 지시가 없는 경우에는 의뢰인이 법률사무를 의뢰하게 된 제반 사정을 고려하고 관행과 신의칙에 따라 수임 사무를 처리해야 한다(변호사가 소송 과정에서 해야 하는 일반적인 사무 내용은 각 소송법에 규정되어 있다). 변호사가 의뢰인과 체결한 법률사무 처리에 관한 위임계약에 의해 자신이 의뢰인에게 부담해야 하는 의무를 이행하지 않는 경우에는 의무 위반에 따르는 책임을 져야 한다.

변호사의 윤리적 의무 중 중요한 것으로는 의뢰인에 대한 설명의무를 들 수 있다. 예컨대 「변호사윤리규약」 제20조 제1항은 "변호사는 의뢰인이 사건 위임 여부를 결정할 수 있도록 의뢰인으로부터 제공받은 정보를 기초로 사건의 전체적인 예상 진행 과정, 수임료와 비용, 기타 필요한 사항을 설명한다."라고 규정함으로써 변호사에게 설명의무를 부과한다. 설명의무의 충실한 이행은 변호사의 성공적 직무 수행을 위해 반드시 필요하다. 이를 위해서는 위임계약 체결 전 상담 단계에서부터 충분한 시간 동안 면담하고, 의뢰인의 말을 경청해야 한다. 의뢰인이 소극적인 자세를 취할 때에는 적절한 질문을 함으로써 사건의 내용을 파악하기 위해 노력할 필요도 있다. 변호사는 의뢰인과의 상담이나 협의에 적극적으로 임해 의뢰인의 궁금한 점을 해소하고, 의뢰인이 공격·방어 방법의 취사선택 과정에 참여하게 해야 한다. 그리고 필요한 조치들을 설명하고 관련 정보를 제공하는 등 적절한 조언을 함으로써 의뢰인이 소송 과정에서 적절한 조치를 취하거나 법률적 지시를 내릴 수 있도록 도와야 한다. 변호사가 소송 목적을 달성하기 위해서는 사실관계를 증명할 수 있는 자료를 확보해야 하는데, 이 과정에서도 의뢰인의 협조는 필수적이다. 이러한 의뢰인의 협력을 이끌어내기 위해서도 변호사의 충분한 설명이 필요하다.

의뢰인들은 소송의 진행 상황을 궁금해한다. 언제 기일이 열리는지, 변호사가 어떤 증거나 서면을 제출했는지, 그 서면에 자신의 주장이 제대로 반영되어 있는지, 상대방의 주장과 증거는 어떠한지 등 소송의 매 상황에 관심을 가진다. 변호사는 의뢰인의 이러한 요구에 적극적으로 대응해야 한다. 소송의 진행 상황을 정기적으로 알리고, 제출 서면을 미리 보내 검토할 수 있도록 하며, 제출했거나 수령한 증거 또는 서면은 의뢰인에게 사본을 송부함으로써 관련 내용을 알 수 있도록 해야 한다. 사건이 종료된 경우에도 마찬가지이다. 관련 판결서 등을 의뢰인에게 송부하고 그 상소 이익 유무나 판결 자체에 대한 조언에 소홀해서는 안 된다.

변호사가 소송의 쟁점이나 주장, 진행 상황 등을 의뢰인이 완벽하게 이해할 수 있도록 설명하는 것은 현실적으로 불가능할 수도 있다. 그러나 변호사는 가능한 한 의뢰인의 수준에 맞춰 설명을 해야 한다. 특히 의뢰인이 해당 사건과 관련하여 궁금해하는 사항에 대해서는 상세하게 설명해야 한다. 의뢰인이 이해할 수 있는 용어로 알기 쉽게 설명하고자 하는 노력은 의뢰인과 변호사 사이의 신뢰관계를 형성하는 데 매우 중요한 역할을 한다.

많은 변호사는 변호사가 갖추어야 할 기본적 자질 중 하나로서 '의사소통 능력'을 든다. 이는 단지 변론 기술이나 법문서의 작성 능력만을 뜻하는 것이 아니라 의뢰인과의 상담 등에 관한 것도 포함한다. 변호사가 자신의 일을 처리하는 자가 아니라 타인의 일을 처리하는 자라는 점, 의뢰인과의 상담을 통해 그 문제 상황을 정확히 인식해야만 성공적인 사무 처리가 가능하다는 점뿐만 아니라 의뢰인과의 신뢰관계의 형성을 위해서도 의사소통 능력은 변호사가 갖추어야 할 중요한 자질이다.

2) 상대방에 대한 윤리

소송에서 변호사는 의뢰인을 대리하여 그 상대방과의 분쟁을 해결하는 것을 직무로 한다(「변호사법」 제3조). 따라서 변호사의 업무를 얘기할 때 상대방과의 관계를 빼놓을 수는 없다.

변호사의 업무는, 특히 상대방이 있는 대립적 분쟁과 관련된 소송의 경우, 종국에는 그 승패가 갈리게 된다. 따라서 변호사들은 실제 자신이 하는 사무의 고단함뿐만 아니라 승패에 대한 심리적 부담감에 시달리게 된다. 때때로 상대방 변호사가 터무니없고 사실과 다른 주장을 하는 것을 경험하기도 한다. 그러나 그 경우에도 변호사는 전문직으로서 품위를 유지하며, 상대방 변호사를 동료로 대우하고 존중하는 자세를 유지해야 한다. 따라서 변호사는 변론 또는 준비서면 등에서 상대방을 모욕하는 언사를 사용해서는 안 된다. 소송절차에서 변호사가 상대방 변호사의 주장을 반박할 때에는 일반적 법리와 관행에 근거하여 이루어져야 한다. 예컨대 준비서면에서 상대방 변호사의 주장을 반박하며 '거짓말을 하고 있다'고 기재하여 모욕하는 것은 변호사로서 품위에 어긋나는 행동이다.

시간 계획의 중요성

변호사가 하나의 소송 사건만을 대리하는 경우는 거의 없다. 대부분의 변호사는 적게는 십수 건의 소송을, 많게는 수십 건의 소송을 동시에 수행한다. 또한 변호사는 법원 또는 수사기관, 의뢰인의 일정에 맞추어 자신의 작업을 해야 한다. 결국 변호사는 여러 개의 사건에서 요구하는 다른 내용의 작업들을 동시에 수행해야 하는 상황에 자주 직면하게 된다. 변호사가 소송 업무를 잘 수행하기 위해서는 계획에 맞추어 일하는 습관을 갖는 것이 좋다. 변호사는 개별 사건의 서면 작업을 언제까지 마칠 것인지, 그 서면의 수준을 어느 정도까지 완성할 것인지 등을 미리 계획하고, 가능하다면 그 일정에 맞추어 일을 해야 한다. 또한 가급적 계획한 기한보다 여유를 두고 서면의 초고를 완성하는 것이 바람직하다. 왜냐하면, 원래 계획한 것 이외에 급하게 해야 할 일이 발생하는 경우도 자주 있기 때문이다. 그리고 초고를 검토하는 시간을 충분히 가져야만 좋은 법문서를 작성할 수 있기 때문이다.

3) 법원에 대한 윤리

변호사는 법조의 일원으로서 재판의 공정과 적법절차의 실현에 노력해야 한다. 변호사 제도의 목적 중 하나는 사법 제도의 적정한 운영이므로, 변호사는 불필요하게 사법부의 권위와 신뢰를 훼손하는 행위를 해서는 안 된다. 즉 변호사는 법정의 내외를 불문하고 법원의 위신이나 재판의 신뢰성을 손상시키는 언동을 해서는 안 되며, 사법권의 존중에 특히 유의해야 한다(「변호사윤리규약」 제35조). 이는 준비서면 등 소송서류를 작성하는 경우나 기타 법문서를 작성할 때에도 마찬가지이다. 때때로 변호사는 재판 결과와 관련하여 법관을 비판하는 경우가 있다. 그러나 이때에도 감정적 용어를 사용하기보다는 법리적 의견을 제시해야 한다.

변호사는 소송서류의 제출 등의 기한을 준수하고 소송 지연을 목적으로 하는 행위를 해서는 안 된다(「변호사윤리규약」 제37조). 변호사는 재판의 적정한 진행을 위해 법원에 협력해야 한다. 이는 「헌법」 제27조 제3항의 "모든 국민은 신속한 재판을 받을 권리를 가진다."라는 규정을 실질화한다는 의미를 가진다. 이 점에서 재판의 지연을 방지하는 것은 공익적 관점에서 변호사에게 부과된 의무이다.

8장

민사 소송서류의 작성

1. 민사소송에서 변호사의 역할

민사소송은 당사자의 요청에 의해 법원이 사법적私法的 권리관계의 존부와 범위를 확인하고, 권리의 강제적 실현에 필요한 권한의 부여 여부를 판단하는 과정이다. 그 절차는, 원고가 소장을 통해 상대방 및 권리관계(소송의 목적)를 특정하여 소를 제기하면 피고가 이를 인부한 후 당사자들이 서로 주장·증명을 하고, 법원이 이를 심리하여 최종적으로 그 청구 범위에서 권리관계의 존부 및 범위를 판단하는 순서로 진행된다.[1]

민사소송 절차의 진행은 개인의 권한이자 의무이다. 사적 자치의 원칙은 권리 구제 절차에서도 실현된다. 근대 시민법 질서는 개인의 의사를 존중하고, 그 의사에 따라 법률관계가 형성·운용되도록 했다. 사적 자치의

1 나현, 『민사소송실무』(개정판), 학림사, 2009, 14면.

원칙이란 이러한 개인의 의사를 권리·의무의 원칙적 변동 근거로 삼는다는 뜻이다. 이는 민사소송에서도 마찬가지이다. 민사소송에 참여하는 각 주체는 자신의 권리와 책임에 따라 맡겨진 임무를 수행해야 한다. 그 임무 수행에서 가장 중요한 수단은 소장, 답변서, 준비서면과 같은 법문서이다. 이 점에서 민사소송 절차에서 올바른 서면 작성은 매우 중요하다.

민사소송 절차에서 당사자는 많은 서면을 제출한다. 즉 소장, 답변서, 준비서면, 청구취지 변경 신청서, 증인 신청서, 검증 신청서, 문서제출명령 신청서, 문서송부촉탁 신청서 등 자신의 주장과 증명을 위해 여러 종류의 법문서를 작성한다. 「민사소송법」은 그중에서도 소장, 답변서 및 준비서면은 원칙적으로 서면으로 제출할 것을 요구하고 있다(「민사소송법」 제248조, 제249조, 제256조, 제272조, 제274조). 따라서 이 장에서는 이 세 종류의 문서를 작성하는 방법을 살펴보도록 한다.

소장 등 소송서류의 작성 방법을 익히기 위해서는 민사소송에서의 각 소송 주체의 역할을 알 필요가 있다. 왜냐하면, 소송당사자가 작성하는 법문서는 그러한 자신의 역할에 부합해야 하기 때문이다. 즉 합리적인 민사소송 주체는 자신이 하지 않아도 되는 것은 하지 않고 해야 할 것은 충실하게 할 것으로 기대되므로, 소송서류에 무엇을 적을지를 판단할 때에도 그 기대에 맞게 행동해야 한다. 예컨대 피고가 굳이 원고를 대신해서 청구취지를 특정해줄 필요는 없다. 청구취지의 특정 문제는 원고가 책임져야 할 영역에 속하기 때문이다.

「민사소송법」상 법률관계의 주체, 즉 소송 주체는 당사자인 원고, 피고 그리고 법원이다. 「민사소송법」은 앞에서 살펴본 민사소송의 목적과 이념을 달성하기 위해 소송 주체들에게 일정한 역할을 분담하게 한다. 그리고 변호사는 당사자의 소송대리인으로서 민사소송에 참여한다. 따라서 변호사는 「민사소송법」이 당사자에게 기대하는 역할에 맞게 일해야 한다. 다음은 소송당사자의 역할에 대해 좀 더 구체적으로 살펴보겠다.

민사소송은 시민 개개인이 처분권을 가지고 있는 사법적 법률관계에 적용되는 분쟁 해결 수단이다. 앞서 설명한 바와 같이 민사소송은 「민사법」의 기본 원리인 사적 자치의 원칙에 따라 운영된다. 사적 자치의 정신은 민사소송에서 '처분권주의'와 '변론주의'의 모습으로 나타난다.

첫째, 민사소송의 제기와 유지, 그 대상 등에 관한 처분권은 소송당사자에게 있다(처분권주의). 따라서 원고는 소를 제기할 것인지, 어떠한 형태의 청구를 할 것인지, 청구권을 무엇으로 특정하고 어느 범위까지 청구할 것인지, 청구권의 원인과 근거를 무엇으로 할 것인지, 소를 취하할 것인지, 청구를 포기할 것인지, 청구취지·청구원인 등을 변경할 것인지, 상소를 제기할 것인지 등을 결정할 권한을 가진다. 피고 역시 청구를 인낙할 것인지, 원고의 소 취하에 동의할 것인지, 반소를 제기할 것인지, 상소를 제기할 것인지 등을 결정할 권한을 가진다.[2]

둘째, 민사소송에서 소송자료, 즉 주장과 증거를 수집·제출할 권한과 책임은 당사자에게 있다. 법원은 당사자가 제출한 소송자료에 근거하여 재판한다(변론주의). 이는 처분권주의와 마찬가지로 사적 자치의 원칙이 소송법적으로 발현된 것이다. 소송자료의 수집·제출을 당사자의 이기심에 맡기는 것이 진실 발견에 유리하고, 당사자의 책임과 권한하에 심리와 방어의 대상을 특정함으로써 절차의 예측 가능성 및 상대방의 방어권을 보장할 수 있다는 점 등을 그 근거로 한다.[3]

따라서 요건사실은 당사자가 주장하지 않으면 법원이 다른 소송자료를 통해 발견하더라도 이를 인정할 수 없고(주장책임), 당사자 사이에 다툼이

2 나현, 앞의 책, 15-16면.

3 나현, 앞의 책, 16면.

없는 사실은 법원이 증거조사 없이 이를 인정해야 하며(자백의 구속력), 법원은 당사자가 신청한 증거에 대해서만 증거조사를 하고(직권증거조사의 제한),[4] 증거가 없거나 충분하지 않을 경우에는 주장사실을 인정할 수 없다(증명책임).[5]

결국 민사소송에서 당사자는 자기에게 유리한 주장과 증거자료를 제출할 기회를 가지는 반면에, 관련 주장과 증거자료가 불충분할 때에는 요건사실 및 법률요건의 존재를 인정받지 못함으로써 원하는 법률효과를 얻지 못하는 불이익을 입는다. 법원은 이러한 소송당사자들의 역할을 대신할 수 없다.

2. 소장

1) 소장 작업의 내용

민사소송은 소의 제기에 의해 시작된다. 소의 제기는 원고가 소장을 작성하여 법원에 제출하는 방식으로 한다(「민사소송법」 제248조). 민사소송에서는 원고가 제출한 소장 내용을 중심으로 하여 원고·피고의 공격과 방어가 전개된다. 소장은 해당 소송의 범위와 쟁점을 최초로 밝힌다는 점에서 민사소송에서 가장 중요한 서면이라고 할 수 있다.

원고가 소장을 작성한다는 것은 재판 과정에서 주도권을 쥐는 좋은 기회를 가진다는 것을 뜻한다. 피고는 원고가 설정한 청구권에 대응하여 자

4 다만, 「민사소송법」은 법원에 보충적으로 증거조사에 관여할 수 있는 권한을 부여한다.

5 나현, 앞의 책, 16면.

신을 방어해야 하는 처지에 놓이기 때문이다. 변호사들은 피고를 정하고 소장을 작성·제출한 후 송달까지 마쳤다면, 재판이 반은 끝난 것이라는 말을 자주 한다. 따라서 변호사가 원고 대리인으로서 소장을 작성할 때는 그 재판의 주도권을 쥘 수 있는 방안을 모색하고 승소 가능성을 높일 수 있도록 사실관계 및 청구권의 기초를 구성해야 한다. 소장 제출 단계에서 그 기회를 놓치면, 소송 과정에서 이를 만회하고 주도권을 되찾기 위해서는 몇 배 더 많은 노력이 소요된다.

소장에 기재하는 것은 최선의 결과와 사실관계가 아니며, 현실적으로 실현 가능한 결과와 사실관계이다. 소장을 작성할 때는 어떤 청구권을 근거로 할 것인지를 잘 검토해야 한다. 단지 의뢰인이 주장하는 사실관계와 그가 원하는 결과에 의존하여 청구취지와 청구원인을 정해서는 안 된다. 변호사는 증명 가능한 사실관계에 기초한 여러 청구권 중에서 하나를 선택할 때, 의뢰인의 희망뿐만 아니라 어떤 청구권을 내세웠을 때 상대방이 대응하기 어려운지, 즉 승소 가능성도 함께 살펴야 한다. 변호사는 이러한 사정을 의뢰인에게 설명한 후 최종적으로 청구원인과 청구취지를 확정하게 된다.

청구취지를 정할 때에는 의뢰인이 원하는 바가 무엇인지, 그것이 소송법적으로 가능한지 여부 등을 우선 검토해야 한다. 때때로 의뢰인이 말하는 소송의 목적과 의뢰인이 진정으로 원하는 바가 일치하지 않는 경우도 있다. 이런 일은 의뢰인이 법률적 지식이 없거나 부족하기 때문에 일어난다. 마치 환자가 자신의 질병과 관련해서 어떤 전문의를 찾아가야 하는지를 혼동하는 것과 같은 이치이다. 따라서 변호사는 의뢰인과의 상담을 통해 그 진정한 목적을 파악하고, 소송의 특징과 판결의 효력 범위 등을 구체적으로 설명하여 그 이해를 도와야 한다. 만약 의뢰인이 소송에서 원하는 결과가 증거 부족 등으로 인해 실현 가능성이 낮은 경우에는, 변호사가 미

리 그 내용을 알린 후 실현 가능한 청구취지를 모색해야 한다.[6]

준비 과정에서 변호사는 소장의 제출 기한도 확인해야 한다. 일반적인 채권이면 10년의 소멸시효, 임금 청구 등은 3년의 소멸시효 등이 적용되고, 기타 1년 이하의 시효가 적용되는 경우도 있다.[7] 즉 어떤 청구권에 기초할 것인지, 피고를 누구로 정할 것인지 등을 선택할 때에는 그 소송의 제기 기한이 어느 정도 남아 있는지도 살펴야 한다. 만약 그 시일이 매우 촉박한 경우라면, 시효 중단 조치를 취한 후 소송을 준비하는 것도 가능한 방법이다. 그리고 업무 부담 등으로 인해 그 기한을 준수하기 어렵다면, 수임을 거절하거나 의뢰인의 양해를 얻어 사무실 내 다른 변호사에게 소장 작성 업무를 맡기는 방법 등을 강구해야 한다.[8]

소장에는 당사자, 법정대리인, 청구취지 및 청구원인 등 필요적 기재사항과 함께 임의적 기재사항을 기재한다(「민사소송법」 제249조 제1항, 제2항). 그 밖에 표제, 증거방법도 관행적으로 기재한다. 소장 기재사항을 순서대로 적어보면 다음과 같다.

1. 표제
2. 당사자 및 법정대리인의 표시
3. 사건의 표시
4. 청구취지
5. 청구원인

---

6 사법연수원, 『민사실무 I』, 8면.

7 이는 민사소송과 관련한 일반적인 설명이다. 예컨대 행정소송의 소 제기 기한은 그것보다 짧다. 만약 행정심판이나 그 재심 청구를 하는 경우에는 매우 단기의 기한이 적용된다는 점을 명심하고, 미리 제출 기한을 확인해야 한다.

8 사법연수원, 『민사실무 I』, 10면.

6. 증거방법

7. 첨부서류

8. 작성 연월일

9. 작성자의 기명날인 혹은 서명

10. 법원의 표시

이 가운데에서 특히 중요한 것은 필요적 기재사항인 당사자, 법정대리인, 청구취지, 청구원인이다. 이는 민사소송의 진행을 위해 반드시 필요한 내용이다. 다음으로는 필요적 기재사항의 소송법적 의의를 간략하게 살펴보겠다.

첫째, 소장에서 누구를 당사자로 표시할 것인지는 전체 소송 과정은 물론 보전·집행 절차 등과의 관계에서도 중요한 의미를 가진다.[9]

당사자와 법정대리인의 표시는 소송을 제기한 자에게 소송을 청구할 권한이 있는지를 판단하기 위해 필요하다. 「민법」에 의하면, 사람은 생존하는 동안 권리의 주체가 된다. 그리고 적법한 소송행위를 하기 위해서는 성인이어야 한다. 따라서 소장에 표시된 원고가 성인이나 그에 준하는 것(예컨대 사단법인, 재단법인, 비법인 사단 등)이 아니면, 그 소송은 부적법하다. 이 경우 법원은 소송의 본안 관계를 살펴볼 필요 없이 원고의 소를 각하할 수 있다. 미성년자가 법정대리인인 친권자의 도움 없이 단독으로 소송을 제기한 경우도 마찬가지이다. 이러한 설명은 피고에 대해서도 동일하게 적용된다. 피고가 존재하지 않거나 누가 피고인지 특정할 수 없다면, 그 소송 역시 부적법한 것으로서 각하된다.

누가 원고이고 누가 피고인지는 소송 과정 전체를 통해 특정되고 안정

9 나현, 앞의 책, 54면.

적으로 유지되어야 한다. 법이 정한 특별한 경우를 제외하고는 소송 도중에 이를 임의로 변경하는 것은 허용되지 않는다.[10] 민사소송에서 피고를 변경하고자 할 경우에는 원래의 소를 취하하고 다시 소송을 제기할 수밖에 없다. 이러한 당사자의 확정, 즉 누구를 당사자로 볼 것인지는 원칙적으로 소장의 기재를 기준으로 판단한다. 따라서 소장에 누구를 당사자로 기재할 것인지는 신중하게 결정해야 한다.[11]

소장에서 원고와 피고를 명확하게 표시해야만 소송이 끝난 후 강제집행을 할 때, 그 집행 주체 및 대상자를 특정할 수 있다. 예컨대, 박이법을 상대로 손해배상 소송을 청구하고 승소 판결을 받았는데, 소장에 박이법의 이름이나 주민등록번호를 잘못 기재하고 재판 절차에서도 그 잘못을 시정하지 않아 판결서에도 잘못된 이름과 주민등록번호가 기재된 경우를 생각해보자. 이때는 원고가 확정 판결에 따라 강제집행을 하려 해도, 누가 집행 대상자인지를 정할 수 없기 때문에 강제집행을 실시하는 것이 어렵게 된다.[12]

둘째, 청구취지는 원고가 소송에서 요구하는 바를 표시하는 것이다. 이는 원고가 소송에서 구하는 최종적인 결론이다. 청구취지에 따라 판결을 선고한 이상, 이행할 수 없거나 강제집행을 할 수 없다 하더라도, 그것은 원고의 책임이다.[13]

청구취지의 주요한 소송법적 기능은 두 가지이다. ① 청구취지는 해당 소송에서 심판의 대상과 범위를 한정하는 기능을 한다. 따라서 심리 결과

10 행정소송의 경우 당사자의 변경이 쉬운 편이나, 민사소송에서는 원칙적으로 허용되지 않는다. 민사소송과 관련하여, 학설은 임의적 당사자 변경을 허용해야 한다는 견해가 유력하지만, 판례의 일관된 입장은 이를 허용하고 있지 않다(나현, 앞의 책, 54면 각주 1).

11 나현, 앞의 책, 54면.

12 나현, 앞의 책, 54면.

13 나현, 앞의 책, 34면.

청구취지에서 원하는 것보다 더 많은 부분이 인용될 수 있는 경우라 하더라도, 원고가 이를 확장하지 않는 한 법원은 청구취지에서 정한 범위까지만 인용할 수 있다. ② 청구취지는 판결 선고 후에는 판결 주문의 인용 범위와의 비교를 통해 상소의 이익이 존재하는지를 판단하는 기준이 된다.[14]

셋째, 청구원인은 청구취지 기재와 같은 판결을 할 수 있도록 하는 권리를 발생시키는 구체적인 사실관계를 뜻한다. 예컨대 소유권의 확인을 청구할 때에는 원고가 소유권을 취득한 원인에 관한 사실관계, 즉 매매나 증여 등과 같은 계약 체결 사실이 청구원인이다. 청구원인은 청구취지와 함께 소송의 목적인 권리를 특정함으로써 원고에게는 주장·증명할 사항을, 법원에는 판단해야 할 사항을 제시한다.[15]

청구원인은 원고가 주장하는 청구권이 존재한다는 사실을 밝히는 부분이다. 원고 혹은 그 소송대리인은 자신의 청구권이 무엇인지, 그리고 그 청구권을 발생시키는 법률요건 및 그에 관한 요건사실을 청구원인을 통해 특정해야 한다. 만약 청구원인에서 제대로 요건사실을 적지 않고 추후에도 보정하지 않는다면, 원고는 그 소송에서 이길 수 없다. 원고는 청구원인에 자신이 주장·증명해야 할 사실만을 기재하면 된다. 소송 전략상 특별한 이유가 없는데도 소장에 피고가 주장·증명할 사항까지 적는 것은 좋지 않다.

소송 목적의 선택, 즉 어떤 권리에 근거해서 청구할 것인지는 원고가 판단할 몫이다. 원고는 소송으로 이루고자 하는 목적, 증명의 편의, 예상되는 피고의 항변, 기판력의 범위 등을 종합적으로 고려하여 소송 목적을 선택해야 한다. 사정에 따라서는 여러 개의 권리를 선택적 혹은 예비적으로 주

---

14 나현, 앞의 책, 64면.

15 사법연수원, 『민사실무 I』, 93면.

장하기도 한다.[16]

넷째, 소장을 작성하는 단계에서는 제한적이나마 증거 판단도 해야 한다. 청구취지와 청구원인을 완벽하게 작성했다 하더라도, 증거가 없다면, 피고가 자백하지 않는 이상, 승소할 수 없기 때문이다. 소송에서 상대방의 자비를 구하거나 요행을 바라는 것만큼 구차한 것도 없다. 따라서 청구취지와 청구원인을 작성할 때에는 자기가 제시할 수 있는 증거가 무엇인지, 상대방이 자백할 가능성이 있는 사실관계는 무엇인지, 다른 곳에서 획득할 수 있는 증거가 있는지 등을 살펴야 한다. 그리고 그 후에 증명 가능한 사실관계에 기초하여 청구취지와 청구원인을 구성해야 한다.

결국 소장을 잘 작성하기 위해서는 원고가 주장하는 권리 및 그 법률요건 등에 관한 법률적 지식을 갖추고, 그에 관한 요건사실을 일목요연하게 기재하고, 합리적인 증거 판단을 하기 위해 노력해야 한다.

2) 소장의 기재 방법

여기에서는 먼저 소장의 임의적 기재사항들을 간략하게 살피고, 이후 필요적 기재사항에 대해 상세하게 설명하도록 하겠다.

가. 임의적 기재사항

첫째, 표제는 '소장'이라고 기재한다.[17]

둘째, 사건명은 필요적 기재사항은 아니지만, 법원에 사건의 성격을 알림으로써 사건의 배당 등을 돕기 위해 관행적으로 기재하고 있다. 여러 개

16 사법연수원, 『민사실무 I 』, 94면.

17 반소의 경우에는 '반소장', 재심 청구의 경우에는 '재심소장'이라고 기재한다.

의 청구가 병합된 경우에는 주된 청구 또는 대표적인 청구 하나만을 골라 그것을 사건명으로 하고 '등' 자를 붙인다. 그리고 사건명 뒤에는 '청구의 소'라고 기재한다.[18]

보통 사용되는 사건명으로는 대여금, 물품대금, 손해배상, 계약금반환, 부당이득금반환, 약속어음금, 약정금, 이득상환금, 양수금, 물품인도, 건물(가옥)인도, 토지인도, 소유권이전등기, 근저당권설정등기, 소유권이전등기말소, 근저당권설정등기말소, 소유권확인, 공유물분할, 주주총회결의 부존재확인, 주주총회의결취소 등을 들 수 있다.[19]

셋째, 청구원인의 다음에는 소장에 첨부해서 제출하는 증거방법의 목록을 기재한다. 원고가 제출하는 증거는 '갑'호증이다. 가급적 청구원인 사실의 기재 순서에 따라 증거번호를 매기는 것이 법관의 이해에 도움이 된다. 그리고 증거자료에 기재한 증거번호의 순서에 따라 그 명칭을 기재한다. 필요한 경우에는 증명의 취지를 간략하게 부기할 수 있다.[20]

넷째, 증거방법 외에 소장에 첨부하여 제출하는 서류의 목록도 기재한다. 증거자료 외에도 소장의 심사, 소송요건 심사, 대리권을 증명하기 위해 제출하는 서류들의 명칭을 기재하면 된다. 「민사소송규칙」 제63조 제1항은 "피고가 소송능력 없는 사람인 때에는 법정대리인, 법인인 때에는 대표자, 법인이 아닌 사단이나 재단인 때에는 대표자 또는 관리인의 자격을 증명하는 서면을 소장에 붙여야 한다."라고 규정하며, 제2항은 "부동산에 관한 사건은 그 부동산의 등기사항증명서, 친족·상속관계 사건은 가족관계기록사항에 관한 증명서, 어음 또는 수표사건은 그 어음 또는 수표의 사본을 소장에 붙여야 한다. 그 외에도 소장에는 증거로 될 문서 가운데 중요한

---

18 권오봉·권혁재·김동호·윤태석, 앞의 책, 20면; 사법연수원, 『민사실무 I』, 50면.

19 권오봉·권혁재·김동호·윤태석, 앞의 책, 20면.

20 권오봉·권혁재·김동호·윤태석, 앞의 책, 39면.

것의 사본을 붙여야 한다."라고 규정하고 있다.

다섯째, 소장의 끝부분에는 작성한 날짜를 기재하고, 원고 또는 그 대리인의 기명날인 또는 서명을 한다. 실무상 여러 장으로 이루어진 소장 등 소송서류에는 그 일부가 무단 교체되는 것을 방지하기 위해 간인間印을 하는 것이 일반적이다.[21]

마지막으로, 소장의 가장 아랫부분에는 소장을 제출할 법원을 표시한다.

나. 당사자 및 법정대리인의 표시

당사자의 표시는 누가 원고이고, 누가 피고인지를 다른 사람과 구별할 수 있을 정도로 기재해야 한다. 자연인의 경우 성명과 주소를 기재하고, 성명 옆에 주민등록번호를 적는다. 주민등록번호를 알 수 없을 때에는 한글 이름 옆에 한자 이름을 함께 기재한다. 법인 기타 사단社團, 재단財團의 경우에는 그 명칭과 본점 또는 주된 사무소의 소재지를 기재한다.[22]

주소 등은 빌딩의 이름·호실이나 아파트의 동·호수를 기재한다. 그 밖에 송달의 편의를 위해 통, 반의 표시나 우편번호를 기재함은 물론, 송달 이외의 방법으로 신속한 연락이 가능하도록 전화번호, 팩스번호, 이메일주소 등을 아는 범위에서 기재하는 것이 좋다.[23]

주소는 당사자를 특정하고 동일성을 판단하는 기준이다. 또한 토지 관할을 정하는 재판적裁判籍이며, 소장의 부본 등 소송서류의 송달 장소이기도 하다. 따라서 주소는 이러한 소송법적 기능에 충실하게 기재해야 한다. 주소를 잘못 기재할 경우 소송에서 예기치 못한 피해를 입기도 한다. 예컨대 원고가 자신의 주소를 잘못 기재하고, 그로 인해 법원의 변론기일 소환

21 권오봉·권혁재·김동호·윤태석, 앞의 책, 41면.

22 권오봉·권혁재·김동호·윤태석, 앞의 책, 15면.

23 권오봉·권혁재·김동호·윤태석, 앞의 책, 15면.

장을 받지 못해 재판에 불출석했다면, 그것은 오로지 원고의 책임이다. 소장에 피고의 주소를 부정확하게 기재함으로써 송달이 제대로 이루어지지 않아 소송이 지연되는 것 역시 원고의 책임 영역이다.[24]

• 법인 및 그 대표자의 기재례 •

피고 주식회사 법전
서울 서대문구 대현동 111

대표이사 박이법

일정한 자격에 터 잡아 당사자가 되는 제삼자 소송담당의 경우에는 당사자의 표시에 그 자격을 함께 기재한다. 예컨대 어떤 회사에 대해 파산 절차가 진행되는 경우, 그 회사는 법률행위나 소송행위의 주체가 될 수 없고 파산관재인이 그러한 역할을 수행한다. 따라서 소장에 파산관재인이 원고라는 점을 밝힘으로써 그 소송이 적법하게 제기되었다는 점을 표시해야 한다.[25]

• 파산관재인 및 선정당사자의 기재례 •

- 원고 파산채무자 한서연의 파산관재인 박이법
- 원고(선정당사자) 박이법

만약 당사자가 소송무능력자인 경우에는 그 법정대리인을 기재해야 한

24 나현, 앞의 책, 54면.

25 권오봉·권혁재·김동호·윤태석, 앞의 책, 16면.

다. 이때에는 당사자의 표시 아래에 법률상 대리 자격을 표시하고, 법정대리인의 성명과 주소를 기재한다.[26]

• 법정대리인의 기재례 •

원고 홍이법(주민등록번호)
서울 서초구 방배동 000
미성년자이므로
법정대리인 친권자 부 홍길동, 모 김이화
서울 서대문구 대현동 111

소송대리인의 표시는 필요적 기재사항이 아니다. 그러나 실제로는 소송을 수행하는 사람을 명확히 하고, 송달의 편의를 위해 소송대리인의 성명과 주소, 연락처 등을 함께 기재한다. 소송대리인이 변호사나 법무법인인 경우에는 그 자격을 기재해야 한다. 만약 소송대리인의 자격이 법률의 규정에 근거할 때에는 그 지위 또는 자격을 기재하고, 주소는 기재하지 않는다('법인 및 대표자의 기재례' 참조).[27]

다. 청구취지

청구취지는 원고가 해당 소송에서 소송의 목적인 권리 또는 법률관계에 관해 어떠한 재판을 원하는지를 표시하는 '소송의 결론' 부분이다. 청구취지는 원고가 소訴로써 바라는 판결의 주문에 대응하는 것이다.[28]

---

26 권오봉·권혁재·김동호·윤태석, 앞의 책, 17면.
27 권오봉·권혁재·김동호·윤태석, 앞의 책, 19면.
28 사법연수원, 『민사실무 I』, 51면.

청구취지는 분명하고 확정적이어야 한다. 문장은 다른 뜻으로 해석될 여지를 남겨서는 안 되고, 간결하고 명료해야 한다. 통상 "'피고는 원고에게 … 하라'는 판결을 구합니다."와 같이, 법원이 판결로써 선고해주기를 바라는 주문을 표시하고, 여기에 그와 같은 판결의 선고를 구하는 취지, 즉 본안 신청의 의사를 덧붙여 기재한다.[29]

청구취지에는 청구의 대상과 범위만을 표시할 뿐 청구권 자체를 명시하지는 않는다. 따라서 청구취지의 기재만으로는 해당 소송에서 원고가 주장하는 청구권이 무엇인지 알 수 없는 경우가 많다. 특히 금전 기타 대체물의 지급(인도)을 구하는 소송에서는 청구취지의 기재만으로는 청구권을 짐작하기 어렵다. 이와 같이 청구취지는 청구의 대상과 범위만을 간결하게 표시하고, 원칙적으로 권리관계의 종류, 법적 성질, 발생 원인 등은 기재하지 않는다.[30]

청구취지는 그대로 인용되었을 때 목적물에 대해 강제집행이 가능하도록 기재한다. 예컨대 이행 청구에서는 청구취지대로 인용하는 판결이 선고되었을 경우, 그 판결을 집행권원으로 하여 강제집행을 하는 과정에서 아무런 의문이 없을 정도로 이행(집행) 주체와 상대방, 목적물, 이행(집행)의 범위와 방법 등을 특정해야 한다.[31]

청구취지의 기재 방법은 소송의 종류에 따라 다르다. 대부분 정형화되어 있으므로 기재례에 따라 작성하면 된다. 그 간략한 내용은 다음과 같다.

첫째, 이행 청구는 원고의 청구권에 근거하여 피고에 대해 이행 판결을 해줄 것을 구하는 것이다. 그 청구취지에는 이행의 대상, 내용과 함께 이행 판결을 구한다는 취지를 표시한다. 청구취지는 명령문의 형태로 기재하

---

29 나현, 앞의 책, 64면.

30 나현, 앞의 책, 65면.

31 나현, 앞의 책, 65면; 사법연수원, 『민사실무 I』, 52면.

고, "… 을 이행하라."라고 끝맺는다. 원고 또는 피고가 여러 명인 경우에는 그 이행의 주체와 상대방을 특정함과 동시에 당사자들 상호 간의 책임 관계가 분명히 나타나도록 기재한다. 복수의 피고에게 금전 지급을 청구하는 경우에는 공동채무의 유형에 따른 책임 관계를 명시해야 한다. 예컨대, 연대채무 또는 연대보증의 경우에는 '연대하여'란 문구로 표시한다. 만일 분할채무 관계라면 채무에 대한 지분 관계에 따라 분할 산정한 금액을 개별적으로 기재한다.[32]

청구취지란에는 청구권의 존부 및 범위에 관한 부분에 덧붙여 "'2. 소송비용은 피고가 부담한다. 3. 제1항은 가집행할 수 있다.'라는 판결을 구합니다."와 같이 소송비용 부담 및 가집행 선고에 관한 신청취지도 함께 기재하는 것이 일반적이고, 이를 기재한다고 하여 특별한 문제는 발생하지 않는다. 다만, 이런 사항들은 법원이 직권으로 심리·판단해야 할 것으로서 본래적 의미의 청구취지에는 해당하지 않는다는 점을 알고 있을 필요는 있다. 특히 가집행 선고는 재산권적 청구와 관련된 판결에서만 가능하다는 점을 주의해야 한다(「민사소송법」 제213조). 즉 신분권이나 비재산권적 청구에 관한 소송 및 재산권적 청구 중에서 의사의 진술을 명하는 소송, 형성 소송에서는 가집행을 선고할 수 없다. 따라서 그러한 소송을 제기할 경우에는, 직권 발동을 촉구하는 의미라 하더라도, 청구취지에서 가집행 선고를 구하는 취지를 기재해서는 안 된다.[33]

둘째, 확인 청구는 법원에 대해 당사자 사이에 다툼이 있는 권리 또는 법률관계에 관해 그 존재 또는 부존재의 확인을 구하는 것이다. 따라서 그 청구취지에는 확인을 구하는 대상, 내용과 함께 "… 임을 확인한다."라고

---

32 나현, 앞의 책, 65-66면.

33 나현, 앞의 책, 67면; 사법연수원, 『민사실무 I』, 51-52면.

• 이행 청구의 청구취지 기재례 •

- 피고는 원고에게 4,000만 원을 지급하라.
- 피고는 원고에게 서울시 서대문구 대현동 111 대 100m^{2}를 인도하라.
- 피고는 원고에게 서울시 서대문구 대현동 111 대 100m^{2}에 관하여 2002. 10. 1. 매매를 원인으로 하는 소유권이전등기절차를 이행하라.
- 피고들은 연대하여 원고에게 4,000만 원을 지급하라.
- 피고들은 원고에게 2,000만 원을 각 지급하라.

끝맺는 방식으로 확인 판결을 구한다는 취지를 기재한다.[34]

확인 청구의 청구취지에서는 확인의 대상이 된 권리 또는 법률관계를 명확히 특정해야 한다. 확인의 대상이 물권인 경우에는 그 대상인 물건과 물권의 종류 및 범위 등을 특정하면 충분하지만, 채권인 경우에는 그 발생 원인, 내용과 범위 등을 구체적으로 특정해야 한다. 물권의 내용은 대부분 법률에 정해져 있으므로 그 발생 원인과 내용을 기재할 필요가 없지만, 사적 자치의 원칙상 채권의 내용과 범위는 다양하고 계약에 의해 정해지는 경우가 많기 때문이다.[35]

셋째, 형성 청구는 법원에 대해 형성권의 존재를 확정하여 법률관계를 발생·변경·소멸시켜 줄 것을 소로써 구하는 것이다. 따라서 그 청구취지에는 형성의 대상 및 내용과 함께 형성 판결을 구한다는 취지를 기재한다. 확인 청구와 마찬가지로 선언적 형태를 취한다. 예컨대 이혼 청구 소송의 청구취지는 "원고와 피고는 이혼한다."라고 기재한다. 형성 소송은 법률이

34 사법연수원, 『민사실무 I』, 75면.

35 나현, 앞의 책, 90면.

• 확인 청구의 청구취지 기재례 •

- 서울시 서대문구 대현동 111 대 100㎡가 원고의 소유임을 확인한다.
- 원고의 피고에 대한 2009. 1. 1.자 금전소비대차 계약에 기한 원금 5,000만 원 및 이에 대한 이자의 지급 채무가 존재하지 아니함을 확인한다.
- 원고가 피고 주식회사 이화법전 소속 종업원의 지위에 있음을 확인한다.
- 피고가 원고에게 한 2009. 1. 1.자 해고는 무효임을 확인한다.

형성권의 행사를 소송을 통해 하도록 정한 경우에 인정되고, 원고 적격도 법률이 정한 자에 한해 인정된다는 점을 주의해야 한다.[36]

라. 청구원인

원고는 청구취지에서 구하고 있는 권리의 존재와 범위를 뒷받침할 수 있는 사항을 청구원인으로 기재해야 한다. 청구원인은 원고가 어떠한 권리에 기해 청구하는지를 알 수 있도록 특정되어야 한다(판례, 구실체법설). 따라서 소장에는 권리의 발생 요건에 해당하는 요건사실을 청구원인 사실로 기재해야 한다. 물권이나 상속권과 같은 배타적 권리는 주체 및 내용을 적는 것으로 충분하지만, 채권이나 형성권은 구체적인 발생 원인까지 적어야 한다. 한편, 판례에 의하면 같은 물건에 대한 인도 청구도 소유권이나 점유권 등 물권을 원인으로 하는 것과 매매 등 채권에 근거한 것은 별개의 소송으로 취급된다.[37]

---

36 나현, 앞의 책, 94면; 사법연수원, 『민사실무 I』, 79면.

37 정동윤·유병현, 『민사소송법』, 법문사, 2005, 236면.

일반적으로, 법률요건을 충족하는 구체적 사실(요건사실)을 중심으로 청구원인 사실을 기재하고, 그 실체법적 효과로서 원고가 주장하는 청구권을 특정한 후 청구취지에서 구하는 결론에 이르게 된 과정을 서술한다(한편, 「민사소송규칙」 제62조에 의하면, 소장의 청구원인에는 청구를 뒷받침하는 구체적 사실, 피고가 주장할 것이 명백한 방어 방법에 대한 구체적인 진술, 입증이 필요한 사실에 대한 증거방법 등에 관한 사항을 적어야 한다). 청구원인의 구체적 기재 방법을 항목별로 설명하면 다음과 같다.[38]

첫째, 청구원인란에는 청구원인 사실을 기재한다. 실질적 의미에서 청구원인 사실은 원고가 주장하는 청구권의 존재를 뒷받침하는 사유를 뜻한다. 따라서 청구원인은 요건사실을 중심으로 기재해야 한다. 요건사실은 그 발생 규범인 실체법의 내용에 따라 정해진다. 요건사실이 무엇인지를 알기 위해서는 해당 사안에 관한 법률과 판례를 습득하는 등 실체법적 지식을 갖춰야 한다. 또한 요건사실뿐만 아니라, 요건사실의 존재를 뒷받침하는 데 필요한 범위에서 관련 사실 및 정황을 적절하게 기재하는 것도 법관이 사건의 쟁점을 파악하는 데 도움이 된다.[39] 이때에는 관련 사실 및 정황을 기재하는 것이 자칫 피고에게 주장·증명 책임이 있는 사항(원고에게 불리한 사항)에 대한 선행 자백이 되어 소송법상 예상치 못한 불이익을 입지 않도록 주의해야 한다. 또한 분쟁 해결 과정에서 고려 대상이 아닌 사실, 요건사실과 무관한 주관적·감정적 내용, 청구권의 특정이나 사건과 무관한 법리 등을 장황하게 기재하는 것은 피해야 한다.[40]

---

38 나현, 앞의 책, 100면.

39 증거의 양이나 질에 비추어 간접사실이나 보조사실을 자세하게 기재할 수 없는 경우도 있다. 특히 증거가 일방 당사자에게 편중되어 있는 경우에 그러하다. 이런 경우에는 주장·증명 책임이 누구에게 있는지를 엄밀하게 따져 원고가 주장·증명해야 할 사항과 관련한 청구원인 사실을 명확하게 기재하는 것으로 만족해야 한다.

40 사법연수원, 『민사실무 I』, 95-96면.

요건사실과 간접사실 등을 어느 정도 기재할 것인지는 소송 목적의 유형, 경위, 증거관계 등을 고려하여 판단한다. 예컨대 매매 등과 같이 전형적인 계약의 경우에는 매매의 요소에 해당하는 목적물과 대금을 명시하여 매매 계약을 체결했다는 정도로 요건사실을 기재하고, 목적물의 소유권을 이전하고 대금을 지급하기로 한다는 기재를 생략할 수도 있다. 반면에, 비전형적인 계약의 경우에는 구체적인 약정 내용을 자세하게 기재하는 것이 좋다.[41]

청구원인 사실은 법관과 상대방이 그 내용을 쉽게 이해할 수 있도록 기재해야 한다. 그 방식으로는 시간 순서에 따른 서술, 권리 내용을 중심으로 구분된 서술 혹은 이 두 가지 방법을 혼합하는 것 등 여러 가지가 가능하다.

청구원인 사실의 구체적인 기재 방식에 정형이 있는 것은 아니나, 재판 및 판결의 기초가 된다는 점에서 통상적으로 사용하는 방법을 따르는 것이 좋다. 일반적으로 누가, 언제, 누구와의 사이에, 무엇에 관해, 어떠한 행위를 했다는 순서로 기재한다.[42] 사실관계가 복잡하고 쟁점이 다양한 경우에는 법관이 이해하기 쉽도록 사실관계를 서술해야 한다. 예컨대 소송당사자들의 기본 관계를 먼저 기재하고, 이후 시간적 순서에 따라 사건의 중요한 내용을 기재하면서[43] 요건사실을 중심으로 청구원인을 정리하는 것도 좋은 서술 방법이 될 수 있다. 이때에도 소송서류의 모든 사실은 법률적으로 검토되고 재구성되어야 한다는 점을 잊어서는 안 된다.[44]

---

41 나현, 앞의 책, 101-102면; 사법연수원, 『민사실무 I』, 95면.

42 법률행위의 장소는 섭외사건에서 준거법의 결정 등에 특별한 의미를 갖는 경우가 아니면, 굳이 기재하지 않아도 된다.

43 시간적 순서에 따라 사건 경위를 서술할 때에는, 중요 사실과 관련이 없는 상황에서 불필요하게 일자를 표기하지 않도록 주의해야 한다. 이는 독자의 집중을 돕기 위해 필요할 뿐 아니라 글의 간결함을 유지하기 위해서도 필요하다.

44 나현, 앞의 책, 100면; 사법연수원, 『민사실무 I』, 97면.

청구원인 사실을 기재할 때에도 설득적 서술 방식에 충실해야 한다. 모든 글이 그러하듯이, 독자의 이성뿐만 아니라 그 마음까지 납득시킬 때, 소송서류의 설득력은 더 강해지기 때문이다. 앞에서 설명한 바와 같이 서술 방식의 논증은 마치 단편소설처럼 줄거리와 구성, 인물 및 배경 등을 갖추어야 한다. 다만, 그 이야기는 증거에 의해 제한되고 법적 관점에서 선택된다.[45]

둘째, 청구원인란에서 원고는 청구권 및 청구 범위를 특정해야 한다. 즉 청구원인에서는 청구권을 특정하고 청구취지에서 표시한 결론에 이르게 된 논리적 과정이 나타나야 한다. 원고가 주장하는 요건사실이 인정되는 경우, 여기에 적용할 법을 찾아 해석·적용하는 것은 법원의 책임이다. 이런 점에서 볼 때, 원고가 청구원인에서 청구권을 특정하거나 청구권의 법적 근거를 명시할 필요는 없다고 얘기할 수도 있다.[46] 그러나 다른 한편, 판례에 의하면, 소송의 근거가 된 청구권이 무엇인지를 정하는 것은 원고의 권한이자 책임이다. 예컨대 손해배상 청구를 하면서 그 청구권이 불법행위로 인한 것인지 아니면 채무불이행에 기한 것인지를 특정하지 않는 것처럼, 소장의 사실관계만으로 청구권을 특정할 수 없는 경우에 원고는 법적 개념을 통해서라도 청구권을 특정해야 한다. 즉 이때에는 청구원인에서 "불법행위책임에 따른 손해배상으로서"라는 문구 등을 통해 청구권을 밝히거나, 그러한 청구권을 특정하기 위해 그 실정법적 근거를 명시하는 것(예컨대 '「민법」 제750조에 따라')이 필요하다.[47]

원고가 청구취지에 이르게 된 추론 과정을 설명하는 가장 간단한 기재

---

45 Mary B. Ray & Barbara J. Cox, 앞의 책, 167-168면.

46 특히 매매계약이나 금전소비대차계약과 같이 전형적이고 일반적인 소송 유형에서 그 법적 근거를 굳이 명시하는 것은 불필요하다고 말할 수 있다.

47 나현, 앞의 책, 102-103면.

방식은 청구취지 기재 틀 속에서 각 청구 항목의 구체적 근거를 부연하는 것이다.[48]

• 추론 과정의 기재례 •

그러므로 피고는 원고에게 위 대여원금 40,000,000원 및 이에 대한 2008. 1. 1.부터 이 사건 소장부본 송달일까지는 위 약정 이율인 연 12%의, 그 다음날부터 완제일까지는 「소송 촉진 등에 관한 특례법」 제3조에 따른 연 20%의 각 비율에 의한 이자 및 지연손해금을 지급할 의무가 있습니다.

셋째, 필요하다면 소장에 증거관계를 기재할 수 있다. 변론주의에 의해 법원은 다툼이 있는 사실에 대해서만 증거조사를 하게 되므로, 피고의 답변이 제출되기 전까지는 증거조사의 대상이 무엇인지 가늠하기 어렵다. 따라서 소장 제출 단계에서 소송당사자가 어떠한 증거를 제출해야 하는지, 법원이 어떤 증거를 채택할 것인지를 판단하는 것은 쉽지 않다. 그리고 피고의 방어 방법을 모르는 상태에서 원고가 자신이 가진 모든 증거를 드러내는 것이 위험할 수도 있다. 이런 점을 고려할 때, 소장에 증거관계를 기재하거나 증거자료를 소장에 첨부하여 제출하는 것은 부적절하다고 볼 여지가 있다.[49]

그러나 소장에 증거관계를 기재하거나 증거자료를 소장에 첨부·제출하는 것이 금지되는 것은 아니다. 그리고 신속한 심리를 위해 필요한 경우,

48 나현, 앞의 책, 103면.

49 나현, 앞의 책, 104면.

재판장은 소장 심사를 하는 단계에서 소송당사자에게 일정한 증거를 제출할 것을 요구할 수 있다(「민사소송법」 제254조 제4항). 특히 「민사소송규칙」은 부동산 관련 사건에는 부동산의 등기사항증명서를, 친족·상속관계 사건은 가족관계기록사항에 관한 증명서를, 어음 또는 수표사건은 그 어음 또는 수표의 사본을 소장에 첨부하고, 그 외에도 증거로 될 문서 가운데 중요한 것의 사본을 소장에 첨부하도록 규정하고 있다(「민사소송규칙」 제63조 제2항). 그 밖에도 원고는 해당 사건에 관한 증거방법 중에 피고의 답변을 기다리지 않고 곧바로 제출하더라도 자신에게 불리하게 작용되지 않는 것이 있다면, 청구원인에서 이를 인용하고 그 사본을 소장에 첨부하여 재판이 신속하게 진행되도록 할 수 있다.[50]

소장에서 증거관계를 기재하는 방법으로는 ① 특정한 청구원인 사실을 기재한 후 그 말미에 괄호를 하여 해당 사실에 관련된 증거방법의 명칭 또는 개요를 표시하거나, ② 별도로 증거관계에 관한 설명 항목을 두어 증거의 명칭, 증명 취지, 사건과의 관계 등 증거관계의 요지를 기재하는 방법 등이 있다. 증거관계가 복잡하거나 분량이 많은 경우에는 별도의 증거설명서를 제출하기도 한다.

넷째, 청구원인란에 소송요건의 구비 여부를 기재할 때도 있다. 원고가 제기한 소송이 소송요건을 갖추고 있는지는 법원이 직권으로 심리할 사항이다. 그러나 소송요건의 흠결로 인해 각하 판결을 받으면 원고가 불이익을 입게 되므로, 결국 소송요건에 대한 증명책임은 원고에게 있는 셈이다. 따라서 원고는 소송요건에 의문이 있을 수 있는 사항에 관해서는 상대방의 주장이나 법원의 보정명령을 기다리지 말고, 소장에서 적극적으로 주장·증명해야 한다. 예컨대 피고의 보통재판적 아닌 법원에 소를 제기할

50 나현, 앞의 책, 104-105면.

경우 그 관할의 근거는 무엇인지, 원고 또는 피고가 비법인 단체인 경우 당사자 능력을 인정할 수 있는 요소와 그 증거방법은 무엇인지, 확인의 소를 제기할 경우 확인의 이익이 있다고 볼 수 있는 사유가 무엇인지 등은 소장에서 미리 설명하는 것이 바람직하다.[51]

청구원인란에서는 그 외 소송에 필요한 내용을 기재하곤 한다. 예컨대 소장을 통해 해제의 의사표시를 하는 경우가 있다. 요건사실로서 필요한 해제의 의사표시 등이 소송 제기 무렵까지 이루어지지 않은 경우에는 소장 부본의 송달로써 그와 같은 관념의 통지나 의사표시에 갈음하곤 한다. 의사표시, 관념의 통지 등의 방법에는 특별한 제한이 없다. 따라서 원고가 그와 같은 의사나 관념이 기재된 소장의 부본을 법원에 제출하고 법원이 그 소장의 부본을 피고에게 송달하는 것도 유효한 의사표시 및 관념의 통지 방법이다. 실무에서는 흔히 청구원인란에 "이 사건 소장 부본의 송달로써 이 사건 매매계약의 해제 통지를 갈음합니다."라는 취지의 문구를 기재하는 방법으로 이루어진다. 이 경우 의사표시, 관념의 통지의 도달 사실에 관해서는 별도의 증명을 할 필요가 없다는 장점도 있다.[52]

그 밖에도 소장은 원고가 제출하는 최초의 (실질적) 준비서면으로서의 성격을 띠므로, 공격과 방어를 위해 주장할 필요가 있다고 생각하는 사항을 기재할 수 있다. 예컨대 향후 예상되는 피고의 방어 방법에 대한 선제적 공격방법,[53] 해당 사건에 적용될 법리 중 의문이 있을 수 있는 쟁점에 관한 국내외의 판례·학설, 전문적 영역에서의 경험칙 등이 여기에 해당한다.

51 나현, 앞의 책, 105-106면.

52 나현, 앞의 책, 106면.

53 피고의 항변이 예상되는 사항에 대해서는 미리 관련 사실을 부인하거나, 선행 자백을 한 뒤 재항변을 하는 경우가 여기에 해당한다. 예컨대, "변제 항변이 있을 수 있으나 이러저러한 증거를 볼 때 그러한 항변은 인정할 수 없다."라는 취지의 기재를 첨가하는 것이다(나현, 앞의 책, 107면 각주 1).

앞에서 본 바와 같이 「민사소송규칙」도 '피고가 주장할 것이 명백한 방어 방법에 대한 구체적 진술'을 기재할 것을 요구한다. 다만, 실제 소송에서 '피고가 주장할 것이 명백한 방어 방법 '이 무엇인지를 판단하는 것이 쉽지 않을 때가 있다. 그리고 이 과정에서 피고에게 항변 등 주요한 방어 방법을 알려주거나 암시해주는 부작용이 있을 수 있고, 심리에 필요하지 않은 사항을 장황하게 기술함으로써 사실관계의 파악을 방해하고 쟁점을 흐리는 결과를 초래할 수 있다는 점을 주의해야 한다.[54]

3. 답변서

1) 답변서 작업의 내용

「민사소송법」에 의하면, 피고가 원고의 청구를 다투는 경우에는 소장의 부본을 송달받은 날로부터 30일 내에 답변서를 제출해야 한다(「민사소송법」 제256조 제1항). 답변서에는 청구취지에 대한 답변, 소장에 기재된 개개의 청구원인 사실에 대한 인정 여부, 항변과 이를 뒷받침하는 구체적 사실, 증거방법 및 준비서면의 기재사항 등을 적는다(「민사소송규칙」 제65조 제1항). 또한 증거방법 중 입증이 필요한 사실에 관한 중요한 서증의 사본을 첨부해야 한다(「민사소송규칙」 제65조 제2항).

현행 「민사소송법」은 변론은 집중되어야 하며, 법원은 변론을 가능한 한 속행되지 않도록 해야 한다는 것을 원칙으로 삼는다(「민사소송법」 제272조 제1항, 「민사소송규칙」 제69조 제2항). 이를 위해 필요한 경우 변론준비

54 나현, 앞의 책, 107면.

절차에 회부하여 쟁점을 정리함과 아울러, 증인신문(당사자신문을 포함)을 제외한 나머지 증거방법에 대한 증거조사를 마친 후, 변론기일을 열어 증인신문을 하고 곧바로 변론을 종결하는 구조로 소송을 진행한다. 소송당사자는 효율적이고 신속하게 변론이 진행되도록 협력해야 한다(「민사소송규칙」 제69조 제2항). 따라서 피고가 상대방의 주장이 모두 드러날 때를 기다리며 자신의 주장을 소홀히 하다가는 실기한 공격·방어 방법으로 취급되어 주장이 각하될 위험이 있으므로, 가급적 신속히 주장과 증명을 해야 한다. 이러한 피고의 주장과 증명이 처음 시작되는 때가 바로 답변서를 제출하는 시점이다.[55]

피고의 답변에 따라 이후의 재판 과정에서 원고 및 피고가 해야 할 소송행위의 내용이 결정된다. 예컨대 피고가 원고 주장의 요건사실에 관해 부인을 하면 원고가 이를 증명해야 한다. 만약 원고의 주장 사실은 인정하나 권리의 발생·행사에 장애 사유가 있거나 발생할 권리가 소멸했다고 항변하면 피고가 그 항변 사실을 주장·증명해야 한다.[56]

답변서는 피고가 제출하는 최초의 준비서면으로서 성격을 갖는다. 다만, 일반적인 준비서면과는 달리, 답변서에는 피고가 어떠한 판결을 구하는지 그 결론과 이유를 기재하고, 소장에 기재된 개개 청구원인 사실에 대한 인정 여부, 항변 사실과 이를 뒷받침하는 구체적 사실 및 증거방법을 기재하며, 중요한 증거의 사본을 첨부한다. 답변서에는 흔히 다음의 내용이 포함된다.[57]

1. 표제

55 사법연수원, 『민사실무 I』, 120면.
56 사법연수원, 『민사실무 I』, 127면.
57 사법연수원, 『민사실무 I』, 120면.

2. 사건번호 및 사건의 표시

3. 당사자의 성명

4. 청구취지에 대한 답변

5. 청구원인에 대한 답변

6. 증거방법

7. 작성 연월일

8. 작성자의 기명날인 또는 서명

9. 법원의 표시

이와 같은 답변서의 기재사항 중 가장 중요한 부분은 '청구원인에 대한 답변'이다. '청구취지에 대한 답변' 역시 중요하나, 그 대부분은 '원고의 청구를 모두 기각한다'는 취지이므로 작성에 큰 어려움이 없다. 청구원인에 대한 답변은 원고가 주장하는 요건사실이나 중요한 간접사실에 관해 피고가 어떠한 점을 다투고 어떠한 점을 인정하는지를 밝히는 것이다. 답변의 유형은 자백, 부인, 부지, 침묵 등이 있다. 이 가운데 자백과 침묵은 원고 주장의 사실을 인정한 것으로 취급되고, 법원과 당사자 모두를 구속한다. 따라서 자백 여부는 신중하게 검토해야 한다.[58]

피고는 소장의 청구원인에 나타난 요건사실에 반드시 답변해야 한다. 간접사실이나 보조사실에 대해서도 방어에 필요한 범위에서 답변할 수 있다. 간접사실과 보조사실을 증거를 통해 탄핵하는 것은 원고 주장의 신빙성을 떨어뜨릴 수 있다. 다만, 소송의 승패와 직접 관련이 없는 간접사실과 보조사실에 지나치게 집착하고 첨예하게 대응하는 것은 소송을 불필요하게 지연시킬 수 있다는 점을 주의해야 한다.[59]

58 나현, 앞의 책, 136면.

청구원인에 대한 답변을 기재하기 위해서는 소장의 청구원인 사실을 신중하게 검토해야 한다. 정확한 답변을 위해서는 먼저 원고의 주장을 정확하게 이해해야 하기 때문이다. 이때에는 그것이 요건사실에 관한 주장인지, 선행 자백에 해당하는지, 간접사실 혹은 보조사실에 불과한지, 간접사실이나 보조사실일 경우 승패에 어떤 영향을 미치는지 등 그 소송법적 의미까지 충분히 파악해야 한다. 이것은 피고가 소송 수행 전략을 수립하는 데 기초가 된다.

답변서를 작성할 때에는 실체적 진실을 파악하기 위해 노력해야 한다. 청구원인에 대한 피고의 첫 번째 답변은 소송법적으로 매우 중요한 의미를 띤다. 따라서 변호사는 피고와의 면담 및 증거조사를 통해 사실관계를 정확히 파악하고 그에 따라 신중하게 답변 내용을 정리해야 한다. 자백했다가 부인하는 것은 자백의 취소가 되어 상대방의 동의가 있거나 그 자백이 진실에 반하고 착오에 기인한 것임을 증명한 때에 한해 가능하고(「민사소송법」 제288조), 자백 취소의 시기를 놓치면 실기한 공격·방어 방법이라 하여 각하될 수 있다(「민사소송법」 제149조). 부인했다가 후에 자백하는 것은 어렵지 않으나, 법관의 심증에 나쁜 영향을 미칠 수 있다. 따라서 사실관계를 정확하게 파악함으로써 답변서에 자백 혹은 부인 여부를 정확히 기재해야 한다.[60]

변호사가 피고 쪽으로부터 파악한 사실관계와 청구원인 사실이 다를 경우에는 실체적 진실이 무엇인지를 다시 확인해야 한다. 이때에는 피고의 진술에만 의존해서는 안 되고 증거자료 및 경험칙 등에 따라 확인할 필요가 있다. 과거에 있었던 사실을 당사자가 정확하게 기억하지 못하는 경

59 나현, 앞의 책, 133-134면.

60 사법연수원, 『민사실무 I』, 131면.

우가 종종 있기 때문이다.[61]

2) 답변서의 기재 방법

가. 임의적 기재사항 및 당사자의 표시 등

표제는 '답변서'로 기재한다.

사건란에는 법원이 해당 사건에 부여한 사건번호 및 사건명을 기재한다.

당사자의 표시에는 일반적으로 성명만 기재하고, 주소를 기재하지는 않는다. 당사자의 특정은 원고의 책임이기 때문이다.

증거방법, 작성 연월일, 당사자의 기명날인 또는 서명, 법원 등의 기재는 소장의 그것과 동일하다. 다만, 피고가 제출하는 증거는 '을'호증으로 표시한다.

나. 청구취지에 대한 답변

청구취지에 대한 답변에서는 소장의 청구취지를 받아들일 것인지 여부 및 그 범위를 기재한다.

본안전 항변을 하는 경우에는 소의 각하를 구하는 취지를 밝혀야 한다. 다만 그 경우에도, 그 항변이 받아들여지지 않을 경우를 대비하여, 본안에 대한 답변을 함께 기재하곤 한다. 소송요건의 심사는 법원의 직권 심리 사항이므로, 굳이 "원고의 청구를 각하한다."라고 적지 않고, 답변서 본문에서 그 사유만을 적절히 기재하고 각하 판결을 구한다는 취지를 표시하는 것도 가능하다. 그리고 소송요건과 관련하여 특별히 주장할 것이 없다면,

---

61 나현, 앞의 책, 135면; 사법연수원, 『민사실무 I』, 131-132면.

곧바로 "1. 원고의 청구를 기각한다. 2. 소송비용은 원고의 부담으로 한다."라는 본안에 대한 답변을 기재하면 된다.[62]

> 법원절차에 있어서는 사고의 낭비를 피한다는 이유에서 실체법적인 규정 […]의 적용 가능성을 검토하기 전에 우선 소송 조건 […]의 구비를 검토하는 관계가 형성되었다. 다시 말하면 법원이 일정한 실체법적 규정의 관철에 도대체 손을 대야 할 것인가 하는 문제를 먼저 합목적적으로 검토하는 것이다. 법원이 우선 실체법적 규범의 적용 가능성에 대하여 고심하였으나, 후에 이르러 현안의 소송에 있어서는 이에 대한 구속력 있는 판결을 내릴 수 없다는 것이 확정된다면 이는 비경제적이 아닐 수 없다.[63]

다. 청구원인에 대한 답변

청구원인에 대한 답변의 대략적인 기재 방식은 ① 먼저 원고가 주장하는 청구원인 사실 중 피고가 인정하는 부분과 다투는 부분을 구분하고, ② 다투는 부분에 대해서는 그 이유와 근거에 관한 피고의 주장과 증거관계를 기재하며, ③ 이후 항변과 같은 새로운 방어 방법을 기재하는 것이다. 다음에서 그 기재 방법에 대해 좀 더 구체적으로 설명하겠다.[64]

첫째, 청구원인에 대한 답변은 개별 청구원인 사실별로 기재하고, 그에 대한 증거방법도 명시한다. 즉 답변서를 작성할 때에는 인정하는 사실과 부인하는 사실, 부지不知로 답할 사실 등을 구분해야 한다. 답변할 대상이 많거나 복잡할 경우에는 자백하는 사실과 부인 또는 부지로 답할 내용을

62 나현, 앞의 책, 129-130면.

63 라인홀트 치펠리우스, 앞의 책, 122-123면.

64 나현, 앞의 책, 132면.

구분하여 기재하는 방법도 가능하다. 보통 "원고가 주장하는 … 사실, … 사실은 인정하고, 나머지는 부인합니다."(사실 열거 방식), "소장 청구원인란 제2의 가. 나. 다.항의 사실은 인정하고, 제3항은 부지로 답하며, 나머지는 모두 부인합니다."(항목 열거 방식) 등과 같은 방법이 사용된다. 어느 경우나 특정이 잘못되어 자백의 불이익을 입지 않도록 유의해야 한다.[65]

답변을 준비하는 과정에서 불분명하거나 확인되지 않은 사실이 있다면, 답변을 유보하는 것도 가능하다. 일응 부인한다고 답한 후 그 답변의 경위를 설명하는 과정에서 '사실관계를 추가 확인할 필요가 있으므로 정확한 답변은 추후 정리하겠다'는 취지로 기재할 수도 있다. 그러나 원고의 주장에 대해 반박하기 어렵거나 증거가 없어 받아들여질 가능성이 없다면, 억지로 반론을 하려고 하거나 주장을 중언부언하는 것은 피하는 것이 좋다.[66]

둘째, 청구원인이 불명료한 경우에는 청구취지에 대한 답변만 하고, 청구원인에 대한 답변은 원고의 석명이 행해진 후에 하는 것도 가능하다. 때때로 청구원인 사실의 전부 또는 일부가 불분명하거나 모순이 있어 답변하기 곤란한 경우가 있다. 이때에는 답변서에서 그 사정을 지적하며 법원에 석명을 해줄 것을 요구하고, 그에 대한 원고의 석명을 받은 후에 답변하는 것이 바람직하다. 다만 그 내용이 중요하지 않다면, "원고의 주장이 … 라는 취지라면" 등과 같이 가정적으로 해석한 뒤 답변하거나, 주장에 관한 가능한 해석들을 분류한 후 그에 따라 답변할 수도 있다.[67]

셋째, 원고가 소장의 청구원인에서 요건사실 외에 예상되는 항변에 대해 적극 부인하는 내용이나 항변 사실을 선행 자백한 후 재항변하는 내용

---

65 나현, 앞의 책, 135면; 사법연수원, 『민사실무 I』, 127-128면.

66 나현, 앞의 책, 135면; 사법연수원, 『민사실무 I』, 131-132면.

67 나현, 앞의 책, 134면; 사법연수원, 『민사실무 I』, 132면.

을 기재한 경우에는 이러한 사실에 관해서도 인부를 해야 한다. 만약 선행자백에 해당하는 것이 있는 경우에는 답변서에서 이를 '피고의 이익으로 원용한다'는 취지로 기재하는 것이 일반적이다.[68]

넷째, 피고가 청구원인란의 간접사실이나 보조사실까지 인부를 해야 하는 것은 아니다. 다만, 그것들도 변론 전체의 취지로 자유심증의 대상이 되므로 실무에서는 여기에 대해서도 인부를 하곤 한다. 이때에는 요건사실의 경우와 달리 주장 사실마다 인부 내용을 기재할 필요는 없고, 일괄하여 부인한 후 자기 주장을 기재하는 방식을 사용할 수 있다. 원고의 청구원인 사실에 요건사실과 관계 없는 것이 포함되는 경우가 있는데, 이러한 사실에 대해서까지 일일이 논쟁을 벌여 쟁점을 흐릴 필요가 없는 경우도 많다.[69]

라. 피고의 주장·항변 등

답변서에 기재할 내용은 청구취지에 대한 답변과 청구원인에 대한 답변에 그치지 아니하고, 원고의 청구를 이유 없게 하는 모든 사실상·법률상의 주장을 포함한다. 답변서는 소장에 대한 피고의 답변이라는 성격 외에도, 그와 함께 피고의 최초의 준비서면으로서의 성격을 띠므로, 답변서를 통해 적극적 방어 방법을 제출할 수 있다(「민사소송규칙」 제65조 제2항). 이런 취지에서 답변서에는 준비서면에 관한 규정을 준용한다(「민사소송법」 제256조 제4항).[70]

적극적 방어 방법에는 항변, 원고의 주장사실과 양립할 수 없는 적극적 사실의 주장, 반증의 의미를 가지는 간접사실·보조사실의 주장, 원고가 주

68 나현, 앞의 책, 136면; 사법연수원, 『민사실무 I 』, 132면.

69 사법연수원, 『민사실무 I 』, 132면.

70 나현, 앞의 책, 137면; 사법연수원, 『민사실무 I 』, 133면.

장하는 청구권의 근거를 부인하는 법률적 주장, 답변서에 첨부 제출할 수 있는 증거서류 등이 있다. 항변 등은 소장에서 청구원인을 기재하는 것과 같은 요령으로 기재한다. 항변 사실은 구체적으로 기재해야 한다. 만약 사실관계에 관해 면밀하게 살필 시간적 여유를 확보하지 못했거나 증명에 관한 확신이 없다면, 일단 항변 요지만 기재하여 제출한 후 증거를 확보하거나, 증거조사를 마친 후 상세한 내용의 준비서면을 제출하는 것이 바람직하다.[71]

적극적 방어 방법이 여러 개일 경우에는 피고가 얻을 수 있는 이익이 큰 순서,[72] 논리적 순서,[73] 시간적 순서 등에 따라 적절하게 배치하면 된다. 다만, 이는 절대적인 기준이 아니다. 따라서 증명이 쉽고 확실한 항변 내용을 앞에 배치하거나 상대방의 약점을 분명하게 드러내는 내용을 앞에 배치하는 등 변호사가 소송의 구체적 상황을 고려하여 적절한 구성 방식을 선택하면 된다.[74]

원고가 소장 부본의 송달을 통해 의사표시, 관념의 통지를 할 수 있는 것과 마찬가지로, 피고도 답변서 등의 송달을 통해 그와 같은 조치를 취할 수 있다.[75]

---

71 나현, 앞의 책, 137면; 사법연수원, 『민사실무 I』, 134면.

72 예컨대 청구 전체에 대응하는 사유 → 일부에 대응하는 사유의 순서.

73 예컨대 권리장애사유(법률효과의 발생에 장애가 되는 사유로서 의사능력의 흠결, 통정허위표시 등이 있다) → 권리멸각사유(일단 발생한 법률효과를 소멸시키는 사유로서 변제, 공탁, 소멸시효의 완성 등이 있다) → 권리저지사유(법률효과의 행사를 저지하는 사유로서 최고 검색의 항변권, 동시이행의 항변 등이 있다)의 순서.

74 나현, 앞의 책, 138면.

75 나현, 앞의 책, 138면; 사법연수원, 『민사실무 I』, 134면.

4. 준비서면

1) 준비서면 작업의 내용

준비서면은 당사자가 변론에서 진술하고자 하는 사항을 미리 기재하여 법원에 제출하는 서면을 의미한다. 준비서면은 소송 계속 중에 당사자의 주장 등을 법원에 전달하는 역할을 하고, 증거 절차와 함께 변론의 핵심을 이룬다. 준비서면에는 공격·방어 방법에 해당하는 주장은 물론 증거의 탄핵이나 그에 대한 설명, 법리에 관한 설명 등 당사자가 법원에 대해 주장하고자 하는 모든 사항을 기재하여 제출한다.[76]

「민사소송법」은 변론의 신속한 진행과 집중적인 심리를 위해 소송당사자에게 원칙적으로 변론을 서면으로 준비할 것을 요구한다(「민사소송법」 제272조 제1항). 당사자의 변론은 구술로써 하는 것이 원칙이다. 그러나 구술 변론을 법정에서 청취하는 것만으로는 법원이나 상대방이 그 내용을 정확하게 파악하기 어렵다. 구술 변론의 취지를 제대로 파악하지 못할 경우, 상대방으로서는 답변이나 반론 등 적절한 대응을 하는 것이 어려울 수 있다. 법원 역시 당사자의 진의를 변론조서 등에 충실하게 기록하기 어렵다. 당사자가 준비서면을 통해 진술할 사항을 미리 기재하여 법원에 제출하면, 상대방은 그 부본을 미리 송달받아 시간적 여유를 가지고 검토하면서 그에 대응하는 준비서면이나 증거방법을 제출할 수 있고, 실제 변론기일에서는 그러한 서면에 나타난 쟁점에 집중하여 심리를 진행할 수 있다.[77]

---

76 사법연수원, 『민사실무 I』, 183면.

77 권오봉·권혁재·김동호·윤태석, 앞의 책, 79면; 나현, 앞의 책, 147면; 사법연수원, 『민사실무 I』, 184면.

당사자의 입장에서 서면에 의한 준비 없이 구술만으로 변론을 진행하는 경우에는 논리적으로 자신의 주장을 진술하기 어렵다. 또한 자신의 주장을 소송기록에 명확히 남기기 위해서도 준비서면을 작성·제출할 필요가 있다. 소송당사자가 구술로만 변론하고 준비서면을 제출하지 않은 경우 조서의 기재가 정확하지 않으면, 법관이 바뀌거나 사건이 상급심에 이심되었을 때 기록에 남아 있지 않은 주장은 소송자료로 사용할 수 없게 된다. 나아가 법관이 당사자의 모든 주장을 빠짐없이 기억할 수는 없기 때문에, 결심이 되어 판결을 할 때에는 다시 기록을 검토한 후 그 기록에 기초해 판단하는 실정을 감안한다면 당사자로서는 준비서면을 제출하여 자기의 주장을 확실하게 법원의 소송기록에 남겨둘 필요가 있다.[78]

소송대리인의 입장에서는 준비서면을 제출할 시점을 판단하는 것이 쉽지 않을 때가 있다. 준비서면의 제출 시기에 관해 법률에서 일정한 기준을 제시하고 있지도 않다. 실무상 법조인들이 흔히 준비서면을 제출해야 하는 때라고 여기는 대표적인 상황은 다음과 같다. ① 법원의 변론준비명령이나 변론준비절차에서 협의 등을 통해 준비서면을 제출할 것을 요청받은 경우 준비서면을 제출한다. ② 당사자가 소장이나 답변서에 기재하지 않은 새로운 주장이나 항변을 할 때 흔히 준비서면을 제출한다. 또 소송의 결과를 좌우할 수 있는 증거들을 제출할 때 그와 관련한 내용을 설명하는 준비서면을 제출하기도 한다. ③ 법관으로부터 주장이나 증거관계의 정리 혹은 석명을 요청받았을 때에 준비서면을 제출한다. ④ 상대방이 새로운 쟁점이나 주요한 증거를 제출한 경우 그에 대응하는 준비서면을 제출한다.

준비서면은 법관과 상대방이 미리 검토할 수 있는 시간적 여유를 두고

78 사법연수원, 『민사실무 I 』, 185면.

제출해야 한다. 이에 관해 「민사소송법」 제273조는 "준비서면은 그것에 적힌 사항에 대하여 상대방이 준비하는 데 필요한 기간을 두고 제출하여야 [한다]"라고 규정하고 있다. 「민사소송규칙」 제69조의3은 좀 더 구체적으로 "새로운 공격·방어 방법을 포함한 준비서면은 변론기일 또는 변론준비기일의 7일 전까지 상대방에게 송달될 수 있도록 적당한 시기에 제출하여야 한다."라고 규정하고 있다. 법원이 변론준비명령에서 준비서면의 제출 기한을 명시한 경우나 변론준비절차에서 재판장 등과 준비서면의 제출 횟수, 분량, 제출 기한 및 양식 등에 관한 합의가 이루어진 경우에는 그에 맞추어 준비서면을 제출해야 한다(「민사소송규칙」 제70조 제4항). 어떤 경우든 변호사는 제출 기한보다 일찍 준비서면의 초고를 작성하여 내용을 검토하고 의뢰인과 상의한 후 제출하는 것이 바람직하다.

「민사소송법」 제274조는 준비서면의 기재사항을 예시하면서 자신 및 상대방의 증거방법에 대한 의견도 함께 기재하도록 하고 있다. 다음으로는 소장과 답변서 작성에 관한 설명과 중복되지 않는 범위에서 준비서면의 작성 방법을 알아보겠다.[79]

1. 표제
2. 사건번호 및 사건의 표시
3. 당사자의 성명
4. 공격 또는 방어의 방법
5. 상대방의 청구와 공격 또는 방어의 방법에 대한 진술
6. 첨부서류의 표시
7. 작성 연월일

79 권오봉·권혁재·김동호·윤태석, 앞의 책, 79면.

8. 작성자의 기명날인 또는 서명

9. 법원의 표시

2) 준비서면의 기재 방법

가. 공격 또는 방어 방법의 주장과 반박

준비서면에는 공격 또는 방어 방법을 기재한다.[80] 소송당사자는 준비서면에서 자신이 주장하는 권리의 근거 사실, 법률요건의 해석과 관련된 내용을 적고 상대방의 청구와 공격·방어 방법에 대해 반박한다.

준비서면의 본문에서는 먼저 사건의 쟁점 혹은 다투고자 하는 부분을 특정한 후 자신의 주장 내용을 적는 것이 일반적이다. 상대방 주장과 자신의 기존 주장 내용을 간략히 정리한 후, 추가적으로 그와 관련된 주장을 기재하고, 마지막으로 자신의 새로운 주장을 기재하는 것도 좋은 방법이 될 수 있다. 혹은 "이 사건과 관련하여 원고·피고 사이에 … 점에 관해서는 다툼이 없습니다. 다만 원고·피고는 … 사실의 존부에 관해 다투고 있는바, 다음에서는 이와 관련하여 설명토록 하겠습니다."라는 방식으로 쟁점을 특정할 수도 있다.[81]

준비서면을 쓸 때는 사건의 쟁점을 회피해서는 안 된다. 본인이 피하고 싶더라도 법원과 상대방이 쟁점으로 취급하고 있다면, 정면으로 다루어야 한다. 특별한 설명 없이 쟁점에 대응하지 않으면, 법관에게 그 쟁점에 관한 상대방 주장에 수긍한다는 인상을 줄 수 있다. 쟁점을 피하지 않고 핵심을

---

80 민사소송에서 공격방법이란 원고가 자신의 청구를 뒷받침하기 위해 제출하는 일체의 소송자료를 말한다. 그리고 방어 방법이란 피고가 원고의 청구에 대응하기 위해 제출하는 일체의 소송자료를 말한다.

81 나현, 앞의 책, 149면.

다루고 있다면, 그 준비서면은 법관에게 명료하다는 인상을 준다. 또한 복잡한 사실관계와 법리적 논쟁 속에서도 문제의 핵심, 즉 쟁점을 놓치지 않고 긴장감을 유지해야만, 읽는 이도 그 준비서면에 집중할 수 있고 설득될 가능성이 높아진다. 좋은 준비서면은 그 속의 모든 내용이 사건의 핵심과 연결되어 있는 것이다.[82]

좋은 준비서면을 작성하기 위해서는 변호사가 자신의 공격·방어 방법 중 효과가 크고 실현 가능성이 높은 것을 선별하고, 그것들을 중심에 놓고 논의를 진행할 수 있어야 한다. 준비서면을 작성하는 과정에서 변호사는 자신의 공격·방어 방법을 어떻게 배치하여 글의 설득력을 높일 것인지 세심하게 검토해야 한다. 그리고 그렇게 배치된 공격·방어 방법을 뒷받침하기 위해 논증 과정을 간결하면서도 정밀하게 기재해야 한다. 이때는 쟁점을 명확히 밝혀 논증의 목표를 분명히 하고, 연역·귀납 등의 추론 방법을 적절하게 이용해야 한다.[83]

준비서면을 작성할 때에는 법리적 관점에서 사건을 바라보고 논증하기 위해 노력해야 한다. 앞에서 설명한 바와 같이 의견서 작업에서는 정책적 관점에서 사건의 결과를 예측하는 것이 필요할 때가 있다. 그러나 소송서류는 의견서와 성격이 다르다. 소송서류의 주요 독자는 법관이고, 재판에서 법관의 일차적 역할은 정책적 선善을 추구하는 것이 아니라 헌법과 법률에 따라 분쟁을 해결하는 것이기 때문이다. 정책적 결정은 입법자의 권한이다. 법관, 특히 하급심의 법관이 법률과 판례에 배치되는 결정을 하는

82 탁석산, 앞의 책, 96면.

83 좋은 논증이 되기 위해서는 다음과 같은 다섯 가지 조건이 충족되어야 한다고 한다. ① 수용 가능한 전제가 필요하다. ② 전제와 결론은 연관되어야 한다. ③ 전제가 적절하고 충분해야 한다. ④ 기본 개념이 설정되어야 한다. ⑤ 예상되는 반론에 대비해야 한다(이화여자대학교 교양국어편찬위원회, 앞의 책, 70-76면).

것은 흔치 않다. 따라서 해당 사건에 적용할 법률이나 판례가 있는데도, 의뢰인에게 불리한 판결이 내려질 수 있다는 점을 걱정해서, 변호사가 법리적 논쟁을 회피한 채 정책론에 기대어 그 결론을 변경하려고 시도하는 것은 삼가야 한다. 그 사건에 적용할 수 있는 법이 있을 때에는 법리적 논쟁에 집중해야 한다. 그리고 그 범위에서 정책적 근거를 보완해야 한다.[84]

준비서면에서는 상대방의 주장에 대해서도 반박해야 한다. 왜냐하면, 소송서류를 통해 변호사는 법관이 자신의 의뢰인에게 우호적인 결론을 내리도록 설득할 뿐만 아니라 상대방의 주장을 받아들이지 않도록 설득해야 하기 때문이다. 상대방의 주장을 효과적으로 반박하기 위해서는 먼저 반대 견해를 이해하기 위해 노력해야 한다. 이해하지 못한 상태에서 비판하는 것은 무의미하다. 이렇게 상대방의 주장을 반박할 때에는 먼저 자신의 주장과 근거를 설명한 후 상대방의 주장을 반박하는 순서로 기재하는 것이 일반적인 기재 방식이다. 그렇지 않고 상대방의 주장만을 거론할 경우 법관에게 소극적 혹은 방어적이라는 인상을 줄 수 있다.[85]

준비서면에서 자신의 주장을 뒷받침하고 상대방의 주장을 반박하기 위해 판례를 근거로 들 때는 다음과 같은 점을 주의해야 한다. ① 법률적 효력이 강한 법적 근거를 찾아 자신의 주장을 뒷받침한다. 이때 대법원 판례 또는 사건이 계류 중인 법원보다 상급심의 판결을 인용하거나 적어도 같은 심급의 판결례를 인용해야 한다. ② 상대방이 특정 판결을 들어 자신의 주장을 뒷받침할 경우에는 그 판결의 사실관계와 상대방의 주장 사실의 차이점을 비교하고 이를 부각시킨다. ③ 관련 판례 법리를 정확하게 이해하려고 노력해야 한다. 변호사는 사건에 직접 적용되는 특정 판결뿐만 아

84 John C. Dernbach 외, 앞의 책, 296면.

85 John C. Dernbach 외, 앞의 책, 251면.

니라 그와 관련된 판례 법리 및 그 변화 추세를 이해하려고 노력할 필요가 있다. 준비서면에서 변호사가 판례를 잘 이해하고 있다는 점이 나타나면, 글의 신빙성은 높아지게 된다.[86]

때때로 준비서면에서 특정 법리에 관해 자세하게 서술하는 경우가 있다. 사건에 적용할 법을 찾는 것은 법원의 책임 영역이라는 점을 고려할 때, 이것이 조금 이상하게 보일 수도 있다. 그러나 법원이 법을 잘못 적용하면 그 불이익은 소송당사자가 입게 된다. 따라서 법원이 관련 법리를 잘 알지 못하거나 오해할 우려가 있다고 생각될 경우, 변호사는 국내외의 법령·판례·문헌 등을 제출해야 한다. 또한 법리에 관한 자신의 의견, 기타 상대방의 주장에 관한 반대 의견 등을 표현함으로써 정당한 법리 적용을 촉구하기도 한다. 특히 종전 판례가 해당 사건에 적용되기에 적당하지 않거나 해당 사건에 관한 새로운 법리의 개발이 필요한 경우 등에는 당사자가 적극적으로 법리적 주장을 해야 한다.[87]

앞에서 설명한 바와 같이, 준비서면에서 상대방 변호사의 주장을 반박할 때는 이를 비하하는 용어를 사용해서는 안 된다. 설령 상대방 변호사가 빈정거리거나 비하하는 표현을 준비서면에 썼더라도 그를 직업적 동료로서 예우해야 한다. 상대방 변호사의 주장이 정말 엉터리라고 생각된다면, '엉터리'라거나 '거짓말'이라고 표현하지 말고 그것이 왜 엉터리인지를 준비서면에서 구체적으로 보여주면 된다. 즉 준비서면에 기재된 반박 내용을 읽은 후 법관이 '상대방 주장이 엉터리다'라고 생각하게 만들면, 소기의 목적을 달성할 수 있고 자신의 법조인으로서의 품위와 의무를 지킬 수 있다.[88]

---

86 Linda H. Edward, 앞의 책, 266-267면; Norman Brand & John O. White, 앞의 책, 90면.
87 나현, 앞의 책, 151면.
88 Norman Brand & John O. White, 앞의 책, 86-87면.

나. 기타 기재사항

첫째, 준비서면에서는 요건사실 외에도 그 증명에 필요한 사건의 경위나 정황 등과 같은 다양한 간접사실을 주장할 수 있다. 때때로 원고는 소장에 미처 기재하지 못한 요건사실이나 기타 중요 사실들을 준비서면을 통해 보충하기도 한다.

앞에서 설명한 바와 같이, 사실관계의 효과적인 서술은 소송 실무에서 매우 중요하다. 이를 통해 변호사는 의뢰인의 상황 및 그 주장의 정당성에 관한 법관의 공감을 이끌어낼 수 있다. 이는 소송의 승패에 직접적인 영향을 미치곤 한다. 따라서 변호사들은 중요 사실은 아니지만 법관의 사건 이해를 도울 수 있는 사정들을 준비서면에 적기도 한다. 이때 변호사는 그 사정들을 기계적으로 나열해서는 안 된다. 청구원인 사실과 마찬가지로, 이것 역시 논리적으로 구성하고 사건의 쟁점과 관련성을 유지해야 한다(사실관계의 서술은 형사사건의 변론에서 특히 중요하다. 왜냐하면, 재산이 주요한 소송 대상인 민사사건과 달리 형사사건에서는 사람이 소송 대상이기 때문이다. 따라서 사실관계의 서술 방식과 관련해서는 형사사건의 소송서류 작업 부분에서 좀 더 살펴보겠다).[89]

준비서면에서 변호사는 자신이 제출한 증거자료의 증명력을 보강한다. 이때에는 관련 증거의 증명 취지, 증거의 내용과 의미, 요건사실과의 관계 등을 설명함으로써 자신의 주장을 논증하곤 한다. 특히 증거의 수가 많고 사실관계가 복잡할 경우에는 준비서면에서 그 증명 취지를 설명하여 법관의 이해를 돕는 것이 필요하다. 또한 준비서면에서 변호사는 상대방 증거의 신빙성을 탄핵한다. 상대방 증거에 대한 탄핵 역시 준비서면의 중요한

89 John C. Dernbach 외, 앞의 책, 279-280면.

서술 대상이다.[90]

둘째, 소장의 기재사항만으로는 청구권을 특정하기에 부족할 때, 원고는 그 청구권의 개념 또는 법적 근거를 준비서면을 통해 보완할 수 있다. 민사소송에서 청구권을 확정하는 것은 원고의 책임이다. 따라서 원고가 소장에서 청구권을 정확하게 특정하지 못했다면, 준비서면 등에서 보충해야 한다. 피고 역시 답변서에서 하지 않은 항변과 재항변 등을 준비서면에서 할 수 있다.[91]

셋째, 재판장은 소송관계를 분명하게 하기 위해 당사자에게 사실상 또는 법률상 사항에 대해 질문할 수 있고, 증명을 하도록 촉구할 수 있다(석명권, 「민사소송법」 제136조). 또한 재판장은 석명준비명령을 통해 당사자에게 설명 또는 증명하거나 의견을 진술할 사항을 지적하면서 변론기일 이전에 이를 준비하도록 명할 수 있다(「민사소송법」 제137조). 법원의 석명이 있는 경우, 당사자는 준비서면의 형식으로 답변하는 경우가 많다. 이때에는 법원의 석명 내용과 취지를 검토하고, 소송법적으로 어떤 의미인지를 살펴야 한다. 만약 답변을 누락하거나 관련 없는 내용을 답변할 경우, 그 사항에 관한 주장이 없거나 증명이 불충분한 것으로 인식될 수 있으며, 때로는 해당 당사자 쪽의 변론 전체에 불이익으로 작용할 수 있다.[92]

---

90 나현, 앞의 책, 150면.

91 나현, 앞의 책, 150-151면.

92 나현, 앞의 책, 153면.

9장

형사 소송서류의 작성

1. 형사소송에서 변호사의 역할[1]

한국 「형사소송법」은 실체적 진실주의와 적법절차 원칙을 주요한 이념으로 삼고 있다. 구체적인 범죄 행위에 대해 형벌권을 실현하기 위해서는 먼저 범죄 행위에 관한 진실을 명확히 해야 하는바, 이것이 실체적 진실 발견의 요청이다. 그런데 실체적 진실 발견이라는 목적을 달성하는 방법은 헌법과 법률에 의해 제한된다. 그 제한 중 가장 중요한 것이 적법절차의 원칙이다.

이와 같은 「형사소송법」의 이념은 당사자주의를 채택한 한국의 형사소송 구조와 결합하여 피의자, 피고인(이하 '피고인 등'이라 한다)의 주체성

1 이 부분은 도재형, 앞의 책, 231-234면의 내용을 요약한 것이다. 해당 부분에서 인용한 참고문헌의 출처는 생략했다.

을 명확하게 한다. 당사자주의에 입각할 때, 형사 변호인의 첫 번째 임무는, 적법절차를 보장받을 권리를 가진, 피고인 등의 방어권을 현실화하는 것이다. 당사자주의 구조에서 변호사는 법원의 협력자가 아니라, 당사자의 입장에서 그의 주장 및 이익을 실현하는 데 협력하는 자이다.

변호사는 의뢰인의 권익을 최대한 옹호하도록 노력해야 한다. 변호인은 보호자로서 지위를 가지고 피고인 등의 방어권 행사를 돕는다. 변호인의 보호자로서 지위는 형사소송 절차에서 무기 대등의 원칙을 실현하기 위한 것이다. 변호인은 피고인 등의 보호자로서 법적 조언을 제공하고, 증거 수집 등의 활동을 통해 피고인 등을 돕는다. 변호인의 법적 조언은 실체법적인 권리만이 아니라 절차법적인 권리 등 모든 법적 권리에 관한 내용을 포함한다. 예컨대 피고인 등이 자백하고 있어도 유리한 정상을 모두 현출하고, 부인하고 있는 경우에는 무죄로 연결시킬 수 있는 사실을 명확히 하며 필요한 법리론을 전개해야 한다.

형사 변론 활동에는 접견의 확보, 신체 구속의 방지 또는 조기 석방, 방어권의 설명 등이 포함된다. 변호사는 구속 피고인 등을 신속하게 접견하여 사실관계를 청취하고 유리한 증거를 수집하며, 빠른 석방을 위해 노력해야 한다. 또한 진술거부권 등 피고인 등의 방어권에 대해 적절히 설명함으로써 피고인의 합리적 선택을 돕고, 그 방어권을 침해당할 때에는 필요한 조치를 취해야 한다.

형사 변론 과정에서 변호사는 다양한 형식의 서면을 법원이나 수사기관에 제출한다. 이 장에서는 형사 소송서류를 작성할 때 많이 사용하는 서술식 논증 방식을 먼저 설명하고, 이후 구속 피고인 등의 석방을 위해 변호사가 취하는 조치 중 대표적인 예인 구속적부심사와 보석 관련 청구서 그리고 변호사의 변론 내용을 기재하는 대표적 서류인 변론요지서의 작성 방법에 대해 살펴보겠다.

2. 서술을 통한 논증

앞에서 설명한 바와 같이 형사사건의 변론 과정에서 변호사는 서술을 통해 자신의 주장을 논증하는 일이 많다.

변호사는 사건이 일어나게 된 배경과 피고인 등이 범죄에 가담하게 된 경위 혹은 동기 등을 서술 방식의 글쓰기를 통해 설명함으로써 법관이 피고인 등의 개인적 상황에 공감하고 이해할 수 있도록 노력해야 한다. 사실관계를 서술하는 일차적 목적은 법관에게 수사기관의 관점이 아닌 다른 관점으로 그 사건을 바라볼 기회를 제공하기 위한 것이다. 그리고 변호사가 그 변론에서 다루고자 하는 쟁점과 주제를 설명하기 위한 것이다. 이것은 의뢰인에게 불리한 내용을 뺀 나머지 모든 사정을 기재하라는 뜻이 아니다. 변호사는 단지 의뢰인에게 불리하다는 이유만으로 법률적으로 중요한 사실을 생략하거나 왜곡해서는 안 된다.[2]

예컨대 어떤 노동조합 위원장이 불법 파업을 했다는 혐의로 구속된 상황이라면, 변호사는 그 파업의 합법성을 드러내는 사실뿐만 아니라 그 근로자가 파업을 하게 된 경위 혹은 사용자의 불성실한 교섭 태도로 인해 파업에 이르게 된 과정을 서술하는 것이 필요하다. 이를 통해 변호사는 법관이 수사관계 자료에 나타난 파업의 진행 과정뿐만 아니라 그 전 단계인 단체교섭에서 보여준 노사의 행동에도 관심을 가지도록 할 수 있다.

당연한 얘기이긴 하지만, 변호사는 소송서류를 작성할 때 의뢰인에게 유리한 내용은 강조하고 불리한 내용은 그 효과를 줄이려고 노력한다. 이때 변호사는 사건의 구체적 내용에 맞추어 가장 효과적인 이야기의 배치 방법을 고민하게 된다. 실무에서는 의뢰인에게 유리한 내용을 앞쪽에 적고,

---

2 John C. Dernbach 외, 앞의 책, 283면.

불리한 내용은 뒷부분에 배치한 후 그에 대한 의뢰인의 변명 혹은 반박을 덧붙이는 방식을 많이 사용한다. 이 경우 피고인 등에게 유리하다는 이유만으로 확인하지 못한 사실을 기재하는 것은 피해야 한다.[3]

피고인 등으로부터 받은 사건 경위서의 내용 등을 소송서류에 그대로 옮겨 적는 경우가 있으나, 바람직하지 않다. 이런 방법으로 소송서류를 작성하면 피고인 등의 의견을 그대로 소송서류에 반영할 수 있고, 따라서 변호사가 피고인 등으로부터 충실한 변론을 하지 않았다고 비난받을 염려는 없다. 또한 소송서류를 작성하는 데 소비되는 변호사의 시간도 절약하고 법리적 논쟁에 더 집중할 수 있다. 그러나 변호사는 피고인 등의 보호자적 지위에서, 그리고 객관적 입장에서 사건을 바라보고 피고인 등에게 법률적 조언을 할 수 있어야 한다. 또한 재판에서 다루는 사실관계는 법률적으로 가공된 것이지 글자 그대로의 '사실'이 아니라는 점도 명심해야 한다. 따라서 재판에 현출되는 모든 사실은 법률 전문가의 손을 거쳐 가공되는 것이 바람직하다. 법률적으로 정제되지 않은 내용이 소송서류에 기재된 경우 법조인들은 그 변호사의 법률가로서의 성실성과 글의 신빙성을 의심하게 된다는 점도 유념해야 한다.

서술 방식으로 글을 쓸 때 변호사는 감상적인 표현이 소송서류에 나타나지 않도록 주의해야 한다. 피고인 등이 처한 상황을 객관적으로 묘사하지 못하고 감정적인 표현을 쓸 경우, 오히려 법관의 반감을 야기할 수 있기 때문이다. 이는 단지 변호사가 법률 전문가이고, 그렇기 때문에 그가 쓰는 소송서류 역시 감상적이어서는 안 된다는 뜻이 아니라, 소송에서는 항상 대립적인 상대방이 존재하고, 따라서 변호사의 감정 역시 객관적 입장에서 검토되어야 하기 때문이다. 정제되지 않은 표현은 오히려 상대방의 반

3 John C. Dernbach 외, 앞의 책, 284면.

박에 직면하고 그 신빙성을 의심받을 수 있다.[4] 즉 변호사는 의뢰인의 처지에 공감하는 입장에서 소송서류를 작성하지만, 객관적 관점에서 사건을 바라보고 표현 역시 정제해야 한다.[5]

3. 구속적부심사 청구서

1) 구속적부심사 청구 작업의 내용

앞에서 설명한 바와 같이, 형사 변론 활동에는 피고인 등의 신체 구속의 방지 또는 조기 석방을 위한 노력이 포함된다. 피고인 등이 구속되어 있으면 수사 절차에서 열악한 지위에 처하게 되므로, 특별한 사정이 없는 한, 변호사는 피고인 등을 구속 상태에서 벗어나게 하는 데 최선을 다해야 한다.

구속적부심사 청구는 수사 단계에서 변호사가 피의자의 석방을 위해 하는 대표적인 변론 활동이다.[6] 구속적부심사는 법원에 피의자의 구속이 적법한지를 심사해줄 것을 청구하는 절차이다. 구속 피의자의 변호인은 관할 법원에 구속적부심사를 청구할 수 있다(「형사소송법」 제214조의2 제1항). 그 청구를 받은 법원은 청구서가 접수된 때부터 48시간 이내에 구속 피의자를 심문하고 수사관계 서류와 증거물을 조사하여 피의자의 석방 여부를 결정해야 한다(「형사소송법」 제214조의2 제4항).

구속적부심사는 수사 단계에서 피의자에 대한 구속의 적법성을 다툰

---

4 상대방, 예컨대 민사사건에서 상대방 당사자, 형사사건에서 피해자는 변호사의 의뢰인에게 적대적 감정을 가지고 있고, 의뢰인이 사건을 바라보는 관점에 동의하지 않는다는 점을 잊어서는 안 된다.

5 John C. Dernbach 외, 앞의 책, 284면.

6 체포적부심사의 청구 역시 가능하나, 실무에서 많이 활용하지는 않는다.

다는 점에서 공소 제기 후에 피고인에 관해 행해지는 보석 청구와는 구별된다.

변호사가 구속적부심사 청구서를 준비할 때는 피의자를 접견하고 관련 내용을 검토할 시간을 확보해야 한다. 구속적부심사 청구를 준비할 때에는 수사가 진행 중인 상태이기 때문에 변호사가 사건 내용을 정확하게 알지 못하는 경우가 많다. 따라서 변호사는 피의자와의 접견을 통해 수사 내용 및 사건 관련 정보를 충실히 교환해야만, 수사기관의 수사 방향 및 사건의 쟁점을 어느 정도 이해하고 구속적부심사 청구서를 작성할 수 있다. 그런데 변호사가 구속 피의자를 접견하기 위해서는 자신의 일정을 비워 구치소 등으로 접견을 가야 한다. 이렇게 별도의 이동 시간이 소요되기 때문에, 변호사가 구속적부심사의 청구이유를 준비하고 그 내용을 피의자와 상의하기 위해 자주 접견을 가기는 쉽지 않다. 그럼에도 변호사는 일정이 허락하는 한 성실하게 피의자와 접견해야 한다. 접견을 할 때에는 미리 질문사항이나 의문사항 등을 준비함으로써 그 시간을 효율적으로 이용하는 것이 좋다.[7]

구속적부심사의 청구는 서면으로 하는 것이 일반적이다. 구속적부심사 청구서에는 구속 피의자의 성명, 주민등록번호 등, 주거, 구속 일자, 청구 취지 및 청구이유, 변호사의 성명 및 선임 관계 등을 기재하고 변호인선임신고서, 구속영장 사본 등을 첨부하는 것이 일반적이다(「형사소송규칙」 제102조).[8] 구속적부심사 청구는 독립된 형사신청사건으로 취급되고 별도

7 이렇게 미리 접견을 준비하는 것은 피의자에게 변호인이 성실하게 변론하고 있다는 인상을 줌으로써 그 협조를 이끌어내는 데에도 도움이 된다.

8 다만, 실무상 구속영장 사본의 경우 법원의 담당 직원이 법원에 보관된 구속영장청구서와 사본을 첨부하므로 반드시 이를 처분해야 하는 것은 아니다(사법연수원, 『변호사실무(형사)』, 2009, 59면).

의 사건번호가 매겨진다. 구속적부심사 청구서의 기재사항을 순서대로 적어보면 다음과 같다.

1. 표제
2. 구속 피의자의 성명, 주민등록번호 등, 주거의 표시
3. 청구인의 성명 및 구속된 피의자와의 관계
4. 구속 일자의 표시
5. 청구취지
6. 청구이유
7. 첨부서류
8. 작성 연월일
9. 작성자의 기명날인
10. 법원의 표시

2) 구속적부심사 청구서의 기재 방법

청구서에서 구속 피의자의 인적 사항이나 구속 일자는 구속영장의 기재에 따르고, 청구취지에는 청구인이 원하는 주문인 “피의자의 석방을 명한다.”라는 내용을 기재한다.

구속적부심사 청구서의 청구이유에는 피의자의 구속이 부적법하다는 내용을 기재한다. 이 부분이 청구서에서 가장 중요하다. 그 구체적 기재 방법은 다음과 같다.

첫째, 청구이유를 작성할 때에는 구속요건을 정한 다음의 「형사소송법」 규정에 따라 관련 사실을 검토해야 한다. 「형사소송법」 제70조 제1항은 “법원은 피고인이 죄를 범했다고 의심할 만한 상당한 이유가 있고 다음

각호의 1에 해당하는 사유가 있는 경우에는 피고인을 구속할 수 있다."라고 하면서 "1. 피고인이 일정한 주거가 없는 때, 2. 피고인이 증거를 인멸할 염려가 있는 때, 3. 피고인이 도망하거나 도망할 염려가 있는 때"를 사유로 들고 있다. 그리고 제2항에서는 "법원은 제1항의 구속사유를 심사함에 있어서 범죄의 중대성, 재범의 위험성, 피해자 및 중요 참고인 등에 대한 위해 우려 등을 고려하여야 한다."라고 규정하고 있다.

「형사소송법」 제70조 제1항에 의하면, 가장 중요한 구속요건은 '피의자가 죄를 범했다고 의심할 만한 상당한 이유'가 있는지 여부이다. 하지만 구속적부심사 청구서를 작성할 때 변호사가 이 점만을 집중적으로 다루고 나머지 구속요건을 소홀히 하는 것은 타당하지 않다. 왜냐하면, 구속영장 실질 심사 절차에서 일차적으로 법관이 범죄 혐의 여부를 판단했는데, 특별한 사정 변경이 없는 상황에서 다른 법관이 이를 뒤집고 구속 결정이 위법하다고 하기는 어렵기 때문이다. 또한 피의자가 죄를 범했는지 여부는 공판 과정에서 치열한 증거조사를 거쳐야만 제대로 판단할 수 있고, 구속적부심사 단계에서 이를 본격적으로 다루는 것이 곤란한 경우도 많다.[9]

「형사소송법」 제70조 제1항의 취지는 설령 '피의자가 죄를 범했다고 의심할 만한 상당한 이유'가 있는 경우라 하더라도 주거 부정, 도주 및 증거 인멸의 염려가 없다면 구속할 수 없다는 것이다. 따라서 구속적부심사 청구이유를 기재할 때에는 이 주거 부정 등의 구속요건을 먼저 검토하고 상세하게 설명해야 한다.[10] 결국 구속적부심사 청구서에서, 일반적으로 변호사는 피의자에게 일정한 주거가 없는지, 증거를 인멸할 우려가 있는지, 도망할 염려가 있는지 등을 검토한 후 그 구속의 위법성을 충실하게 지적하

9 사법연수원, 『변호사실무(형사)』, 61면.

10 사법연수원, 『변호사실무(형사)』, 61면.

게 된다. 관련되는 소명자료 역시 성실하게 준비하는 것이 좋다.

만약 변호사가 '피의자가 죄를 범했다고 의심할 만한 상당한 이유'가 없다는 점을 중심으로 구속적부심사의 청구이유를 기재하겠다고 결심했다면, 그에 걸맞게 준비 작업을 충실하게 해야 한다. 이때 변호사는 피의자의 진술에만 의지해서 결백을 주장해서는 안 된다. 피의자가 무죄를 주장하더라도, 그 주장을 뒷받침할 수 있는 자료가 존재하는지를 살펴야 한다. 그리고 시간이 허락하는 한 증거자료의 신빙성도 함께 검토해야 한다. 한편, 무죄 주장에 기반한 청구이유를 작성할 때에는 재판에서의 변론 계획이나 주요한 방어 수단(참고인 등)이 드러남으로써 피의자가 불측의 피해를 입지 않도록 주의해야 한다. 때때로 구속적부심사 청구서의 내용과 관련해 수사기관이 보강 수사를 하거나, 수사상 약점을 보완하는 작업을 하기 위해 구속 기간을 연장하는 경우가 있기 때문이다.

둘째, 청구서에서는 피의자가 구속영장 기재 범죄에 이른 경위를 설명하는 것이 일반적이다. 피의자가 범죄사실을 인정하는 경우뿐만 아니라 그렇지 않은 경우에도 마찬가지이다. 구속적부심사를 할 때 법관은 수사관계 자료를 검토한다. 그런데 그것들은 수사기관의 관점에서 피의자의 행동과 주변 상황을 기록하고 재구성한 것이다. 즉 구속영장이나 수사관계 자료에 기재된 사실관계는, 수사기관의 관점에 따라 가공된 것이다. 때때로 이는 수사 담당자의 편견 혹은 선입견에 의해 왜곡되곤 한다. 따라서 변호사는 법관이 이를 피의자의 관점에서 바라볼 기회를 제공해야 한다. 이 목적을 이루기 위해서 변호사는 피의자와의 접견 및 참고인 등과의 성실한 면담, 증거자료의 수집 등을 통해 사건 경위를 꼼꼼히 살피고 피의자의 관점에서 그 결과를 청구이유로서 기재해야 한다.

셋째, 특별한 사정이 없는 한 청구서에는 피의자의 정상 관련 사정을 기재한다. 앞에서 설명한 바와 같이 구속요건은 일차적으로 영장실질심사

• 구속사유 관련 기재례[11] •

피의자의 범죄사실은 구속영장 기재와 같은바, 피의자에게는 아래에서 보는 바와 같이 「형사소송법」 제70조 제1항이 정한 구속사유가 없습니다.

가. 피의자는 일정한 주거가 있고, 도망할 염려가 없습니다.
피의자는 주소지에서 처와 나이 어린 자식과 함께 가정을 이루어 살고 있습니다(별첨 주민등록등본 참조). 그리고 피의자는 안정된 직장에서 열심히 근무하고 있어 가족의 생계를 위해서라도 도망할 이유가 없고, 그 직장의 대표자가 피의자의 출석을 보증하고 있는 등(별첨 신원보증서 참조) 도망할 염려도 없습니다.

나. 피의자는 죄증을 인멸할 우려가 없습니다.
구속영장의 기재만으로 피의자가 범한 죄가 무엇인지, 피의자의 행위가 어떤 범죄를 구성한다는 것인지 파악하기 어렵지만, 그 근간이 되는 행위를 한 사실은 피의자가 시인하고 있어 피의자가 특별히 인멸할 증거는 없으므로, 피의자는 죄증을 인멸할 우려가 없다고 할 것입니다.

단계에서 검토되므로, 청구서에서 구속요건에 관해 장황하게 기재하는 것이 적절하지 않은 경우가 있다. 그런데 정상과 관련된 사정은 영장실질심사 단계에서 꼼꼼히 살피지 못했거나 변론을 충실하게 하지 못한 경우가 많다. 따라서 변호사는 구속요건 유무 외에도 피의자의 개인적 사정을 설명함으로써 법관이 그 구속의 계속 여부를 판단할 때 이용할 수 있는 자료

11 사법연수원, 『변호사실무(형사)』 문례집, 2009, 13-14면.

• 정상 관련 기재례[12] •

가. 위에서 본 바와 같이 피의자가 범죄사실과 같은 절도죄를 범하였는지는 좀 더 수사할 필요가 있고, 현재로서는 단정하기 어려울 것입니다. 설령 피의자가 위 절도죄를 범한 것이 사실이라 하더라도, 이는 연말연시에 친지에 선물할 물품을 구매하러 위 슈퍼에 갔다가 우발적으로 범한 것이지, 결코 구속영장에 기재된 것처럼 의도적으로 범한 것으로 볼 수 없습니다.

나. 피의자는 피해자가 주장하는 피해금액 모두를 지급하고 피해자와 원만히 합의하였습니다(합의서 별첨).

다. 피의자는 모두 4회의 처벌 전력이 있으나 10여 년 전 군무이탈로 집행유예를 받은 것 외에는 모두 가벼운 벌금형을 받은 것이고, 그것도 이 사건과 같은 유형의 범행으로 처벌받은 적은 없습니다.

라. 무엇보다도 76세의 노령인 피의자의 부 홍참판이 뇌종양 수술을 받고 입원 치료 중인데 매우 위독한 상태에 있어(진단서 별첨) 피의자의 구금이 계속될 경우 임종을 못하는 불효를 저지를 위기에 처해 있습니다.

를 제공해야 한다. 여기에는 일반적인 정상 사유뿐만 아니라 구속 이후 변경된 사정을 포함하는 것이 좋다. 예컨대, 구속된 이후 피의자가 피해자의 손해를 충실히 보상하고 합의했다는 점은 법관이 재산범죄를 저지른 피의

12 사법연수원, 『변호사실무(형사)』 문례집, 4-5면.

자의 구속 여부를 판단할 때 중요하게 고려될 수 있는 사정이다. 또한 설령 구속적부심사 청구가 기각되더라도, 정상 관련 사정은 법관이 피의자에 대한 기소전 보석 여부를 판단하는 자료로 다시 이용되므로 그 보석의 허가를 위해서라도 정상 관련 사정을 충실하게 기재해야 한다.[13]

넷째, 통상적으로 구속적부심사 청구서에는 보증금을 납입하는 것을 조건으로 피의자의 석방 명령(이를 흔히 '기소전 보석'이라 한다)을 구하는 내용을 함께 기재한다.

법원은 구속된 피의자에 대해 피의자의 출석을 보증할 만한 보증금의 납입을 조건으로 하여 그 석방을 명할 수 있다(「형사소송법」 제214조의2 제5항). 이것은 구속적부심사와는 별개의 제도이고, 그 명령 여부는 법원의 재량이다. 따라서 그 명령을 구하는 내용을 청구취지에 기재하지 않고, 청구이유의 마지막 부분에 기재한다.

한편, 피의자가 죄증을 인멸할 염려가 있다고 믿을 만한 충분한 이유가 있는 때, 그리고 피해자와 당해 사건의 재판에 필요한 사실을 알고 있다고 인정되는 자 또는 그 친족의 생명·신체나 재산에 해를 가하거나 가할 염려가 있다고 믿을 만한 충분한 이유가 있는 때에는 법관은 기소전 보석을 명할 수 없다(「형사소송법」 제214조의2 제5항 단서). 따라서 이 명령을 구하는 내용에는 피의자에게 이러한 단서에 해당하는 사실이 없다는 점도 밝혀야 한다.[14]

13 권오봉·권혁재·김동호·윤태석, 앞의 책, 206면.

14 사법연수원, 『변호사실무(형사)』, 60면.

4. 보석청구서

1) 보석 청구 작업의 내용

보석이란 일정한 보증을 조건으로 구속의 집행을 해제하고 구속된 피고인 또는 피의자를 석방하는 제도이다. 이 가운데에서 피의자에 대한 보석(기소전 보석) 청구는 흔히 구속적부심사 청구와 함께 이루어지고, 그 작성 방법에 관해서는 이미 구속적부심사 청구서와 연결하여 설명한 바 있다. 따라서 여기에서는 기소 후 구속 피고인에 대한 보석청구서 작업을 살펴보도록 한다.

보석은 크게 필요적 보석과 임의적 보석으로 구분할 수 있다. 「형사소송법」 제95조는 필요적 보석에 관해, 제96조는 임의적 보석에 관해 규정하고 있다. 필요적 보석이란 보석의 청구가 있으면 예외 사유에 해당하지 않는 한 법원이 반드시 보석을 허가해야 하는 것이고, 임의적 보석은 그 허가 여부가 법원의 재량에 맡겨져 있는 것이다.

피고인의 변호인은 보석청구권을 가지고 있다(「형사소송법」 제94조). 보석 청구는 서면으로 하고, 그 청구서에는 부본을 첨부해야 한다(「형사소송규칙」 제53조). 구속적부심사 청구사건과 마찬가지로, 보석 청구사건 역시 독립된 형사신청사건으로 다루어지고 별개의 사건번호가 부여된다.

보석청구서는 판결이 선고되기 전에 피고인의 석방을 구한다는 점에서 구속적부심사 청구와 성격이 같고, 따라서 그 청구이유 기재 방식 역시 구속적부심사 청구서와 크게 다르지 않다.[15] 다만, 구속적부심사와 달리 보

---

15 보석청구서에는 사건번호, 구속된 피고인의 성명, 주민등록번호 등, 주거, 청구의 취지 및 청구의 이유, 청구인의 성명 및 구속된 피고인과의 관계 등을 기재해야 한다(「형사소송규칙」 제53조).

석은 구속영장의 효력은 유지한 채 일정한 조건을 붙여 피고인을 석방한다는 특성이 있고, 그로 인해 그 청구이유의 내용은 몇 가지 점에서 구속적부심사와 구별된다. 보석청구서를 작성하기 위해서는 「형사소송법」이 규정한 보석사유를 살펴보는 것이 필요하다. 보석사유는 필요적 보석사유와 임의적 보석사유로 나뉜다.[16]

첫째, 「형사소송법」 제95조에 의하면, 법원은 보석이 청구된 때에는 다음의 경우 외에는 보석을 허가해야 한다(필요적 보석).

① 피고인이 사형, 무기 또는 장기 10년이 넘는 징역이나 금고에 해당하는 죄를 범한 때: 여기에 해당하는지는 기소된 죄명과 적용 법조의 법정형을 기준으로 판단한다. 피고인의 무죄를 주장하는 경우에도 마찬가지이다.

② 피고인이 누범에 해당하거나 상습범인 죄를 범한 때: 이 요건 해당 여부 역시 기소된 죄명과 적용 법조, 공소사실에 의해 판단한다. 예컨대 상습성 여부가 쟁점이 될 수 있는 사건이라 하더라도 상습범으로 기소되지 않으면 이 요건에 해당하지 않는다.

③ 피고인이 죄증을 인멸하거나 인멸할 염려가 있다고 믿을 만한 충분한 이유가 있는 때: 보석을 청구하는 시점에서, 피고인이 석방될 경우 죄증을 인멸하거나 그럴 염려가 있는지를 검토한다. 변호인은 그러한 염려가 있다고 믿을 만한 '충분한 이유가 없다'는 점을 소명하는 것으로 충분하다.

④ 피고인이 도망하거나 도망할 염려가 있다고 믿을 만한 충분한 이유가 있는 때.

⑤ 피고인의 주거가 분명하지 아니한 때.

---

16 이하 보석 사유에 관한 설명은 사법연수원, 『변호사실무(형사)』, 71-72면의 내용을 인용했다.

⑥ 피고인이 피해자, 당해 사건의 재판에 필요한 사실을 알고 있다고 인정되는 자 또는 그 친족의 생명·신체나 재산에 해를 가하거나 가할 염려가 있다고 믿을 만한 충분한 이유가 있는 때: 변호인은 피고인에게 반사회성이 없다는 것, 평소의 성행性行, 반성의 정도, 피해자 등과의 관계 또는 합의 등의 사정을 들어 위와 같은 염려가 없다는 점을 변론해야 한다.

둘째, 「형사소송법」 제96조에 의하면, 법원은 위 제95조의 규정에도 불구하고 상당한 이유가 있는 때에는 직권 및 보석 청구권자의 청구에 의해 결정으로 보석을 허가할 수 있다(임의적 보석). 임의적 보석이 활용되는 대표적인 예로는 피고인에 대한 법정형이 「형사소송법」 제95조 제1호에 해당하여 필요적 보석 사건에서 제외되는 경우를 들 수 있다. 그러나 그 밖에도 다양한 사유에 근거하여 임의적 보석이 허가될 수 있다. 따라서 변호사가 보석청구서를 작성할 때에는 임의적 보석의 허가 가능성도 염두에 두어야 한다.

한편, 「형사소송법」 제98조에 의하면, 법원은 보석을 허가하는 경우에 필요하고 상당한 범위에서 위 조항 소정의 조건 중 어느 하나를 조건으로 정해야 한다.[17] 법원은 그 보석조건을 결정할 때 ① 범죄의 성질 및 죄상,

17 「형사소송법」 제98조가 규정한 보석조건은 다음과 같다. ① 법원이 지정하는 일시·장소에 출석하고 증거를 인멸하지 아니하겠다는 서약서를 제출할 것, ② 법원이 정하는 보증금 상당의 금액을 납입할 것을 약속하는 약정서를 제출할 것, ③ 법원이 지정하는 장소로 주거를 제한하고 이를 변경할 필요가 있는 경우에는 법원의 허가를 받는 등 도주를 방지하기 위하여 행하는 조치를 수인할 것, ④ 피해자, 당해 사건의 재판에 필요한 사실을 알고 있다고 인정되는 자 또는 그 친족의 생명·신체·재산에 해를 가하는 행위를 하지 아니하고 주거·직장 등 그 주변에 접근하지 아니할 것, ⑤ 피고인 외의 자가 작성한 출석보증서를 제출할 것, ⑥ 법원의 허가 없이 외국으로 출국하지 아니할 것을 서약할 것, ⑦ 법원이 지정하는 방법으로 피해자의 권리 회복에 필요한 금원을 공탁하거나 그에 상당한 담보를 제공할 것, ⑧ 피고인 또는 법원이 지정하는 자가 보증금을 납입하거나 담보를 제공할 것, 그 밖에 피고인의 출석을 보증하기 위하여 법원이 정하는 적당한 조건을 이행할 것 등이다.

구속적부심사 및 보석 등 청구 시 주의할 점

실무에서 피고인의 석방을 위해 변호사가 하는 일이 단지 구속적부심사나 보석청구서를 설득력 있게 작성하는 것만은 아니다. 그것보다 더 중요한 일은 보석사유 등 석방을 청구할 만한 사정을 발견하고 적절한 청구 시점이 언제인지를 판단하는 것이다. 나아가 변호사는 보석사유 등으로 삼을 만한 사정이 없는 경우에는 피고인에게 피해자와의 합의 등 보석 청구이유로 주장할 수 있는 조치를 하도록 조언해야 한다.

피고인과 그 친지들은 무엇을 보석사유로 삼을 수 있는지, 어떤 조치를 할 때 석방될 가능성이 높은지 등을 궁금해한다. 그리고 그와 관련한 변호사의 조언이 실제 효력을 발휘할 때 변호사에 대한 신뢰가 높아지게 된다. 언제 구속적부심사나 보석 청구를 할 것인지를 선택하는 것은 쉽지 않다. 통상 피고인 등은 빠른 시일 내에 구석적부심사나 보석 청구를 해줄 것을 원하는 경우가 많다. 그러나 변호사로서는 청구의 인용 가능성 여부를 고려하지 않은 채 피고인이 요청한다고 하여 만연히 관련 청구서를 제출해서는 안 된다. 결국 구속적부심사나 보석청구서의 작성 및 제출과 관련하여 변호사는 숙고와 고민을 거쳐야 한다. 동료 변호사에게 청구이유 및 청구 시점 등에 관해 논의하는 것도 한 방법이다.

② 증거의 증명력, ③ 피고인의 전과·성격·환경 및 자산, ④ 피해자에 대한 배상 등 범행 후의 정황에 관련된 사항 등을 고려해야 한다(「형사소송법」 제99조 제1항). 또한 법원은 피고인의 자력 또는 자산 정도로는 이행할 수 없는 조건을 정할 수 없다(「형사소송법」 제99조 제2항). 따라서 보석 청구서에는 단지 보석요건만이 아니라 보석조건 결정 시 참고할 수 있는 사유도 함께 기재해야 한다.

2) 보석청구서의 기재 방법

보석 청구이유를 작성할 때에는 관련 사건의 성격 및 경위, 피고인의 구속이 결정된 이유, 보석 청구이유 중 허가 가능성이 높은 것이 무엇인지 등을 고려해야 한다. 그 일반적 기재 방법은 다음과 같다.

• 필요적 보석사유 기재례[18] •

가. 이 사건은 사형, 무기 또는 장기 10년이 넘는 징역이나 금고에 해당되지 아니하고, 피고인은 상습범이나 누범도 아닙니다.

나. 피고인은 이 사건에 대하여 처음부터 현재까지 일관된 진술을 하였고, 수사기관에서 피해자와 참고인에 대한 수사가 끝난 상태이므로 석방되더라도 죄증을 인멸할 염려가 전혀 없습니다.

다. 피고인은 대학원 수료 후 한국대학교 강사, 이 사건 연구원에서 ○○팀장으로 근무하는 등 지식인으로서 주거지에서 처, 자식과 함께 생활하여 오는 등 주거가 일정하고, 석방되더라도 도망할 염려가 없습니다. 나아가 피해자, 참고인 등에게 위해를 가할 염려도 전혀 찾아볼 수 없습니다.

라. 수사기관에서 진술한 피해자 김하나, 경리차장 최두리, 원가팀 과장 장나리에 대한 증인신문을 마쳤고, 증인신문 과정에서 피해자와 최두리의 진술 내용 중 정산 문제 등 상당 부분에서 자신들이 종전에 인

18 사법연수원, 『변호사실무(형사)』 문례집, 53-54면.

정한 내용과 다른 주장을 하는 등 일관되지 않은 주장을 하고 있어, 허구성이 증명된 상태입니다.

마. 일부 절도죄에 대한 공소사실이 불분명하여 이에 대하여 석명을 요청한 상태이므로, 그에 대한 검찰의 태도 여하에 따라 법정에서 증거물을 조사하거나 추가로 증인신문을 하여야 할 가능성이 있어 재판이 장기화될 가능성이 있습니다.

바. 위와 같이 이 사건은 필요적 보석사유에 해당할 뿐만 아니라 공소사실을 증명할 증거자료가 부족하고, 향후에도 진상을 규명하기 위하여 상당 기간 재판을 계속할 필요가 있으며, 사건의 성격상 피고인이 구속 상태에서는 충분한 방어권을 행사하기 어려우므로 일단 석방하여 자신의 억울함을 해명할 수 있는 기회를 주는 것이 상당합니다.

첫째, 필요적 보석요건에 해당한다면, 청구이유의 앞부분에서 관련 내용을 충실하게 기재해야 한다. 이때에는 구체적 사정에 맞추어 필요한 소명자료를 제시하는 것이 바람직하다.

둘째, 필요적 보석사유와 직접 관련되지 않더라도, 해당 사건의 경위나 피고인의 정상 등을 기재할 필요가 있다. 흔히 실무에서는 '이 사건의 경위' 등의 제목 아래, 피고인이 범행에 이른 경위 및 범행 후 상황 등을 구체적으로 서술하곤 한다. 또한, 예컨대 피고인의 구속으로 인해 가족의 생계가 매우 곤란하다든지, 기소 이후 피고인이 피해자와 원만히 합의했고 피해자가 피고인의 처벌을 원하지 않는다는 등의 정상 관련 사정도 기재한다.

변호사는 임의적 보석의 허가 가능성을 염두에 두고 사건의 경위 등을 설명해야 한다. 또한 앞에서 설명한 바와 같이 보석조건을 정할 때 피고인의 반성 여부 등과 같은 사정들을 고려하므로, 그와 관련한 법원의 판단을 도울 수 있는 사정들을 기재하는 것이 좋다.

• 정상 관련 기재례[19] •

가. 원만히 합의하였습니다.
피고인의 남편은 이 사건 후 피해자에게 피해금 전부를 변제하고 원만히 합의하였으며, 신용카드 사용 대금을 카드사에 전액 변제하였습니다(수사기록 43면 이하).

나. 피해자도 피고인을 하루빨리 아이들 앞으로 돌려보내 주실 것을 간곡히 탄원하고 있습니다(참고자료 1. 탄원서).
피해자는 처음 이 사건 피해사실이 피고인에 의하여 저질러진 일인지 모르고 경찰에 신고하였습니다. 그 후 신고 사실을 취하하려고 하였으나, 취하할 수 없다고 하여 그렇게 하지 못하였습니다. 이로 인하여 피해자도 괴로운 마음에 제대로 잠을 이루지 못하고 있습니다.

다. 피고인이 절취한 지갑과 신용카드 등은 모두 회수되어 이미 피해자에게 가환부되었습니다(수사기록 16면). 카드 사용도 단 하루에 그친 것으로 피해 금액이 크지 않습니다. 또한 현금은 병원비와 교통비 등으로 사용하였습니다(수사기록 53면).
피고인은 검거되기 전에 피해자에게 전화를 걸어 자신이 피해자의 지갑을 훔쳐갔다는 것을 솔직히 털어놓고 피고인의 집 부근에서 만나, 쓰고 남은 현금 10만 원과 신용카드 등이 들어 있는 위 지갑을 통째로 건

19 사법연수원, 『변호사실무(형사)』 문례집, 49-50면.

네주었습니다(수사기록 4면). 이때 위 지갑이 악어 가죽으로서 상당히 비싼 것이라는 말을 들었다고 합니다.

라. 피고인의 가정 형편이 상당히 어렵습니다. 피고인은 딸 홍하나(8살, 초등 1년), 아들 홍두리(4살) 두 자녀를 둔 가정주부입니다(참고자료 2. 가족관계증명서). 남편 홍길동은 현재 용산 소재 고려액자라는 개인 사업체에서 액자를 만드는 종업원으로 근무하면서 월 130만 원씩을 받아 어렵게 생활하고 있습니다. 피고인도 어려운 살림에 조금이나마 보탬이 되기 위하여 작은 화장품 코너를 운영한 바 있으나, 실패하여 오히려 손해를 보았습니다.
피고인의 가족은 현재 공원녹지로 조성되고 있는 대현동 ○○아파트 상가 건물을 개조하여 만든 6~7평의 살림집을 보증금 1,000만 원에 전세를 얻어 살고 있습니다. 그런데 머지않아 위 상가 건물이 철거될 예정이어서 이마저도 비워주어야 할 형편입니다(참고자료 3. 전세계약서).
피고인의 남편은 어린 두 자녀에게 피고인이 몸이 아파 병원에 가 있다고 본의 아니게 거짓말을 하면서 하루하루를 보내고 있습니다.

마. 피고인은 전과가 전혀 없는 초범입니다(수사기록 49면).
피고인은 2002. 12. 17. 긴급체포되어 지금까지 구금되어 있습니다. 가정주부이고 어린 두 자녀의 어머니로서 이미 응분의 고통과 제재를 받았다고 생각됩니다.

바. 피고인은 자신의 잘못을 뼈저리게 반성하고 있습니다. 더욱이 친한 친구의 물건을 훔친 것에 대하여 몹시 괴로워하고 있으며, 다시는 법에 어긋나는 행위를 하지 않을 것을 굳게 다짐하고 있습니다.

5. 변론요지서

1) 최후 변론 작업의 내용

변호인은 공판 절차의 최종 단계에서 자신의 의견을 진술할 기회를 가진다(「형사소송법」 제303조). 이를 흔히 '변론' 혹은 '최후 변론'이라고 부른다. 여기에서 변호사는 그 재판의 모든 과정에 걸쳐 행한 변론 활동의 결과를 집약한다. 그리고 증거에 의해 인정되는 사실 및 그에 적용할 법률을 주장하고 피고인에게 유리한 판결을 구한다.[20]

변론은 법정에서 구두로 하는 것이 원칙이나, 대부분의 변호사는 구두 변론 외에도 변론의 요지를 서면으로 작성하여 제출한다. 이를 '변론요지서'라 한다. 변호사가 변론요지서를 작성하는 이유는 자신의 변론 내용을 공판 기록에 명확히 하고 구두 변론의 부족한 내용을 보충하기 위해서이다. 특히 사실관계가 복잡하거나, 사실 인정이나 법률 적용과 관련하여 쟁점이 많은 사건에서는 변론요지서의 제출이 필수적이다.[21]

변론요지서는 최후 변론을 하는 법정이나 그 변론 전후에 제출한다. 최후 변론 후에 변론요지서를 제출하는 경우에는 법정에서 구두로 변론 내용을 요약한 후 변론요지서를 추후 제출하겠다고 법관에게 알리는 것이 일반적이다. 이 경우 공판 후 즉시 변론요지서를 제출해야 한다. 그 제출이 늦을 경우 법관이 이를 참고하지 못한 채 심증을 형성하거나 판결서를 작성할 수도 있기 때문이다.

공판의 최종 단계에 이르렀을 때, 변호사는 공판의 전 과정에서 도출된

---

20 사법연수원, 『변호사실무(형사)』, 143면.

21 사법연수원, 『변호사실무(형사)』, 143-144면.

결과를 다시 살펴보아야 한다. 이때 변호사는 먼저 공판기록과 증거자료를 꼼꼼히 살펴보고, 자신의 변론 내용과 일치하여 변론의 근거로 삼을 수 있는 부분과 탄핵해야 할 부분을 구별해야 한다. 그리고 변론 방향에 부합하는 법률과 판례의 존재 유무를 살핀 후 그 내용에 맞추어 변론 내용을 다듬게 된다. 이 과정에서 변호사는 피고인과의 협의를 소홀히 해서는 안 된다. 형사 변론에서 변호사는 피고인의 보호자이며, 변호사 자신이 형사소송의 당사자는 아니기 때문이다. 따라서 변호사가 최후 변론의 내용을 정할 때는 피고인의 의사를 확인하고 조정하는 준비 작업이 필요하다.

변호사는 이와 같은 준비 작업을 거친 후 변론요지서를 작성한다. 형식적인 관점에서 얘기한다면, 변론요지서에는 사건번호와 사건명, 피고인의 성명, 변론의 내용, 작성자인 변호사의 기명과 날인, 제출 법원의 명칭을 기재해야 한다. 변론요지서의 기재사항을 순서대로 표시하면 다음과 같다.

1. 표제
2. 피고인의 성명
3. 사건의 표시
4. 변론 내용
5. 작성 연월일
6. 작성자의 기명날인
7. 법원의 표시

이 가운데에서 변호사가 많은 시간을 들여 작성하는 것은 변론의 내용에 관한 것이다. 일반적으로 변론요지서에 기재하는 내용에는 사실에 관한 변론, 법률에 관한 변론, 정상에 관한 변론 등이 있다.[22]

첫째, 변론요지서에는 사실에 관한 변론을 포함하는 것이 일반적이다.

피고인이 무죄를 주장하는 경우뿐만 아니라 혐의를 인정하고 관대한 형을 구하는 경우에도 그 변론의 전제가 되는 것은 사실관계에 관한 서술이다.

피고인이 무죄 혹은 공소사실과 다른 사실을 주장하는 경우에는 사실관계를 서술하는 것 외에 증거관계에 관해서도 구체적으로 변론해야 한다. 이 경우 변호사는 자신의 변론에 부합하는 증거에 대해서는 그 신빙성을 뒷받침하는 근거를 제시하고 변론에 부합하지 않는 증거들은 적극적으로 탄핵한다. 또한 그러한 증거자료에 기초하여 사실관계를 재구성하여 서술해야 한다. 변호사가 무죄 변론 과정에서 증거를 탄핵하는 것은 매우 정교한 작업이다. 이러한 작업은, 흔히 알고 있는 것과는 달리, 공판의 마지막 시점에 하는 것이 아니라 그 전체 과정을 통해 이루어져야 한다. 형사변론에서 좋은 결과를 얻기 위해서는 변론요지서를 잘 쓰는 것뿐만 아니라 재판의 진행 단계를 고려하여 자신의 계획에 맞추어 증거를 제출하고, 검사의 증거조사에 적절히 대응하기 위해 노력할 필요가 있다.

피고인이 자신의 범행을 자백하고 정상론이나 양형에 관한 변론만을 할 때에는 증거관계에 관한 변론이 필요하지 않다. 이때에는 피고인이 범행에 이른 동기, 범행의 방법 등과 같은 여러 사정 중 그 정상에 참작할 만한 것을 서술해야 한다. 피고인이 공소사실을 자백하는 경우에도 범행의 동기나 목적, 범행의 구체적인 수단과 방법 등에 관한 사실은 양형 자료로 이용되기 때문이다.

어떤 경우든 변호사는 최후 변론을 통해 강조하고 싶은 내용에 따라 사실관계를 재구성해야 하며 기계적으로 나열해서는 안 된다.

둘째, 변론요지서에는 법률에 관한 변론이 포함된다. 여기에는 위법성 및 책임조각사유에 관한 주장 등의 변론이 포함된다. 이는 행위의 위법성

---

22 이하의 설명은 사법연수원, 『변호사실무(형사)』, 144-146면의 내용을 주로 인용했다.

또는 책임 유무 등을 법률 적용의 관점에서 논증하는 과정이며, 증거에 의해 인정되는 사실에 기초하여 이루어진다.

변호사가 법률에 관한 변론을 준비할 때에는 공소장을 공소사실부터 죄명, 적용 법조 등까지 한 번 더 살피고 자신의 생각을 정리하는 것이 필요하다. 그리고 그와 관련된 법률적 쟁점 일반을 염두에 두고서 수사관계 자료 및 공판기록을 살펴본 후 그 사건에 적용할 수 있는 구체적인 법리를 꼼꼼하게 검토해야 한다.

셋째, 변론요지서에는 흔히 정상에 관한 변론이 포함된다. 「형법」 제51조는 형을 정할 때 참작해야 할 조건으로서 ① 범인의 연령, 성행, 지능과 환경, ② 피해자에 대한 관계, ③ 범행의 동기, 수단과 결과, ④ 범행 후의 정황 등을 규정하고 있다. 그리고 제53조는 범죄의 정상에 참작할 만한 사유가 있는 때에는 작량하여 형을 감경할 수 있다고 규정한다.

로스쿨에서는 정상 변론의 기법을 배울 기회가 많지 않으나, 실무에서는 무죄 변론보다 정상 변론을 더 자주 하는 편이다. 무죄 판결을 기대하기 어려운 한국 형사소송의 현실에서 설득력 있는 정상 변론은 피고인의 형량에 직접적인 영향을 미치는 중요한 변론 기술이기도 하다. 따라서 변호사는 재판 과정에서 피고인의 정상에 관한 자료를 제출하기 위해 노력해야 하고, 변론요지서를 작성할 때에도 정상과 관련된 내용을 효과적으로 기재해야 한다.

2) 변론요지서의 기재 방법

가. 본문의 기재 방법

변론요지서를 작성하는 방법에 특별한 원칙이 있는 것은 아니다. 동일한 범죄 유형이라 하더라도, 변론요지서의 형식과 내용은 해당 사건의 내용이나 변론 방향에 따라 달라진다. 예컨대 범죄를 자백하며 정상 변론을 하는 변론요지서와 무죄를 주장하는 변론요지서의 구성과 내용은 서로 다를 수밖에 없다. 전자의 경우에는 정상이나 양형에 관한 내용이 변론의 중심이 되고, 후자의 경우에는 사실인정이나 법리론이 중심이 될 것이다. 그어떤 경우에도 변론요지서는 법관이 변호사의 추론 과정과 변론 내용을 쉽게 알 수 있도록 작성해야 하고 간결하면서 정밀해야 한다.[23]

흔히 변론요지서의 앞부분에서는 공소사실의 요지를 기재한다. 이때에는 공소사실을 크게 변형하지 않는 범위에서 변론 내용과 관련되는 내용을 요약하는 것이 일반적이다.

변론요지서의 본론은 사실에 관한 변론, 법률에 관한 변론 및 정상에 관한 변론 등을 구분해서 기술한다. 이때 세부 쟁점별로 부제 등을 적절히 배치하여 법관이 변론의 흐름을 쉽게 따라올 수 있도록 해야 한다. 각 변론 내용에 따라 주의해야 할 점은 다음과 같다.

첫째, 사실에 관한 변론이 설득력을 갖기 위해서는 법관이 그 추론 과정을 쉽게 이해할 수 있어야 한다. 그러기 위해서는 변호사의 주장이 증거법의 일반 원리와 경험칙 등에 근거해야 한다. 만약 변호사가 형사 변론의 경험이 많지 않다면, 증거 탄핵이나 사실인정과 관련된 대법원 판례를 살펴보고 어떤 논증 과정을 통해 증거가 탄핵되는지를 검토한 후 해당 사건에서 사용할 수 있는 탄핵 방법을 찾아내는 것을 준비 작업에 포함해야 한다. 로스쿨에서 형사 판례를 공부할 때에도 마찬가지이다.

사실에 관한 변론 과정에서 증거를 인용할 때에는 그 인용 부분을 구체적으로 기재해야 한다. 예컨대 '증인 ○○○의 법정에서의 진술', '검사 작성의 피고인에 대한 제1회 피의자 신문조서' 등과 같은 기재 방식을 사용

---

23 이하 설명은 사법연수원, 『변호사실무(형사)』, 147-150면의 내용을 주로 인용했다.

할 수 있다. 또한 여러 개의 진술 내용을 비교·검토하거나 특별히 강조할 때에는 그 진술 내용의 요지를 쓰거나 직접 인용하는 방법을 이용하기도 한다.

• 사실 관련 변론 기재례[24] •

가. 피고인은 위 상피고인으로부터 명절과 연말 등에 몇십만 원씩 모두 5회에 걸쳐 합계 금 210만 원과 골프채 1세트(탑플라이트 아이언 세트 80만 원 상당)를 받은 사실은 인정하지만 위 상피고인의 주장처럼 모두 12회에 걸쳐 합계 금 1,428만 원이라는 큰돈을 받은 사실이 없습니다.

나. 위 상피고인은 1995. 8. 초순 피고인에게 대출 사례금으로 100만 원을 10만 원짜리 수표로 준 것을 비롯, 피고인 외 2명에게 합계 400만 원(200만 원은 수표, 200만 원은 현금)을 증재하였다고 주장하고 있는데, 영업비 지출 내역 조회 결과에 의하면 당시 영업비는 모두 4회에 걸쳐 130만 원이 지출되었으나 그중 100만 원은 수표로 지출되어 모두 정상 상거래에 사용되었고 현금은 30만 원밖에 없었는데 어떻게 합계 400만 원을 증재할 수가 있었으며, 설사 주었다면 이미 검찰에서 피고인들의 금융정보를 추적한 상태인데도 이 사건에서 그나마 유일한 물증이 될 수 있는 수표 추적 근거 등을 왜 제시하지 못하였는지 납득이 가지 않음은 물론 금융기관에서 오래 근무한 피고인 등이 금융실명제하에서 현금 아닌 수표로 주는 것을 받았다는 주장 또한 믿을 수 없는 것입니다.

[…]

24 사법연수원, 『변호사실무(형사)』 문례집, 163-166면.

바. 위 상피고인은 1996. 12. 하순경에도 피고인에게 100만 원을 준 것을 비롯하여 피고인 외 7명에게 합계 금 780만 원과 과일 3상자를 주었다고 진술하고 있습니다. 그러나 그 시기 영업비 지출 내역 조회 결과를 보면 영업비는 모두 3회에 걸쳐 650만 원이 지출되었으나 그중 240만 원은 수표로 지출되고 현금은 410만 원에 불과하여 위 상피고인의 진술은 그 신빙성이 없는 것입니다.

사. 위와 같이 영업비 지출 내역 조회 분석 결과를 종합해보면 금품 제공 시기별 영업비 지출 액수가 이 사건 피고인들에게 제공하였다는 금품 액수보다 턱없이 부족함은 물론 그나마 인출된 영업비 중 상당액이 위 상피고인과 그의 처가 개인 용도로 사용된 사실이 밝혀졌는바, 이는 당초 검찰 수사 시 위 상피고인이 자신의 영업비 횡령 사실을 추궁당하자 이를 모면하기 위하여 피고인 등에게 교묘히 전가시킨 것이라고 보아야 할 것입니다. [이하 생략]

둘째, 법률에 관한 변론은 일반적인 형사 법리에 기초해야 한다. 따라서 그 근거는 법률과 판례에서 찾아야 한다. 판례를 인용할 때에는 해당 사건을 판결의 사실관계에 대비對比하고 관련 법리를 구체적으로 적용함으로써 인용된 판결이 자신의 변론과 연결되는 지점을 정확하게 표시해야 한다.

법률에 관한 변론은 간결해야 한다. 변론요지서를 읽는 법관이 법률 전문가라는 점을 고려할 때, 불필요하게 장황한 설명은 좋지 않다. 다만, 이것이 법리적 주장이 무조건 짧아야 한다는 뜻은 아니다. 자신의 법리적 주장이 일반 법조인에게 생소한 전문적인 것이거나 해당 사건의 법률적 쟁점이 복잡할 때에는 변호사의 법리론은 길어질 수밖에 없다. 이때에도 법관이 관련 주장을 이해하기 쉽게 변론 내용을 구성하고 부제 등을 적절히

• 법률 관련 변론 기재례[25] •

판례(1999. 4. 19. 선고 99도519 판결)는 절도죄 성립에 있어서 필요한 불법영득 의사에 대하여 '권리자를 배제하고, 타인의 물건을 자기의 소유물과 같이 그 경제적 용법에 따라 이용, 처분할 의사를 말한다'고 판시하였습니다. 이 사건에 있어서 피고인은 진료 차트와 처방전을 단순히 민사소송의 증거자료를 확보하기 위하여 가져온 것에 불과할 뿐 이를 그 경제적 용법에 따라 이용, 처분하기 위함이 아니었습니다. 피고인은 위 서류들을 복사하고 곧바로 반환하려고 하였지만 1만 매(면수로 말하면 그 2배가 넘을 것임)가 넘는 자료여서 복사하는 데 상당한 시간이 소요될 형편이었고, 더구나 이 사건 수사 진행 중에 곧바로 합의 논의가 있어 고소인 측에서도 위 서류의 반환에 대하여는 언급을 하지 않았기 때문에 그대로 두고 있다가 결국 합의 결렬로 본격적인 수사가 진행되자 수사관계자의 종용에 의하여 미처 복사하지도 못한 채 반환하였던 것입니다. 이로 인하여 위 서류의 경제적 가치가 소모된 바도 없고, 고소인이 진료행위를 함에 있어 피해를 입지도 않았습니다(이 점은 고소인도 인정함).

비록 반환 거부 횡령죄에 대한 것이기는 하지만 상당한 이유가 있는 때에는 불법영득 의사를 부인하는 판례(대법원 1998. 7. 10. 선고 98도126 판결, 1992. 11. 27. 선고 92도2079 판결 등)가 있는가 하면, 대법원 1991. 6. 11. 선고 91도878 판결 및 대법원 1992. 3. 27. 선고 91도2831 판결은 이 사안과 사실관계가 거의 유사하다고 보아도 좋을 것인바, 피고인이 적법한 목적으로 타인의 물건을 잠시 가지고 나와 사용하고 반환한 경우 불법영득 의사가 없다고 판시하고 있습니다. 따라서 이 사건의 경우에도 피고인이 민사소송의 증거 확보의 목적으로 공유에 속하는 것으로서 열람권 등이 보장된 물건을 잠시 반출한 행위는 불법영득의 의사가 없다고 할 것입니다.

배치해야 한다.

법리론을 전개하는 과정에서 검사의 의견 진술에 반박해야 하는 경우가 있다. 이는 사실에 관한 변론이나 정상 변론에서도 마찬가지이다. 이때에는 해당 쟁점에 관한 변호인의 변론 내용을 먼저 기재한 후 그에 반대되는 검사의 의견을 반박하는 틀을 주로 이용한다. 다만, 그 반박이 변론의 중요한 내용이라면 별도의 항목으로 구분하여 변론요지서에 기재하는 것이 바람직하다.[25]

셋째, 앞에서 설명한 바와 같이, 형사재판의 실무에서는 유무죄 여부보다 양형이 중요한 관심사가 되는 경우가 많다. 따라서 양형에 관한 주장을 설득력 있게 기재하는 것은 형사 변호인으로서 변호사가 갖추어야 할 기본적 자질이라고 말할 수 있다. 정상사유로는 ① 범죄의 동기, 범행의 수단과 방법, 결과 발생의 유무 및 그 정도, 공범 관계, 피해자 쪽의 행동이나 사정, 사건의 사회적 배경과 사회에 미친 영향, 범죄 후의 피고인의 행동 등과 같은 범죄사실에 관한 것(범죄정상)犯情과, ② 피고인의 나이, 학력이나 경력, 건강 상태, 직업의 유무와 직위, 수입과 재산, 전과, 가정환경과 성장 배경, 생활 상황, 가족관계와 보호자의 유무, 개전의 정의 유무와 정도, 피해 변상 여부 및 그 노력 정도, 합의 여부 및 피해자의 처벌 의사 유무, 재범 가능성의 유무 등과 같은 일반적인 정상(일반정상)에 관한 것을 들 수 있다. 정상에 관해 변론을 할 때에는 엄격한 정도는 아니더라도 어느 정도 객관적 근거가 있어야 한다는 점을 유념해야 한다.[26]

정상 변론의 내용은 관대한 형을 구한다는 취지의 추상적 수준에 그치는 것이 일반적이다. 하지만 때때로 양형에 관한 구체적 의견을 밝힐 필요

25 사법연수원, 『변호사실무(형사)』 문례집, 134면.

26 사법연수원, 『변호사실무(형사)』, 146면.

• 정상 관련 변론 기재례[27] •

피고인은 앞서 말씀드린 바와 같이 농협에 입사하여 30년간 근무해오면서 징계 한 번 받음이 없이 표창을 3회(농림부장관 1회, 농협회장 2회) 수상할 정도로 모범적인 직원이었습니다. 개인적으로도 주경야독으로 방송대학을 마치고 야간 대학원에 다니는 등 자기계발 노력을 게을리하지 않았음은 물론, 맡은 업무 처리 또한 사심 없이 해왔다고 자타가 인정하고 있습니다. 가정적으로도 처와 1남 1녀를 둔 모범 가장으로서 박봉 가운데에서도 자녀들을 대학교에 보낼 만큼 성실한 사회생활을 해왔습니다. 이러한 피고인의 입장에서 이 사건으로 그동안 수개월째 휴직 상태에서 고통을 받고 있었는데, 그나마 농협에서 면직당해야 한다면 그것은 사형선고나 다름없어 빗나간 전과자의 사기성 농단으로 건실한 한 가정이 무너지게 되는 것입니다.

IV. 결론

피고인은 이 사건으로 지난 8개월여 동안 구속되어 있다가 재판부의 선처로 석방이 되어 재판을 받아오는 과정에서 경위야 어떠하든 자신의 행위로 사회에 물의를 일으킨 점을 깊이 반성하고 또 후회하고 있으며, 앞으로 더욱 옷깃을 여미는 자세로 세상을 살아갈 것을 다짐하고 있습니다. 이와 같이 피고인의 정상을 참작하시어 피고인에게 형의 선고를 유예함으로써 피고인이 심기일전하여 다시 직장 생활을 할 수 있도록 기회를 부여해주시기를 간절히 바랍니다.

가 있다. 예컨대 검사의 구형량이 지나치게 높고 합리적 근거가 없을 경우에는 그 구형에 관해 논박할 필요가 있다. 또한 피고인이 특정한 형을 받게

27 사법연수원, 『변호사실무(형사)』 문례집, 170-171면.

되면 자격을 상실하는 등 형량이 피고인에게 중요한 의미를 가지는 경우에는 그러한 특별한 사정을 법관에게 알리고 양형에 관한 희망을 밝혀야 한다.[28]

마지막으로, 변론요지서의 말미에는 변론의 결론을 기재한다. 여기에서 변호사는 변론요지서의 전반적 내용을 압축하여 기술한다.

나. 변론요지서 작성 시 주의 사항[29]

첫째, 공소사실이 여러 개인 경우에는 공소사실별로 나누어 변론 내용을 서술할 것인지 아니면 묶어서 서술할 것인지를 결정해야 한다. 이것 역시 변론 방향을 고려해서 판단해야 한다. 만약 개별 공소사실에 따라 변호사의 변론 내용이 달라진다면, 구분하여 기재하는 것이 낫다.

변론요지서에서 피고인의 유무죄를 다툴 때에는 그 앞쪽에서 관련 쟁점을 정리한 후 본론 부분에서 본격적으로 변호사의 주장과 근거를 서술하는 것이 바람직하다. 특히 피고인이 공소사실 중 일부를 자백하고 일부를 부인하는 경우에는 미리 쟁점을 정리하는 것이 이후 본론에서 변호사가 변론 내용을 서술할 때에 도움이 되고, 법관이 변론요지서의 내용을 이해하기에도 편리하다.

둘째, 본문에서는 변론의 근거를 구체적으로 기재하여 법관이 변론요지서만을 읽더라도 변호사의 변론 내용을 알 수 있도록 하는 것이 일반적이다. 법관은 동시에 많은 사건을 취급하고 있어 개별 사건의 기록 내용을 세밀하게 기억할 수 없기 때문이다. 즉 법관이 변론요지서를 이해하기 위해 재판기록을 일일이 들추어야만 하도록 해서는 안 된다.

28 사법연수원, 『변호사실무(형사)』, 147면.

29 이하 설명은 사법연수원, 『변호사실무(형사)』, 148-150면의 내용을 주로 인용했다.

셋째, 변론 과정에서 변호사가 예비적 주장을 하는 경우가 있다. 주위적 主位的으로 무죄 변론을 하면서, 유죄로 인정될 경우를 대비하여 정상 변론을 하는 것이 그 대표적인 예이다. 예비적 주장을 한다고 하여 특별히 문제가 되는 것은 아니나, 때때로 이로 인해 주위적 주장의 힘과 신빙성이 약하다는 느낌을 줄 수는 있다. 따라서 예비적 주장 여부는 신중하게 검토해야 한다. 실무에서 명시적으로 예비적 주장을 하지 않은 채, 변론요지서의 전반적 방향은 주위적 주장 중심으로 작성하면서 개별 쟁점의 해당 부분에서 예비적 주장을 부기하는 방식을 쓰는 것은 이러한 점을 고려한 때문이다. 결국 현실적으로 실현 가능성이 높고 피고인의 이해관계에도 부합하는 변론 방향을 정하고, 필요한 경우에만 예비적 주장을 함께 하는 것이 바람직하다.

부록

제5장의 사례형 문제의 질문 사항 (1)에 관해

一. 설문(1)에 대하여

Ⅰ. 문제의 소재

구 파견법 제6조 제3항은 "사용사업주가 2년을 초과하여 계속적으로 파견근로자를 사용하는 경우에는 2년의 기간이 만료된 날의 다음날부터 파견근로자를 고용한 것으로 본다. 다만, 당해 파견근로자가 명시적인 반대 의사를 표시한 경우를 제외한다."라고 규정하고 있는 바, ① 사용사업주가 파견근로자를 사용하여야 하며(단, 이가 적법한 파견에 한정되는지 다툼이 있음), ② 2년을 초과하는 파견 기간을 그 적용 요건으로 한다.

따라서 문제 사례에 구 파견법 제6조 제3항이 적용되는지 살피기 위해서는 (1) 우선 "2년을 초과하여" "파견"근로자로 사용하였음을 인정하기 위해 피고 회사와 B회사 간 업무도급계약이 그 외관상 명칭에도 불구하고 실질적으로 도급이 아닌 파견계약에 해당하는지를 살피고, (2) 구 파견법 제6조 제3항이 사례 사안과 같은 '불법파견'에도 적용될 수 있는지 보고, (3) 마지막으로 구 파견법 제6조 제3항 단서의 적용 여부 즉 '직접고용 간주에 대한 근로자의 명시적 반대 의사'가 있는지 살펴야 한다.

Ⅱ. 피고 회사와 B회사 간 계약의 실질적 성질 파악

만약 피고 회사와 B회사의 계약이 적법한 업무도급계약이라면 피고 회사는 A회사와 체결한 근로자파견계약에 의해 단 1년 동안만 원고를 파견근로자로 사용한 것이므로 2년 초과의 파견 사용을 적용 요건으로 하는 구 파견법 제6조 제3항은 사례에 적용될 수 없게 된다. 그러나 계약은 그 외관상 작출이 아니라 실질에 따라 판단하여야 한다. 따라서 "업무도급계약"이란 계약의 형식 명칭에도 불구하고 피고 회사와 B회사 간 계약의 실질적 내용이 파견계약이라면 이는 파견계약이고 피고 회사는 2001. 2. 1. 이후 2003. 5.경까지도, 즉 2년을 초과하여 원고를 파견근로자로 사용하였다고 볼 수 있다[A회사와의 계약: 1년 / B회사와의 계약: (2001. 2. 1. ~ 2003. 5.경) 2년 3개월 ⇒ 총 약 3년 3개월].

(1) 파견과 도급의 구별 기준

파견법상 '근로자파견' 정의 규정(파견법 제2조 제1호) 및 민법상 '도급'의 정의(민법 제664조) 등을 토대로 판단하건대, 파견과 도급은 근로자에 대한 지휘감독권이 도급에서는 사용자인 수급인에게 있는 반면, 근로자파견에서는 사용자가 아닌 제3자(사용사업주)에게 지휘감독권이 있다는 점에서 구별된다. 물론 이론상 간명함과 달리 현실에서는 도급상 불가피하게 수반되는 도급인의 지시·감독과 파견상 '업무지휘 감독'의 구별이 어렵고 이를 해결하기 위하여 학설은 물론 행정지침상 구체적 기준이 제시되기도 한다(이는 결국 "작업배치·변경결정권, 업무지시·감독권, 근태관리권 및 징계권 등의 소재"를 기초로 한 당해 근로자에 대한 제삼자의 지휘·명령의 유무의 판단이다).

(2) 적용

사례에서 원고에 대한 근무 시 작업관리나 근태관리, 근무평가표 등이 피고 회사의 직원에 의하여 이루어진 점 등을 고려할 때 피고 회사를 단순히 도급인이라 할 수 없고, 피고 회사와 B회사 간 업무도급계약은 그 명칭에도 불구하고 실질상 파견계약이며, 따라서 원고는 파견근로자로서 2년을 초과해 피고 회사에 근로를 제공하였다.

Ⅲ. 구 파견법 제6조 제3항의 적용 범위(불법파견에 대한 적용 가부)

단, 2년 초과의 파견근로가 인정된다고 해도 사례와 같은 사실관계에 곧장 구 파견법 제6조 제3항이 적용될 수 있는 것은 아니다. 사례에서 원고는 2001. 2. 1. 이후 "파견사업의 허가를 받지 않은 파견"에 종사한 바, 원고와 피고 회사 간 사용관계 중 2002. 2. 1. 이후 약 2년 3개월 부분은 불법파견에 해당한다. 그리고 학설은 구 파견법 제6조 제3항이 과연 불법파견에도 적용되는가에 관해 종래 격렬한 대립을 보여왔다. 이는 구 파견법이 현행 파견법의 직접고용 의무 조항

(제6조의 2)과 달리 불법파견에도 직접고용 간주가 적용됨을 명시하지 않았기 때문에 생기는 해석상의 문제이다. 만약 불법파견에 대한 적용을 부정하게 된다면, 원고는 앞서의 적법파견은 기간의 미진으로, 뒤의 불법파견에 대해서는 그 불법성을 원인으로 구 파견법 제6조 제3항이 적용되지 못하게 된다. 따라서 사례의 해결을 위하여 구 파견법 제6조 제3항의 불법파견에 대한 적용 가부를 살핀다.

(1) 학설의 대립

학설은 크게, i) 불법파견의 경우 사용사업주는 직업안정법상 금지되고 있는 근로자 공급을 받은 것에 다름아니고, 그에 따라 파견법에 의하여 면제받던 사용자 책임이 다시 부활하게 되므로, 불법파견의 경우 불법이 시작한 최초 시점부터 사용사업주가 파견근로자에 대해 일반 노동법상 사용자 책임을 지는 것으로 보아야 한다는 소위 적용불필요설과

ii) 구 파견법 제6조 제3항 소정의 "2년"은 적법한 근로자파견이 가능한 최장기간으로서 의미를 가지는 점, 구 파견법상 불법파견에 대하여 제6조 제3항의 적용을 인정하는 명시적 규정이 없는 점 등을 토대로 직접고용 간주 규정은 파견 대상 업무에 대한 파견으로 허가를 받은 경우에만 적용된다는 이른바 적용부정설,

iii) 파견법상 파견 대상 업무가 아닌 업무에 대한 파견, 쟁의행위로 중단된 업무에 대한 파견, 정리해고 후 2년을 경과하지 않은 업무에 대한 파견 등은 사법상 무효인 파견이므로 직접고용 간주 규정이 적용되지 않지만, 노동부장관의 허가를 받지 않은 파견은 사법상 유효한 파견으로 직접고용 간주 규정이 적용된다는 업무기준설 및

iv) 파견업 허가 유무, 대상 업무 해당 여부와 관계없이 모든 파견에 적용된다는 적용긍정설까지 네 가지 견해로 나뉜다.

(2) 판례의 태도

2007년 이전까지 하급심 판례는 대체로 적용부정설의 입장을 취하였으나, 2007년 대법원 판결에서 적용긍정설의 입장을 분명히 하였다.

(3) 검토 및 사견

ⅰ)설은 직업안정법 위반의 근로계약이 사법상 무효로 평가된다는 점만을 지적할 뿐, 어떤 근거에서 사용사업주와 파견근로자 사이에 직접 근로계약관계가 성립하는지에 대한 보충 근거가 없고, ⅱ)설은 그 전 취지가 다분히 자의적 해석이며 파견법의 입법 목적을 외면한 축소 해석이라 할 것이어서 부당하다.

생각건대 직접고용 간주 규정은 행정적 감독이나 형사처벌과 별도로 사용사업주와 파견근로자 사이의 사법관계에서도 직접고용의 성립을 간주함으로써 근로자파견의 상용화 및 장기화를 방지하고 파견근로자의 고용 안정을 도모하는 데 그 입법취지가 있다는 점과, 구 파견법 제6조 제3항이 반드시 동법 제5조 제1항 내지 제6조 제1항을 전제한 것이라고 보기 어려우며 그러한 축소 해석을 인정할 다른 명문의 근거 규정도 없다는 점, 또 적법한 파견에만 구 파견법 제6조 제3항이 적용된다고 할 것이면 파견법이 정한 제한을 위배해 근로자파견의 역무를 제공받은 사용사업주는 오히려 직접고용 간주의 부담을 지지 않는 결과가 되어 적법한 파견을 받아 2년을 초과한 사용사업주와 관계에서 법적 형평이 무너진다는 점 등을 토대로 적용긍정설이 타당하다고 본다.

(4) 사안의 적용

따라서 적용긍정설의 입장에서 원고에게 구 파견법 제6조 제3항이 적용되고, 피고 회사와의 관계에서 직접고용된 것으로 간주된다(사례의 경우 업무기준설의 견지에서도 그 결론은 동일하다).

또한 사례에서 원고가 직접고용에 대한 명시적 반대 의사를 표시하였다고 볼 만한 사정도 없다.

문제: 공무집행방해죄에서 '직무집행의 적법성'

Ⅰ. 서론

공무집행방해죄를 규정하는 형법 제136조 제1항은 직무의 적법성을 요건으로 하는 문구를 두고 있지 않다. 따라서 직무집행의 적법성이 공무집행방해죄의 성립을 위하여 요구되는 것인지, 즉 "직무집행의 적법성 요부"에 대하여 살펴보아야 한다.

다음으로 직무집행의 적법성이 필요하다면, 적법하기 위한 요건을 검토해보아야 하고, 적법성의 판단은 어떠한 기준으로 할 것인지에 대해서는 견해가 대립하므로, 이에 대해서도 검토가 필요하다.

또, 직무집행의 적법성에 대한 착오와 관련하여 적법성의 체계적 지위에 대한 논의도 간단히 살펴보도록 하겠다.

Ⅱ. '직무집행의 적법성' 요부

통설과 판례는, 직무집행의 적법성이 필요하다고 본다. 그 이유는 다음과 같다.

첫째, 개인의 기본적 인권을 보호하는 근대 입헌주의 국가에서 위법한 국가기능에 의해 국민의 인권이 침해당하는 경우까지를 형법이 보호할 필요는 없다.

둘째, 위법한 국가 권력에 대하여 국민은 정당방위를 할 수 있고, 이에 의하여 받는 침해에 대하여 저항권을 행사할 수 있는 것이므로, 공무집행방해죄에 의하여 보호받는 공무는 적법한 것이어야 한다.

따라서 위법한 공무집행에 대한 폭행이나 협박은 본죄를 구성하지 않는다. 즉, 법률이 규정하고 있지는 않지만 공무집행의 적법성은 해석에 의하여 당연히 요구되는 본죄의 요건이다.

Ⅲ. 적법성의 요건

판례와 학설은, 일반적으로, 직무집행의 적법성과 관련하여, 그 행위가 공무원의 추상적 권한에 속하여야 하고, 구체적으로도 직무집행행위로 볼 수 있어야 하며, 그 행사 방법에서 중요한 절차와 방식을 갖추어야 한다고 설명하고 있다. 따라서 판례에 의하면 다음과 같은 요건이 도출된다.

1. 공무원의 추상적 권한에 속하는 것일 것

공무원의 추상적 권한에 속하는 행위이면, 내부적인 사무 분담은 문제가 되지 않는다. 따라서 교통경찰이 불심검문을 하는 것도 공무원의 추상적 권한에 속하는 것으로 볼 수 있다.

2. 구체적으로 공무원의 직무집행 행위로 볼 수 있을 것

예를 들어 긴급체포 시에 요구되는 범죄의 상당성이라는 요건을 갖추지 못하였음에도 불구하고 영장 없이 긴급체포하는 행위는 구체적으로 공무원의 직무 범위를 넘어선 것이어서 적법하지 못하다.

3. 중요한 절차와 방식을 준수할 것

체포 전에 영장을 제시한다든지, 미란다 원칙을 고지하는 등의 절차를 준수하지 않은 행위는 중요한 절차를 위반한 것으로서 적법성이 인정되지 않는다.

Ⅳ. 적법성 판단의 기준

여기에는 네 가지의 학설이 대립하므로 이를 살펴보고, 판례의 입장도 검토하도록 하겠다.

1. 학설

(1) 객관설: 적법성 판단은 객관적으로 해야 한다는 견해이다.

(2) 주관설: 행위를 하는 공무원의 판단을 기준으로 한다는 견해이다.

(3) 절충설: 공무원의 입장에 서서 객관적으로 판단해야 한다는 견해로, 주관설과 객관설을 절충한 것이다.

(4) 일반인 기준설: 공무집행을 당하는 일반인의 입장에서 판단해야 한다는 견해이다.

2. 판례

판례는 공무집행의 적법성은 행위 당시를 기준으로 객관적으로 판단해야 한다고 하여 객관설에 따르고 있다.

3. 검토

공무원의 인식을 기준으로 하면, 공무원의 전단에 의하여 위법한 행위가 적법하게 됨을 방지할 수 없고, 법을 모르는 일반인의 인식을 기준으로 하는 것도 타당하지 않다. 적법성과 위법성의 판단은 객관적으로 하여야 하므로 객관설이 타당하다고 생각된다.

Ⅴ. 적법성의 체계적 지위

① 객관적 처벌 조건으로 보는 견해, ② 위법성조각사유로 보는 견해, ③ 구성요건 요소로 보는 견해가 있다. ①에 의하면 행위자(공무집행을 방해하는 자)의 착오는 범죄 성립에 영향이 없고, ②에 의하면 금지 착오로 되며, ③에 의하면 구성요건적 착오가 되어 고의를 조각한다.

적법하지 않은 공무집행을 방해한 행위의 구성요건 해당성을 인정함은 구성요건에 해당하는 행위의 부당한 확대를 가져오므로 구성요건요소설이 타당하고, 행위자의 공무집행 적법성에 대한 착오는 본죄의 고의를 조각한다.

Ⅵ. 결론

공무집행방해죄가 성립하기 위해서는 그 구성요건 요소로서 공무집행의 적법성이 필요하다. 적법성은 그 행위가 공무원의 추상적 권한에 속하는지, 구체적인 직무집행의 범위에 해당하는지, 중요한 절차와 방식을 준수하였는지 등을 객관적으로 판단하여 결정하여야 한다.

부록 3 의견서 기재례

의 견 서

수신 주식회사 고민

참조 총무부 총무과 인사 담당

제목 2011. 1. 10.자 징계 관련 질의(총무11-11)에 관한 답변

귀사가 저희 사무소에 의뢰한 질의와 관련하여 아래와 같은 의견을 개진합니다.

아 래

1. 사실관계 및 질의의 요지

귀사는 20명의 근로자를 사용하는 사업장으로서, 교재 개발 프로젝트 팀원인 갑은 11년간 귀사의 직원으로 근무하고 있습니다. 갑은 2011. 1. 4. 회사 회의실에서 회의 중 상사의 질책에 반발하고 팀원인 병의 얼굴을 구타하였으며, 같은 날 회식 장소에서 다시 병에게 술을 끼얹고, 팀장인 을의 멱살을 잡은 후 욕설을 하였습니다. 위 사건과 관련하여 귀사는 아래 사항에 대하여 저희 사무실의 의견을 요청하였습니다.

1) 갑의 욕설 및 폭행이 귀사의 취업규칙상 징계사유에 해당하는지 여부
2) 위 징계사유를 이유로 갑을 적법하게 해고할 수 있는지 여부

아래에서는 귀사의 질의 사항을 중심으로 저희 사무실의 의견을 개진토록 하겠습니다.

2. 검토 의견

가. 갑의 행위가 취업규칙상 징계사유에 해당하는지 여부

아래의 점에 비추어볼 때, 갑의 을, 병에 대한 욕설 및 폭행은 귀사 인사규정상 제20조 제8호 또는 제9호의 징계사유에 해당합니다.

(1) 취업규칙의 법적 성격

판례에 의하면, 명칭 여하를 불문하고 사업장에서 근로자에 대한 복무규율과 근로조건에 관한 준칙의 내용을 정한 것은 취업규칙으로 보고 있는바, 귀사의 인사규정은 직장 내 규율 등을 규정하는 규칙으로 사용되고 있으므로 근로기준법상 취업규칙에 해당합니다(대법원 1997. 11. 28. 선고 97다24511 판결 참조).

(2) 갑의 위 행위가 취업규칙상 징계사유에 해당하는지 여부

귀사의 인사규정과 같이 근로자에 대한 징계사유가 제한적으로 열거되어 있는 경우에는 그 열거된 사유 이외의 것으로는 징계할 수 없는 것이 원칙입니다. 그런데 갑의 을과 병에 대한 욕설 및 폭행은 인사규정 제20조 제8호의 '타 직원을 폭행한 자'에 해당함이 분명합니다. 또한 갑이 회의 중 다른 팀원을 폭행하고 회식 장소에서 팀장인 을에게 욕설을 한 것은 직원 간 원만한 인간관계를 바탕으로 해야 할 기업 질서를 문란케 하는 것으로서 인사규정 제20조 제9호의 '기타 기업 질서를 어지럽힌 행위'로 볼 수 있습니다.

따라서 귀사는 갑을 징계할 수 있습니다.

나. 갑을 적법하게 해고할 수 있는지 여부

귀사는 상시 5명 이상의 근로자를 사용하는 사업장으로서 근로기준법을 적용받습니다. 그런데 갑의 욕설 및 폭행의 경위 등 관련 사정을 모두 종합해볼 때, 귀사가 갑에 대해 정직 등 다른 징계처분을 할 수 있음에도 불구하고 해고처분을 내리는 것은 징계재량권의 남용에 해당하여 근로기준법 제23조 제1항 소정의 정당한 이유가 있다고 인정되기 어려울 것으로 사료됩니다. 그 구체적 이유는 다음과 같습니다.

(1) 귀사의 징계권의 범위

위에서 살펴본 바와 같이 갑에게는 징계사유가 있으므로, 귀사는 갑을 징계할 수 있습니다. 귀사의 인사규정 제21조는 징계의 종류로서 해고, 정직, 감봉, 경고 등을 규정하고 있습니다. 다만, 귀사의 인사규정에는 징계 양정에 대한 구체적 기준이 없어 특정한 징계사유가 어떤 징계 종류에 해당하는지가 구체적으로 명시되어 있지는 않습니다.

이 경우 어떤 징계처분을 선택할 것인지는 징계권자의 재량에 속한다 할 것이지만, 이는 자의적이고 편의적인 재량인 것은 아니며 징계처분과 징계사유 사이에는 사회통념상 상당한 균형이 존재해야 합니다. 만약 그러한 균형이 결여되어 있다면, 그 징계처분은 징계권의 범위를 일탈한 것으로서 근로기준법 제23조 제1항 소정의 정당한 이유를 구비하지 못한 것으로 효력을 인정받을 수 없습니다.

(2) 해고의 정당성 판단 기준

판례에 의하면, 근로기준법 제23조 제1항 소정의 정당한 해고 이유는 '사회통념상 고용계약을 계속할 수 없을 정도로 근로자에게 책임이 있는 사유가 있다든지 부득이한 경영상의 필요가 있는 경우'를 뜻합니다. 그리고 사회통념상 당해 근로자와 고용관계를 계속할 수 없을 정도인지 여부는 당해 사용자의 사업의 목적과 성격, 사업장의 여건, 당해 근로자의 지위 및 담당 직무의 내용, 비위행위의 동기와 경위, 근로자의 비위행위가 기업 질서에 미칠 영향, 과거의 근무 태도 등 여러 가지 사정들을 종합적으로 검토하여 판단하고 있습니다(대법원 1998. 11. 10. 선고 97누18189 판결).

(3) 갑에 대한 해고처분의 정당성 여부 검토

갑의 병에 대한 폭행이 업무시간 중에 이루어진 회의석상에서 행해진 점, 팀장인 을이 주의를 주었음에도 다시 병을 폭행하고 나아가 팀장인 을까지 폭행한 점, 갑이 이전에도 상사를 폭행한 전력이 있는 점 등을 고려할 때 갑의 비위행위의 정도는 중하다고 보여집니다.

그러나 갑이 11년간 귀사에 근무하며 기여한 정도, 을이 외부로부터 영입된 자로서 갑의 을에 대한 반발심에 참작할 사정이 있는 점, 을이 갑의 폭행으로 인하여 상해를 입지는 않은 점, 갑이 시말서 등을 통하여 반성한다는 의사를 표시하고 있는 점 등을 고려할 때, 귀사가 갑에 대해 정직 등 다른 징계처분을 할 수 있음에도 갑을 해고하는 것은 징계재량권의 남용에 해당하여 무효라고 판단될 수 있습니다.

이상과 같은 의견을 드리오니 업무에 참고하시기 바랍니다.

2011. 1. 15.

법무법인 이법위인

담당변호사 김 이 화

부록 4 소장 기재례

소 장

원고 김 이 화(주민등록번호)
서울 서대문구 아현동 11
전화번호 : 323-1234 팩스번호 : 323-1235 전자우편 : kih@ewha.com

피고 박 이 법(주민등록번호)
서울 서대문구 대현동 11

대여금 청구의 소

청구취지

1. 피고는 원고에게 금 40,000,000원 및 이에 대한 2008. 1. 1.부터 이 사건 소장부본 송달일까지는 연 12%, 그 다음날부터 완제일까지는 연 20%의 각 비율에 의한 돈을 지급하라.
2. 소송비용은 피고가 부담한다.
3. "제1항은 가집행할 수 있다."라는 판결을 구합니다.

청구원인

1. 원고는 2005. 5. 6. 피고에게 금 40,000,000원을, 변제기는 2008. 12. 31.로 정하여 빌려주었습니다. 그 당시 이자는 월 1%의 비율로 매월 말일에 지급하기로 약정하였습니다.
2. 그런데 피고는 2007. 12. 31.까지의 이자만을 지급한 채 아직까지 나머지 이자와 원금을 지급하지 않고 있습니다.
3. 그러므로 피고는 원고에게 위 대여 원금 40,000,000원 및 이에 대한 2008. 1. 1.부터 이 사건 소장부본 송달일까지는 위 약정 이율인 연 12%, 그 다음날부터 완제일까지는 「소송촉진 등에 관한 특례법」 제3조에 따른 연 20%의 각 비

율에 의한 이자 및 지연손해금을 지급할 의무가 있습니다.

증거방법

1. 갑 제1호증 차용증서
2. 갑 제2호증 무통장입금표

첨부서류

1. 소장부본 1통
2. 법인등기부등본 1통

2009. 1. 1.
원고 김이화 (인)

서울서부지방법원 귀중

부록 5 답변서 기재례

답 변 서

원고 김 이 화

피고 박 이 법

사건 2009가단1111 대여금 청구의 소

청구취지에 대한 답변

1. "원고의 청구를 각하한다." 또는 "원고의 청구를 기각한다."
2. "소송비용은 원고의 부담으로 한다."라는 판결을 구합니다.

청구원인에 대한 답변

1. 본안전 항변

피고가 파악한 바로는, 원고는 2008. 1. 1.자로 이미 사망하였습니다. 따라서 원고의 이 사건 소는 부적법합니다.

2. 본안에 대한 답변

소장 청구원인에 기재된 바와 같이 이 사건 계약이 체결된 사실은 인정합니다. 그러나 피고는 2007. 12. 31. 이미 그 원금과 이자를 모두 변제하였습니다. 따라서, 설령 원고가 생존해 있다 하더라도, 원고의 이 사건 청구는 기각되어야 마땅합니다.

증거방법

1. 을제1호증 영수증

2009. 3. 1.

피고 박이법 (인)

서울서부지방법원 제1민사단독 귀중

준 비 서 면

원고 김 이 화

피고 박 이 법

사건 2009가단1111 대여금 청구의 소

위 사건에 관하여 원고는 다음과 같이 변론을 준비합니다.

다 음

1. 피고의 본안전 항변에 대하여

원고는 2008년 연말 무렵 교통사고를 당하여 의식 불명 상태에서 6개월간 중환자실에서 입원·치료를 하였습니다. 그때 친지들 사이에서는 원고가 사망하였다는 소문이 돌았습니다. 그러나 그 후 원고는 기적적으로 소생하였습니다. 즉 피고의 본안전 항변은 잘못 파악한 사실관계에 기초한 것입니다.

2. 피고의 변제 주장에 대하여

가. 위 교통사고가 있은 후 피고가 원고의 자녀들에게 찾아와, 답변서에 주장한 바와 같은 취지로, 이미 이 사건 대여금 채무를 모두 변제하였다고 주장하고 원고 명의의 영수증(을제1호증)을 제시한 적이 있습니다.

나. 그러나 이는 원고가 의식 불명의 상태에 있다는 점을 안 피고가 원고의 자녀들을 속여 자신의 채무를 면하기 위하여 한 행동입니다. 피고가 제시한 위 영수증 역시 그 날인된 도장이 원고의 것이 아니며, 피고가 임의로 새겨 위조한 것입니다. 이와 관련하여 원고는 피고를 위조죄로 고발하였고, 검찰은 얼마 전 피고를 같은 죄로 기소하였습니다.

3. 결론

결국 피고의 주장은 받아들일 수 없는 것들에 불과하므로, 원고의 이 사건 청구를 인용해주시기를 바랍니다.

증거방법

1. 갑제3호증 주민등록등본
2. 갑제4호증 공소장

2009. 4. 1.

원고 김이화 (인)

서울서부지방법원 제1민사단독 귀중

부록 7 구속적부심사 청구서 기재례

구 속 적 부 심 사 청 구

사 건 절도

피의자 홍 길 동(800111-1111111)

서울 강남구 역삼동 11

현재 서울구치소 수감 중

청구인 변호인 변호사 김 이 법

서울 서대문구 대현동 11

피의자는 절도 피의 사건으로 2011. 3. 2. 귀원이 발부한 구속영장에 의하여 현재 위 구치소에 수감 중인 바, 피의자의 변호인은 아래와 같이 구속적부심사를 청구합니다.

청구취지

"피의자의 석방을 명한다."라는 결정을 구합니다.

청구이유

1. 범죄사실의 요지

피의자는 2011. 2. 28. 20:00경 피해자 김하나가 운영하는 서울 서초구 서초동 11의 하나슈퍼에서 물건을 구입하던 중 피해자의 감시가 소홀한 틈을 이용하여 그 진열대에 놓인 ○○ 양주 1병(시가 50만원 상당)을 쇼핑 카트에 몰래 넣어 나오는 방법으로 절취하였다는 범죄사실로 구속되었습니다.

2. 구속사유의 불비

피의자에게는 형사소송법 제70조 제1항이 정한 구속사유가 없습니다.

가. 피의자는 일정한 주거가 있고 도망할 염려가 없습니다. 피의자는 주소지

에서 가족과 함께 살면서 직장에 다니고 있으므로 도망할 염려가 없습니다.

나. 피의자는 증거를 인멸할 가능성이 없습니다. 피의자는 이 사건 범죄사실, 즉 자신이 양주 1병을 쇼핑 카트에 넣어 가지고 나왔다는 점을 인정하고 있습니다. 피의자가 변소하는 것은 절취의 의사가 없었다는 것이므로, 특별히 인멸할 증거가 있지 않습니다.

3. 이 사건의 경위

피의자는 연말연시를 맞아 친지에게 보낼 선물 용품을 사러 위 하나슈퍼에 가게 되었습니다. 그리고 구입하기로 정한 여러 선물 용품을 계산하는 과정에서 이 사건 양주를 빠뜨렸을 뿐입니다. [이하 생략]

4. 피의자의 정상

가. 위에서 본 바에 의하면 현재로서는 피의자가 구속영장 기재 범죄사실과 같은 절도죄를 저질렀다고 단정하기는 어려운 실정입니다.

나. 피의자는 피해자와 원만히 합의하였습니다(합의서 참조).

다. 피의자는 모두 3회의 동종 전과가 있으나, 이는 모두 10여 년 전의 일입니다. 피의자는 현재 성실한 직장인으로 생활하며 가족을 부양하고 있습니다.

5. 기소전 보석

위 제2항에서 기재한 바와 같이 피의자에게는 증거의 인멸 또는 도주의 우려가 없습니다. 그리고 피해자와 원만히 합의하였습니다. 따라서 피의자가 피해자 등의 생명, 신체 및 재산에 해를 끼칠 염려도 없습니다.

따라서 비록 피의자에게 구속사유가 있어 구속적부심사에 따른 석방을 할 수 없더라도 위와 같은 사정을 감안하여 보증금 납입을 조건으로 피의자의 석방을 명하여 주시기 바랍니다. 그리고 위 보증금은 피의자의 처 한연서(800111-2222222, 서울 강남구 역삼동 11)가 제출하는 보석보증보험증권이 첨부된 보증서로 갈음할 수 있도록 하는 결정을 내려주시기 바랍니다.

6. 결론

이상과 같은 사정을 참작하여 이번에 한하여 피의자가 불구속 상태에서 수사와 재판을 받을 수 있도록 피의자를 석방해주시기 바랍니다.

첨부서류

1. 변호인선임신고서 1부
2. 합의서 및 인감증명 1부

2011. 3. 10.

피의자의 변호인

변호사 김 이 법 (인)

서울중앙지방법원 귀중

부록 8 보석청구서 기재례

보 석 허 가 청 구

사 건 2011고단11 절도

피의자 홍 길 동(800111-1111111), 회사원

주거 서울 강남구 역삼동 11

본적 위와 같음

청구인 변호인 변호사 김 이 법

서울 서대문구 대현동 11

위 사건에 관하여 피고인은 현재 서울구치소에 수감 중인바, 피고인의 변호인은 아래와 같이 보석을 청구합니다.

청구취지

피고인에 대한 보석을 허가한다.

보증금은 피고인의 처 홍연서(800111-2222222, 서울 강남구 역삼동 11)가 제출하는 보석보증보험증권이 첨부된 보증서로 갈음할 수 있다.

청구이유

1. 공소사실의 요지

피의자는 2011. 2. 28. 20:00경 피해자 김하나가 운영하는 서울 서초구 서초동 11의 하나슈퍼에서 물건을 구입하던 중 피해자의 감시가 소홀한 틈을 이용하여 그 진열대에 놓인 ○○ 양주 1병(시가 50만원 상당)을 쇼핑 카트에 몰래 넣어 나오는 방법으로 절취하였다.

2. 필요적 보석 허가 사유의 구비

가. 이 사건 공소사실은 형사소송법 제95조 제1, 2호 소정의 죄에 해당하지 않습니다.

나. 이 사건이 기소되기 전 수사기관에서 공소사실에 관한 증거를 충분히 조사하였으므로, 피고인이 죄증을 인멸하거나 인멸할 염려가 없습니다.

다. 피고인은 위 주민등록지에 거주하여 일정한 주거가 있고, 특히 도망하거나 도망할 염려가 있다고 볼 수 없습니다.

라. 피고인이 피해자나 이 사건 재판에 필요한 사실을 알고 있다고 인정되는 자 또는 그 친족의 생명·신체나 재산에 해를 가하거나 가할 염려가 있다고 볼 만한 특별한 사정도 없습니다.

따라서 피고인에게는 형사소송법 제95조가 정한 예외 사유가 없으므로, 피고인에 대한 이 사건 보석 청구는 허가되어야 합니다.

3. 보석 허가의 필요성

피고인은 연말연시를 맞아 친지에게 보낼 선물 용품을 사러 위 하나슈퍼에 가게 되었습니다. 그리고 구입하기로 정한 여러 선물 용품을 계산하는 과정에서 이 사건 양주를 빠뜨렸을 뿐입니다. 이와 관련하여서는 아래와 같은 여러 참고인의 진술 및 정황 사실들이 밝혀진 바 있습니다. 그럼에도 불구하고 검찰은 막연히 피해자의 진술에만 의존하여 이 사건 기소를 감행하였습니다. [이하 생략]

4. 결론

위에서 본 바에 의하면 현재로서는 피고인이 공소사실과 같은 절도죄를 저질렀다고 단정하기는 어려운 실정인 바, 위와 같은 점을 고려하여 피고인이 불구속 상태에서 충분한 준비 시간을 갖고 대등한 당사자의 입장에서 변론을 수행할 수 있도록 필요한 조건을 붙여 보석을 허가해주시기 바랍니다.

첨부서류

1. 변호인선임신고서 1부

2011. 3. 25.

피고인의 변호인

변호사 김 이 법 (인)

서울중앙지방법원 귀중

부록 9 변론요지서 기재례

변 론 요 지 서

사 건 2011고단11 절도

피의자 홍 길 동(800111-1111111)

위 사건에 관하여 피고인의 변호인은 아래와 같이 변론합니다.

아 래

1. 공소사실의 요지

피의자는 2011. 2. 28. 20:00경 피해자 김하나가 운영하는 서울 서초구 서초동 11의 하나슈퍼에서 물건을 구입하던 중 피해자의 감시가 소홀한 틈을 이용하여 그 진열대에 놓인 ○○ 양주 1병(시가 50만원 상당)을 쇼핑 카트에 몰래 넣어 나오는 방법으로 절취하였다.

2. 이 사건의 경위

피고인은 연말연시를 맞아 친지에게 보낼 선물 용품을 사러 위 하나슈퍼에 가게 되었습니다. [이하 생략]

3. 피고인의 정상에 관하여

피고인은 친지들에게 줄 연말연시 선물을 구입하는 과정에서 이 사건 범행을 우발적으로 범한 것에 불과합니다.

피고인은 피해금액 전액을 지급하고, 피해자와 원만히 합의하였습니다(합의서 참조).

피고인은 성실한 직장인으로 생활하며 가족을 부양하고 건전한 시민입니다.

피고인은 이번 범행을 깊이 뉘우치고 있고, 앞으로 다시는 이런 잘못을 저지르지 않겠다고 굳게 맹세하고 있습니다.

4. 결론

위와 같은 여러 가지 정상을 참작하여 피고인이 조속히 석방되어 가족을 돌볼 수 있도록 최대한의 관용을 베풀어주시기 바랍니다.

2011. 5. 10.

피고인의 변호인

변호사 김 이 법 (인)

서울중앙지방법원 귀중

참고문헌

곽윤직, 『민법총칙』 제7판, 박영사, 2005.
권오봉·권혁재·김동호·윤태석, 『법문서 작성』, 법문사, 2011.
김문현, "헌법분야의 법률용어 및 법률문장의 문제점과 개선방향", 『헌법실무연구』 제6권, 헌법실무연구회, 2005.
김훈, 『밥벌이의 지겨움』, 생각의 나무, 2003.
나현, 『민사소송실무』(개정판), 학림사, 2009.
도재형, 『법조윤리 입문』, 이화여자대학교출판부, 2010.
_____, "사내하도급 관계에서 근로자파견의 인정 기준", 『법조』 2011년 8월호, 법조협회, 2011.
박경신·계승균·손종학·이인호·정영진, 『법정보조사』, 법문사, 2009.
박일봉, 『채근담』, 육문사, 1987.
박철, "판결서 글쓰기에 관한 몇 가지 생각들", 『민사재판의 제문제』 제14권, 민사실무연구회, 2005.
보통, 알랭 드, 『동물원에 가기』, 정영목 옮김, 이레, 2006.
사법연수원, 『민사실무 I』, 2009.
_____, 『변호사실무(형사)』, 2009.
_____, 『변호사실무(형사)』 문례집, 2009.
송덕수, 『민법사례연습』, 박영사, 2003.
송준호, 『좋은 문장 나쁜 문장』, 살림, 2011.

신권철, "법정근로관계 설정의 법리", 「노동법연구」 제34호, 서울대학교 노동법연구회, 2013.

신동룡, "법학전문대학원 교과과정에 대한 연구", 『법학연구』 제21권 제2호, 연세대학교 법학연구원, 2011.

신형철, "치명적인 시, 용산." 2009. 2. 6.자 『한겨레21』 제746호.

안도현, 『가슴으로도 쓰고 손끝으로도 써라』, 한겨레출판, 2009.

오웰, 조지, 『나는 왜 쓰는가』, 이한중 옮김, 한겨레출판, 2010.

윤지현, "법학전문대학원에서의 '법률문장론' 수업에 관하여", 『저스티스』 제116호, 한국법학원, 2010.

이태준, 『이태준의 문장강화』, 김종년 해제, 랜덤하우스, 2008.

이화여자대학교 교양국어편찬위원회, 『우리말과 글쓰기』, 이화여자대학교출판부, 2009.

정동윤·유병현, 「민사소송법」, 법문사, 2005.

정봉진, "미국 로스쿨에서의 법률정보의 조사, 법문서의 작성 및 모의재판 과목의 교육", 『법과 사회』 제38호, 법과사회이론학회, 2010.

젠슨, 데릭, 『네 멋대로 써라-글쓰기·읽기·혁명』, 김정훈 옮김, 삼인, 2005.

진홍기, "변호사시험제도의 현황과 과제", 『법조』 2011년 3월호, 법조협회, 2011.

차병직, "글쓰기 작업으로 구성되는 법의 세계", 『글쓰기의 최소원칙』, 룩스문디, 2008.

치펠리우스, 라인홀트, 『법학방법론』, 김형배 옮김, 삼영사, 1995.

탁석산, 『토론은 기싸움이다』, 김영사, 2006.

Brand, Norman & White, John O., *Legal Writing: The Strategy of Persuasion*, Third Edition, St. Martin's Press, 1994.

Calleros, Charles R., *Law School Exams: Preparing and Writing to Win*, Aspen Publishers, 2007.

Chestek, Kenneth D., "The Plot Thickens: The Appellate Brief as Story", *The Journal of the Legal Writing Institute*, Vol. 14, No. 1, 2008.

Dernbach, John C., Singleton II, Richard V., Wharton, Cathleen S., Ruhtenberg, John M., & Wasson, Catherine J., A *Practical Guide to Legal Writing & Legal Method*, Third Edition, Aspen Publishers, 2007.

Edwards, Linda H., *Legal Writing*, Fifth Edition, Aspen Publishers, 2010.

Martinsek, Amanda, *Legal Writing*, Kaplan Publishing, 2009.

Ray, Mary B. & Cox, Barbara J., *Beyond The Basics: A Text for Advanced Legal Writing*, Second Edition, Thomson West, 2003.

Strong, Stacie I., *How to Write Law Essays and Exams*, Second Edition, Oxford University Press, 2006.

Williams, Glanville, *Learning the Law*, Fourteenth Edition, Thomson Reuters, 2010.

Wolfgarten, Allison, *Opinion Writing*, Oxford University Press, 2008.

법문서 작성 입문 (개정판)

펴낸날 1판 1쇄 2011년 12월 30일
2판 1쇄 2018년 3월 2일
2판 2쇄 2024년 2월 20일
지은이 도재형
펴낸이 주소현
펴낸곳 이화여자대학교출판문화원
주소 서울특별시 서대문구 이화여대길 52(우 03760)
등록 1954년 7월 6일 제9-61호
전화 02) 3277-2965(편집), 362-6076(마케팅)
팩스 02) 312-4312
전자우편 press@ewha.ac.kr
홈페이지 www.ewhapress.com

ⓒ 도재형, 2018

ISBN 979-11-5890-260-5 94360
ISBN 979-11-85909-24-0(세트)
값 18,000원

* 잘못된 책은 바꾸어 드립니다.

이 도서의 국립중앙도서관 출판예정도서목록(CIP)은 서지정보유통지원시스템 홈페이지(http://seoji.nl.go.kr)와 국가자료공동목록시스템(http://www.nl.go.kr/kolisnet)에서 이용하실 수 있습니다. (CIP제어번호: CIP2018004724)